걸어 다니는 철학

Walking philosophy

황세연 지음

걸어 다니는 철학— *Walking Philosophy*

초판 발행 2000년 12월 20일
5차 개정판 1쇄 발행 2024년 2월 10일

저　자 황 세 연
교　열 김 영 권
교　정 박 수 빈
디자인 EG 디자인
CTP 및 인쇄 예 컴
제　본 제일제책
발행처 도서출판 **중원문화** 판매처 **새길아카데미**
Home page : http://www.library.ne.kr
주　소 서울특별시 마포구 서강로 11길 24
주문처 02-325-5534 FAX 02-324-6799

ISBN 978-89-7728-849-2(03100)

중원문화 아카데미 신서 002

걸어 다니는 철학

Walking philosophy

황세연 지음

2024

도서출판 중원문화

Walking Philosophy

by

Hwang, Sei-youn

He is the president of publishing company. The company name is Jungwonmunhwa. This company was founded 47 years ago from now.

Printed First in the edition Chongsa publishing, 2,000
Reprinted 5 edition(revision) in the Jungwonmunhwa publishing, 2024

제5차 증보판 머리말

요즘 활용되는 Bard와 챗GPT에게 철학을 점성술로 오해하는 사람에게 어떻게 오해 없이 철학을 전달할 수 있는지를 물었습니다. 그러자 Bard와 ChatGPT가 대답하였습니다.

"철학을 점성술과 구별하는 가장 좋은 방법은 철학이 과학적 증거에 근거하고 점성술이 그렇지 않다는 것을 설명하는 것입니다. 철학은 비판적 사고, 논리, 추론을 강조하는 학문인 반면, 점성술은 과학적 증거에 근거하지 않은 체계라고 설명할 수도 있습니다. 철학은 깊이 있는 분석과 탐구, 비판적인 사고와 이론적인 추론, 그리고 논리적인 논증과 증명의 과정을 거치는 분야입니다. 이러한 과정을 통해 철학은 인간의 삶과 세계에 대한 깊은 이해와 진실을 추구하는 분야임을 먼저 이해시키기 바랍니다."

이들의 답변은 인공지능이 아무리 데이터를 많이 가지고 있다고 해도 결국 우리 인간이 스스로 철학을 공부해야한다는 답변입니다. 사실 물리학에 나오는 **양자역학**이나 **양자 고정현상**이란 말이 매우 어렵게만 느껴지는 것은 양자란 단어가 **인공지능**(AI)과 같은 말처럼 항시적으로 쓰이지 않기 때문에 생소하게 느껴지는 거와 같습니다. 이처럼 철학이란 말도 우리들 모두에게 익숙하지 않는 '낱말'이기에 낯설거나 어렵게 느껴질 뿐 사실은 재미있고 아주 쉬운 에

세이와 같은 걸로 모든 사람이 알아야하는 인생의 나침판이 되는 이야기를 '철학'이라고 말 할 수 있습니다.

그리스의 철학자 **데모크리토스**(Democritos)는 기원전 400년경에 처음으로 원자론을 주장한 사람입니다. 이를 '고대 원자론'이라고 말합니다. 그는 모든 물질은 그 이상 쪼갤 수 없는 작은 입자로 되어 있다고 주장하고, 이를 '원자'라 불렀습니다. "원자는 영원불멸하고 끊임없이 운동 · 생성 · 소멸하며 원자 사이에는 공간이 있을 뿐이다"라고 했으며, 원자의 모양은 모두 각기 다르기 때문에 물질의 성질도 제각각이라고 주장하였습니다. 또한 B.C 150년경 인도의 고대철학자들도 원자론을 주장하였습니다. 이들은 "자연계의 모든 객체는 원자로부터 형성된다. '원자' 자체는 영원하여 창조될 수도 파괴될 수도 없고, 그들로부터 형성된 객체는 변화해가는 것이며 가변적이고 항상 멈추어 있는 것이 아니다"라고 말했습니다. 덧붙여 "원자는 서로 질적으로 구별될 뿐 아니라 양적으로도 자신의 크기와 형태에 의해 구별된다"라고 주장했습니다.

이러한 내용은 금세기에 과학적으로 밝혀진 원자론과 별반 다르지 않습니다. 양자역학이란 우선 세계 내에 존재하는 모든 것은 모두 원자로 구성되어 있다는 이론입니다. 물론 우리 인간도 원자로 구성되어 있습니다. 예를 들어 원자를 설명해 보겠습니다. 이산화탄소(CO2)는 산소와 탄소 두 종류의 작은 원소로 결합되어 있으며, 이산화탄소 분자 1개는 탄소 원자 1개와 산소 원자 2개로 이루어져 있습니다. 그리고 이들 관계는 변증법적으로 **견인**

과 반발의 성질을 지니고 있으며 서로 **얽혀 상호작용**합니다.

그리고 이 원자들은 아주 작은 알갱이로 구성되어 있으며 그 중심에는 원자의 핵이 있고 그 주변을 전자가 돌고 있다고 합니다. 원자핵은 양전하(⊕)를 띠며, 전자는 음전하(⊖)를 띠기 때문에 서로 견인과 반발을 하며 존재합니다. 그리고 그 핵의 중심에는 중성자도 존재합니다. 원자를 아주 크게, 지구 크기만큼 확대하여 보면 그림과 같이 입체도와 단면도로 표시할 수 있다고 물리학자들은 설명하고 있습니다. 그리고 현대는 양자역학에 의해서 시작되었고 미래도 양자역학의 시대가 계속될 것이라고 말합니다.

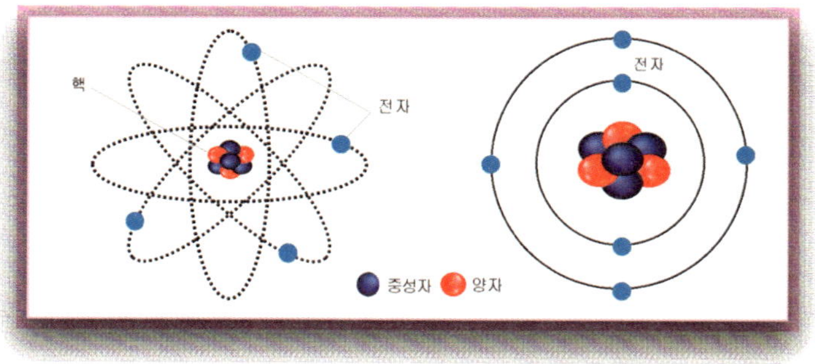

입체도 **단면도**

철학도 **양자물리학**나 **초전도체**처럼 익숙한 말이 아니기에 어렵게 느껴지고 신비하게 보여 질 수도 있습니다. 하지만 '철학'은 '인공지능'보다도 쉬운 학문이고, 역시 '양자역학'보다도 더 쉬운 학문입니다. '인공지능'이야말로 계산주의와 기호, 병렬식 연결주의와 양자역학까지 동반한 아주 어려운 자연과학입니다. 역시 인공지능에 대해서도 이 책에서 다루고 있습니다. 이처럼 철학은 항상 데모크리토스와 같이 이론을 제시하고 동시에 실천을 하는 학문입니다. 20세기 이후 자연과학의 기초는 철학이 담당하고 있으며 이는 앞으로도 변함없이 물리학의 기초는 물리철학이 그 자리를 어느 학문에도 양보할 수 없는 고전으로 존재할 것입니다.

우리는 세상을 살아가면서 왜 사는지, 어떻게 살아야하는지, 세계란 무엇인지는 스스로 배워가야 합니다. 특히 미중(美中) 대립이 심화되는 오늘날, 지금 이 순간에도 세계는 양자역학처럼 모두 연관되어 있으며, 서로 상호작용하며, 견인과 반발이란 밀당을 통해 서로 얽혀 함께 살아가는 것이란 사실을 파악해야합니다. 현대는 동북아시아의 강자로 부상하는 중국과 세계의 강자이자 혈맹국인 미국 사이에서 세계 10위의 강국 대한민국이 어떻게 하느냐에 따라 세계정세가 변할 수 있는 순간입니다. 이제야말로 당당한 외교를 통해 실익이 되는 평화의 길을 선택해야 더 질 좋은 삶이 국민들 앞에 펼쳐질 수 있습니다. 따라서 필자는 이 책이 서점에서 얼마나 많이 판매되었느냐보다는 얼마나 많이 읽혔느냐를 더 중요하게 생각합니다. 그리고 독자들이 이 책을 읽고 세계와 자신이 연관되어 있다는 걸 알고 삶에 도움이 되었으면 합니다.

2024년 새해를 맞으며

서강로 사무실에서 저자 황세연

제4차 개정판 머리말

철학은 일단 세계의 만물이 변화하는 현상을 설명하고 해석합니다. 그리고 여기에 그치는 것이 아니라 우리 인간이 살아가는데 필요한 지혜를 짜내어 실천하라고 다그치는 학문이 바로 '철학'입니다. 그리고 이 철학은 기록상으로는 이집트, 바빌로니아, 인도, 극동아시아 등에서 출발하였으며 소위 서양철학은 그리스에서 출발하고 있습니다. 물론 동양서양 모두 비슷한 시기에 출발합니다.

우리나라에도 철학이 있었습니다. 조선시대에 성리학(性理學), 이기이원론(理氣二元論), 실학(實學) 등이 바로 철학입니다. 여기서 '실학'은 순순하게 우리의 철학으로 정약용의 활약이 두드려지게 드러납니다. 그리고 성리학은 조선 건국이념의 기반이었고, 조선의 중심철학이었습니다. 이후 성리학은 조선 후기 실학 등의 도전과 서양제국주의 침략을 받으며 동학혁명을 전후로 하여 쇠퇴하기 시작하였습니다. 마침 이때 일본은 서양제국주의와 손잡고 조선을 침략하였으며 조선은 싸움의 열세를 면치 못하고 역사상 처음으로 국권을 빼앗기고 말았습니다. 하지만 우리는 독립운동을 통해 36년 만에 나라를 다시 찾게 되었습니다. 그러나 우리의 의사와는 관계없이 강대국에 의한 분단이라는 아픔과 함께 6.25전쟁을 겪으며 남북이 함께 폐허가 되면서 조선의 성리학은 잔재만 남고 완전히 자리를 감추어버렸습니다.

성리학이 거의 사라진 오늘날, 특히 남북 분단에도 불구하고 KOREA, 특히 SOUTH KOREA라는 이미지는 오늘날 전 세계를 놀라게 하고 있습니다. 그 동안 우리는 이승만, 박정희, 전두환, 노태우 등의 폭정과 맞서 싸워 독재와의 대립관계를 부정(否定)하고 민주화에 성공함으로서 비약적 발전을 이룩하였습니다. 물론 서구유럽도 미국도 민주주의가 쉽게 얻어진 것은 아닙니다. 영국은 '명예혁명'이라고는 하나 사실상 지배자들이 민중의 힘 앞에 굴복한 것입니다. 프랑스는 대혁명을 통하여 상층지배자들을 모두 죽여 버렸습니다. 우리나라는 일제하에서도 끈질긴 독립운동을 쉬지 않고 진행하였습니다. 또 해방 후에도 독재와의 오랜 투쟁을 실천하면서, 또 한편에서는 열심히 일하면서 우리 힘으로 민주주의를 얻어내었습니다. 그러나 중국이나 일본 등은 스스로 민주주의를 쟁취하지 못한 나라들입니다. 따라서 특히 일본은 과거나 지금이나 미래나 주변 나라들과 갈등하며 극우로 전락하면서 정치와 경제 · 인문 등이 모두 변증법적으로 퇴보하게 될 것입니다.

이제 KOREA는 우리 스스로 쟁취한 민주주의를 발판 삼아 세계로 뻗어나가고 있습니다. 철학 역시 대립 · 저항하던 흐름에서 삶과 밀접한 방향으로 또 다른 지혜를 요청하고 있습니다. 그리고 독재로부터 벗어난 민중의 창의력은 3차 혁명인 인터넷강국을 만드는 데 성공하였고, 이제 문화영역까지도 K-POP 열풍을 이루어내며 아카데미상 수상까지, 인문 · 사회 · 자연과학 등에서 독보적인 존재로 성장 중에 있습니다. 뿐만 아니라 군사부분에서도 세계 4~6대 군사대국으로 도약함으로서 이제 미국 등 다른 선진국들과도 1 : 1의 대등한 외교관계를 가질 때가 되었습니다. 그만큼 우리의 국력이 향상되었다는 의미입니다.

하지만 제4차 혁명시대인 소위 포스트휴먼시대에 진입하면서 자본주의의 악마성이 노골적으로 드러나고 있습니다. 이는 가장 커다란 주요 '모순'으로 등장하였으며 빈부격차가 국내뿐만 아니라 전세계를 위협하고 있습니다. 포스트휴먼시대에 등장하는 새로운 지식프롤레타리아 계급의 출현은 자본주의적 모순을 더욱 심화시킬 수도 있기에 인류의 휴머니즘을 위해 철학이 휴머니즘의 임무를 다할 때 사회과학과 자연과학이 우리에게 더 많은 행복을 보장할 것입니다. 철학은 우리에게 힘을 줍니다. 따라서 철학이란 언제나 새로운 지혜를 번뜩이며 대립과 투쟁의 역사를, 평화를 위해 전진하게 할 책임이 있습니다.

2023년 정월을 맞으며

저자 황세연

제3차 개정판 서문

철학은 시끄러운 학문입니다. 다시 말해 말이 많은 학문입니다. 왜냐하면 인간이 태어나면서 가장 먼저 배우는 게 말이기 때문입니다. 그래서 이 책의 내용은 독자들의 생각과 전혀 다를 수도 있습니다. 그러나 다만 다를 뿐이지 누군 옳고 누군 틀렸다는 것이 아닙니다. 논리적으로 자기의 주장을 하는 것은 자기의 주장일 뿐이기에 '참'이나 '거짓'이라고 말할 수 없습니다. 철학은 다만 우리에게 여러 가지를 추론하고 판단할 수 있는 지혜만 제공할 뿐입니다. 이처럼 철학은 정답이 없기 때문에 시끄럽습니다.

사실 철학(哲學)이라는 한자어도 무엇을 의미하는지 알 수가 없게 되어 있습니다. 하지만 영어의 Philosophy라는 단어는 그리스어 Philos+Sophia의 합성어입니다. Philos는 '사랑'이란 뜻이고, Sophia는 '지혜' 또는 '지식'이란 뜻입니다. 그런데 따지고 보면 철학의 '철'(哲)자 역시 지혜 '철'자입니다. 따라서 '철학'이란 '지혜학'이라고 할 수 있습니다. 때문에 우리말로 굳이 제목을 붙인다면 '철학'이란 말보다는 '지혜를 사랑하는 학문' 또는 '지혜학'이라거나 '지식학 입문'이라고 했다면 어땠을까 하고 생각해 봅니다. 실제로 독일 철학자 피히테(J.G. Fichte, 1762~1814)는 철학을 '지식학', 즉

'지식의 지식'이라고 말하였습니다.

얼마전 중남미의 혁명가 체 게바라(Che Guevara Ernesto Guevara, 1928~1967)의 딸 알레이다 게바라(March Aleida Guevara, 1960~현재)가 한국에 들려 전국의 여러 대학에서 강연을 한 바 있습니다. 그녀는 가는 곳마다 "쿠바의 국가 의료체계에는 3가지 원칙이 있는데 ① 사람의 생명은 상업적인 용도로 사용될 수 없다는 것, ② 모든 사람은 경제적 상황에 상관없이 의료 지원을 받아야 한다는 것, ③ 의료 지원은 도시든 시골이든 상관없이 모든 국민에게 닿아야 한다는 것"이라고 말하였습니다. 그리고 "쿠바는 한국보다 가난하지만 모든 국민에게 의료를 무료로 지원한다"라며 "쿠바같이 가난한 나라에서 무상 의료가 가능하다는 것은 소위 선진국에서도 얼마든지 가능하다는 이야기가 아니겠느냐?"라고 반문한 적이 있습니다.

우리나라 청년들은 지나치게 경쟁 속에서만 살다 보니 허구한 날 공부만 하는 것 같습니다. 또 부모님들도 공부하는 걸 좋아합니다. 공부만 하니 인문학적 지식이 부족하여 많은 일에 철학적이지 못한 경우가 많습니다. 그래서 필자는 공부보다도 독서를 권합니다. 주변의 사람들도 대학교 입학시험부터 자격증시험, 취업시험 등 아마도 20대 후반까지는 공부에만 매달리고 있다가 이제 30대가 되어서야 필요에 의해서 인문학에 눈을 돌리는 것 같습니다. 안정된 직장을 잡고 이제야말로 세상을 살아가기 위해 '철학'이란 것에 관심을 가져보는 것 같습니다. 그러나 철학은 건강을 위해

운동을 하거나 우유를 마시듯 매일매일 공부하는 학문입니다. 그리고 운동을 하는 것도 우유를 마시는 것도 젊어서부터 일찍 시작하는 것이 더 좋듯 철학 공부도 그렇습니다.

요즘 우리 사회는 친족 간의 살해, 연쇄강도, 폭력, 강간, 개인주의의 만연 등 19세기 서구가 자본주의를 겪으면서 치렀던 처절하고 비참했던 모습이 하나도 다르지 않게 이 땅에서 재현되고 있습니다. 지금 우리가 사는 사회는 인간중심사회입니다. 따라서 인간이 만든 보편적 도덕과 윤리, 그리고 가치관으로 죄와 벌을 논해야 할 것입니다. 그리고 그 토대는 반드시 철학적 기반 위에서 형성되어야 할 것입니다.

이미 200여 년 동안 가공할 만한 자본주의의 위력은 인류에게 뼈아픈 교훈을 주었습니다. 자연과학의 발전과 함께 몰려온 자본주의는 『레미제라블』에서 볼 수 있는 지독한 빈부의 격차도 안겨주었고, 퀴리 부인(Marie Curie, 1867~1934)이 보여준 인류애(人類愛)도 알게 했습니다. 유럽제국은 식민지 분할전쟁을 통하여 세계를 도탄에 빠뜨리기도 했지만 1968년도에는 철학의 강력한 항의로 베트남전쟁(1960~1975)이 종식되기도 하였습니다. 그러나 지금도 계속되고 있는 발칸반도와 중동의 전쟁 등은 바로 인문학, 특히 철학이 침묵하고 있기 때문입니다.

이 책은 요즘 실정에 맞게 구성되어 있으며, 또 사회과학적 방법으로 접근하여 철학에 대한 신비감을 대부분 상쇄시켰습니다. 하지만 철학이 지니고 있는 기본 골격은 그대로 유지하고 있습니다. 처음에는 철학에 대한 개괄적 안내를 하고 있고, 두 번째는 철학사를, 세 번째는 철학을 변증법으로 접근하고 있습니다. 그리고 마지막으로 변증법을 근간으로 우리가 살고 있는 사회와의 관계를 사회 철학적으로 접근해 보았습니다. 따라서 지금까지 진행되고 있는 강단철학과는 상이하게 다르게 느껴질 것입니다. 이 점에 대하여 강력한 항의가 있어왔고, 거칠게 반응하는 사람들도 있었습니다. 하지만 이는 서로 다른 철학을 하고 있기 때문이지 이 책이 가지고 있는 내용이 틀리다는 것은 아닙니다. 오히려 지금까지의 철학교육에 문제가 있었다고 말해주고 싶습니다.

철학은 우리에게 힘을 줍니다. 아울러 비판정신과 논리력도 길러줍니다. 이뿐만 아니라 삶이 윤택해지는 지혜도 안겨줍니다.

2014년 초가을에

서강로 사무실에서 황세연

차 례

Walking Philosophy

실용주의[pragmatism] : 프래그머티즘이라고도 한다. 프라그마(pragma)는 그리스어로서, 실행 혹은 행동을 의미한다. 그것은 19세기 말부터 20세기 초에 걸쳐서 종래의 형이상학적, 사변적 철학에 반대하여 미국에서 형성되었는데, 이와 공통된 주장은 때를 같이하여 유럽에서도 나타났다. 미국에서의 창시자는 퍼스이고 다음에 제임스에 의해 보급되어 나아가 듀이가 새로운 해석을 내렸다. 영국에서는 실러가 대표하고 있다.

실용주의는 행동의 효과와 결과를 중시하며, 현실적인 문제에 집중하여 해결책을 찾는 것을 강조한다. 실용주의의 핵심 가치는 현실성, 경험 중심성, 실험적 방법론, 융통성을 지니며, 종교적인 규정은 없다. 실용주의자들은 학설이나 이론보다는 경험과 사실을 중시하며, 이를 바탕으로 현실의 문제를 해결하려고 한다. 또한, 실용주의자들은 상황에 따라서 유연하게 대처하며, 어떤 행동이 현실적으로 효과적인지를 따져서 판단한다. 이는 어떤 상황에서는 종교적인 선택이 현실적인 선택과 다를 수 있다는 것을 의미한다. 실용주의는 현대 사회에서 매우 중요한 철학적 접근법이며, 실제로 많은 분야에서 활용되고 있다.—『철학대사전』과 Bard와 챗GPT에서 간추림.

1. 사회를 어떻게 볼 것인가

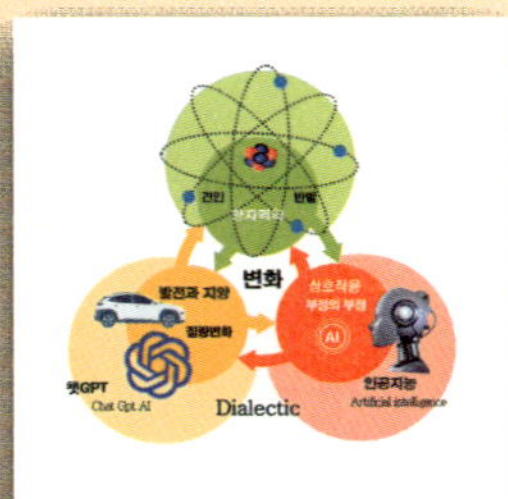
변화
발전과 지양
질량변화
상호작용
부정의 부정
AI
챗GPT
Chat Gpt AI
Dialectic
인공지능

철학이란 무엇인가?

아주 오래전 저자가 열차여행을 한 적이 있었습니다. 그때 옆자리에는 중년 아줌마 한 분이 앉아 계셨는데, 우리는 자연스럽게 서로 대화를 나누게 되었습니다. 그 여자 분은 여러 가지 이야기를 하다가 나의 직업을 물어왔습니다. 나는 '철학 책'을 출판하는 회사에 다니고 있다고 대답하였습니다. 그러자 그분은 놀랍게도 무척 좋아하면서 좋은 직업이라고 추켜세워 주었습니다. 그러고는 부끄러운 모습을 감추는 모습을 취하면서 본인의 '관상'이며 '사주' 등을 보아 달라고 졸랐습니다. 나는 참 난처하게 되었습니다. 아마 서울 미아리 고개에서 사주나 관상을 보아주는 분들이 '철학관'이라는 간판을 달고 있는 것을 보고 그 여자분은 나를 그런 것에 관련된 일을 하는 사람으로 착각한 모양이었습니다.

그리하여 저자는 다음과 같이 대답하였습니다.

"제가 하는 철학 공부는 인간의 일생이 일정하게 주어진 것으로 해석하는 그런 '운명론'적인 것이 아니고 오히려 이러한 운명론을 반대하는 철학을 하기 때문에 보아드릴 수 없어서 죄송합니다."

물론 그분의 표정은 아주 실망한 모습이었음은 말할 필요도 없습니다. 이 분이 생각하는 운명론은 일반적으로 명리학(命理學)이란 학문으로 포장되어 우리를 현혹시키기도 합니다.

서양과 동양의 각종 점괘

우리 인간이 이런 점괘에 의지하려는 것도 실은 좀 더 행복한 삶을 누리고 싶어 하는 인간의 심리가 자리 잡고 있기에 사라지지 않고 지속적으로 전해지고 있는 것입니다. 하여간 이런 일이 있은 후로 문제는 여기에서 끝나지 않았습니다. 얼마 전 고향에서 선거를 치르게 되었는데, 경력란 혹은 이력란이란 게 있었습니다. 그곳에 저자의 몇 권 안 되는 철학 도서를 넣게 되었습니다. 그런데 유권자 역시 사주나 관상을 보아주는 책을 저술하는 신비한 사람으로 생각하는 사람들이 의외로 많다는 사실에 놀라지 않을 수 없었습니다.

그 후 저자는 어떻게 하면 "사람들에게 신비하게만 여겨지는 '철학'이라는 글자를 지극히 평범하게 우리들 옆에 아무 무리 없이 항상 함께 할 수 있도록 할까?"하고 수차례에 걸쳐 생각해 보곤 하였습니다. 다시 말하여 우리가 '걸어 다니는 것이 바로 철학'이라는 것을 쓰고 싶었습니다.

우리가 오늘 이 책에서 공부하고자 하는 철학(哲學 : philosophy)은 앞에서 여러 사람들이 오해하고 있는 것처럼 인간의 운명이 팔자(八字)에 의해서 규정되어진다고 생각하는 점괘를 가지고 인간의 운명이 규정된다는 운명론이나 명리학을 가장 우선적으로 부정합니다. 또한 21세기 말 지구 멸망을 주장한 휴거나 노스트라다무스(Nostradamus, 1503~1566)의 예언, 그리고 요즘 하나님의 영에 의하여 병든 사람을 낫게 한다고 주장하며 사회를 혼란스럽게 하는 사이비종교를 거부하는 것을 그 주목적으로 하고 있습니다.

철학이란 인간들이 이러한 사주와 팔자에 의해서 운명론에 주어진 대로 실패와 성공을 하는 것으로 생각하지 않습니다. **철학이란 인간이 자신의 삶을 스스로 계획하고 달성하여 가는 생활 방법과 모습을 말하는 학문입니다.** 다시 말해 자신의 실패와 성공은 사주팔자에 의하여 결정되는 것도 아니고, 기도를 통하여 하나님이 무엇을 이루도록 해준다는 것도 아니라고 보는 학문입니다.

그럼 혹자는 "그럼 철학관이라 하는 곳에 가면 『주역』(周易)이란 것이 있던데 그것도 점(店)을 보는 것이니 철학에 해당하지 않느냐?"라고 물을 수도 있을 것입니다. 그러나 '주역'은 다릅니다. 주역이란 말이 중국 주(周)나라 때 나온 책이라서 '주역'이라고 통상 말해지고 있고, 또 처음엔 64괘로 이루어진 점(占)에 대한 책은 분명하지만 기후, 자연재해, 전쟁, 농업, 처세, 생활양식에 대한 것을 추론해서 왕이 국가 대사를 위하여 이를 어떻게 대처해야 할 것인가를 가르쳐주는 생활지침서로 철학에 해당하였습니다. 한 마디로 『주역』은 점서(占書)가 아니라 동양철학의 기원이자 인간의 삶을 인도하는 철학서입니다. 몇 가지 예를 들어보면 "고난을 극복하는 지혜, 수익을 내는 투자의 길, 어려움을 빠져나오는 법, 비리와 부정에 맞서는 법, 계절의 변화" 등등이 바로 주역에 나오는 내용들입니다. 그리고 서기 1천년 경부터는 『주역』은 철학으로 자리매김하게 됩니다. 따라서 『주역』은 사주팔자를 논하는 그런 학문이 아닙니다. 요즘엔 '주역'으로 점을 보는 사람도 많지 않습니다.[1)]

철학이란 이처럼 많은 오해를 사기도 하지만 분명한 것은 인간의 삶은 바로 자기 자신에 의해 결정된다고 보는 학문이 '철학'입니다. 때문에 누구에게 의지할 필요도 없고, 또 의지해서도 안 되며 또 주어진 운명론에 빠져 노력하지 않고 가만히 있어도 성공하는 것으로 착각해서도 안 됩니다. 실패를 하든 성공을 하든 남을 탓해서도 안 되고 친인척을 원망해서도 안 됩니다. 철학은 모든 것은 자기 자신의 책임이며 자기 자신이 지혜[철학]를 습득하여 공부한 지혜[철학]를 토대로 자신의 삶을 의지와 노력으로 목표했던 대

---

1) ▶ 서대원 지음, 『주역강의』(을유문화사, 2008), 17~20쪽. 327~491쪽.

로 열심히 살아가야 한다고 다그치는 학문입니다.

그런데 철학이 이처럼 우리와 함께 걸어 다니며 우리의 실생활과 함께 하고 있는 것인데도, 그동안 사람들에게 쉽게 다가오지 못하고 하늘에 떠 있는 것처럼 보이거나 먼 옛날이야기처럼 보였던 까닭은 무엇일까요?

첫 번째 이유는 19세기 말 모든 학문을 스스로 소화하지 못한 우리에게 무력으로 다가온 선진 제국주의(帝國主義, Imperialism)의 이식된 자본주의의 영향으로 볼 수 있습니다. 다시 말하면 아직 봉건적 질서 아래에 있던 우리의 주체적 사고방식을 한순간에 잃어버렸기 때문이라고 할 수 있겠습니다.

그리고 두 번째가 일본의 한국 침략에 의하여 우리 철학이 무너지면서 우리 자신의 철학이 새롭게 탄생하지 못하고, 이 땅이 방황하며 표류하고 있을 때 갑자기 들어온 서양철학의 영향 때문입니다. 그것도 누군가에게 의지하고만 싶던 시절 기독교와 함께 들어온 서양철학은 우리에게 기대와 혼란을 초래하였습니다. 그리고 그 중에서도 의식과 정신을 세계의 근원(기초 또는 근본)으로 생각하였던 관념론[2] 철학의 영향이 철학을 어렵게 만든 가장 큰 원인이 되었다 할 수 있겠습니다.

그리고 우리나라에서는 '철학'을 공부했다든지, '철학'을 배운다

---

2) ▶ 관념론(觀念論 ; 영 idealism, 독 Idealismus) 물질 또는 자연에 대한 근원이 관념(정신 및 의식)이라고 주장하는 학설.— 윤병태외 50인 지음, 『철학대사전』(중원문화, 2023). 이하 『철학대사전』에서 인용되는 것은 『철학대사전』으로 표기.

던지 하면 일반적으로 **서양철학**을 의미합니다. 물론 동양철학도 있고 미국철학도 있으며, 중동국가의 철학도 있습니다. 하지만 우리나라에서는 성리학이나 주자(朱子, 1130~1200), 맹자(孟子, BC 372~BC 289), 공자(孔子, BC 551~BC 479) 등의 철학은 그냥 생활 속의 이야기이기에 의미를 두지 않습니다. 하지만 반대로 서양에서는 동양철학을 신비한 철학으로 보는 경향이 많습니다. 미국의 유명한 스티브 잡스(Steve Jobs, 1955~2011)도 동양철학을 공부하고 오늘날 우리가 사용하는 스마트 폰을 발명했다고 합니다. 물론 스티브 잡스는 인도의 신비철학을 공부했다고 알려졌습니다.[3] 여하튼 서양에서는 동양철학을 신비하게 보듯이 우리 또한 서양철학을 신비하고 어렵게만 생각하는 경향이 있습니다. 하지만 서양철학 역시 그 사람들이 살았던 그곳에서 그 시대의 생각이나 정신을 지혜롭게 표현한 것이 '철학'이기에 그들에게는 그냥 일반적인 학문입니다. 언젠가 서양인이 왜 한국에서는 4촌끼리 결혼을 할 수 없는지를 묻는다거나 대중교통 안에서 젊은이가 노인에게 자리를 양보하는지를 신기하게 생각하는 글을 본 적이 있습니다. 하지만 우리의 전통적인 성리학을 모르기에 그 서양인에게 그걸 이해시키는 데는 매우 어려움이 따를 겁니다. 이처럼 서양철학 역시 우리에게는 낯설고 어려울지 모르겠으나 그들에게는 일반적인 학문일 뿐입니다.

따라서 우리가 지금 공부하려는 '철학' 역시 생활 그 자체에서 철

3) ▶ 짐 코리건 지음, 권오열 옮김, 『스티브 잡스 이야기』(명진출판사, 2009), 67쪽.

학을 이해하고 인간이 걸어 다니는 그곳에서 찾아야할 것입니다. 서양철학은 '세계는 알 수 없다'는 것을 전제로 '누군가(God, 하나님)가 우리를 배후에서 조종하고 있을 것이다'라는 막연한 생각으로 인간의 배후에서부터 시작한 철학이 바로 서양철학입니다. 아마도 **그리스-로마신화**가 그 철학의 배후에 있었기 때문일 겁니다. 그 중에서도 관념론 철학을 배우려고 했던 것 자체가 오늘날 이렇게 철학을 멀리하게 된 이유라 할 수 있습니다. 특히 이름까지도 신비하게 여겨지는데다가 생소한 이름의 철학자들이 우리를 더욱 더 힘들게 하였습니다. 플라톤[4)], 칸트[5)], 헤겔[6)], 피히테[7)] 등의 관념론 철학자는 물론이고 실존철학자들인 키르케고르(Kierkegaard, 1813~1855), 사르트르(Jean-Paul Sartre, 1905~1980), 현상학자 하이데

4) ▶ Platon(B.C 427~B.C 347) 그의 출생일과 사망일 책마다 다르게 표기되고 있는데 이는 아테네 역법(曆法)이 오늘날과 달리 6월과 7월을 첫해의 출발점으로 삼았기 때문이라고 한다.— 박종현 역주, 『국가 · 정체』(서광사, 2021), 11쪽.

5) ▶ Immanuel Kant(1724~1804) 독일의 사상가, 철학가. 철학사를 통틀어 헤겔과 맑스를 이어주는 가장 위대한 철학자 중 한 사람이다.— 러시아과학아카데미연구소 역음, 황세연 편역, 『세계철학사』(도서출판 중원문화, 2023), 제2권, 칸트 부분에서 요약.

6) ▶ Georg Wilhelm Friedrich Hegel(1770~1831) 독일 고전철학의 최대의 철학자로 예나대학, 하이델베르크대학 등에서 강의하였으며, 말년에는 베를린대학의 총장으로 활동하였다.— 나가야 쪼우 지음, 황세연 옮김, 『헤겔』(중원문화, 2012)에서 요약.

7) ▶ 본서 357쪽 '주요 철학도서 요약'에 헤겔 부분에서 피히테에 대한 이야기가 언급되고 있으니 참고하기 바람.— 저자 주.

거(Martin Heidegger, 1889~1976), 후설(E. Husserl, 1859~1938) 등 아무리 쉽게 읽으려 해도 혀 놀림조차 자유스럽지 못합니다. 더구나 이름도 너무 길어서 외울 수조차도 없습니다. 헤겔의 이름을 풀 네임으로 바꾸면 **게오르그 빌헬름 프리드리히 헤겔**입니다. 이 때문에 서양철학을 처음 대하는 우리나라 사람은 누구나 어려운 학술 용어와 이름 앞에서 주눅이 들어버립니다. 따라서 독자들도 이 책을 읽다가 어려운 말이나 사람 이름이 나온다거나 각주가 읽기 싫으면 그냥 건너뛰어도 되겠습니다.

이 책에서는 일단 **세계를 알 수 없는 것**이라고 하여 우리를 혼란스럽고 어렵게 하였던 19세기 이전 관념론 철학은 물론이고, **세계는 알 수 있다**는 것을 전제로 하는 철학, 곧 우리가 걸어 다니는 생활 속에서 철학을 시작하고 있습니다. 때문에 모든 철학적 문제가 알 수 없는 하늘에 떠다닌다거나 옛날이야기처럼 들린다거나 꿈속에서 볼 수 있는 아련한 것들이 아닌 바로 우리 생활 속에서 일어나는 것이 될 것입니다. 그렇기 때문에 어떤 입장의 철학보다도 객관적 입장에서 세계를 바라보게 될 것입니다. 따라서 독자들은 눈앞에 보이는 것을 변화시키는 것은 알 수 없는 하나님(God)이 아닌 바로 인간 자신임을 알게 될 것입니다.

다시 말하여 초등학교 '바른 생활' 책에서 종종 등장하는 덴마크의 아동문학가 안데르센(Hans Christian Andersen, 1805~1875)의 동화 「벌거숭이 임금님」은 우리에게 깨달음을 주는 바가 크다고 하지 않을 수 없습니다. 실제로 옷이 없었기 때문에 보이지 않는다고 어린이들은 정직하게 말하였던 것입니다. 아이들에게는 그렇게 거짓말할 두뇌가 없습니다. 신하들도 거짓말을 하였지만 아이들은 정직하게 말하였습니다.

안데르센 동상

"임금님이 벌거숭이다!"

오히려 신하들이나 임금은 현명하기 때문에 본 대로 말하지 못하고 거짓말을 하였던 것입니다. 이처럼 거짓말이 사실로 되고 사실은 은폐된 것이 지금까지의 잘못된 서양 철학사였습니다. 그러나 이제는 '우리의 배후에서 하나님이 우리를 조정한다'라고 말하는 철학사를 부정하고 19세기 이후 21세기인 지금까지도 건재하며 전 세계를 휩쓸고 있는 현대 철학을 시작할 때입니다.

고대의 초기 철학은 지극히 소박한 것으로 어린아이가 벌거숭이 임금님을 보았던 것처럼 현실 그 자체 그대로(자연철학 또는 유물론적 입장) 세계를 바라보았습니다. 하지만 수준이 낮았던 유아기적 철학이었기에 관념이나 정신에 대하여 올바로 해명할 수 없었습니다. 특히 자연에 대한 공포와 죽음에 대한 두려움은 결국 신(God)을 인간의 배후 조정자로 만들게 되었습니다. 이것이 정신철학, 곧 오늘날 '관념론'이라 불리는 형이상학[8](形而上學, metaphysics)적

---

8) ▶ 형이하학(形而下學, physics science)에 대립하는 말로 감각을 통하여

철학이 탄생하게 된 배경입니다.

그리고 이러한 관념론 철학은 2,000여 년 동안 서구 세계를 지배하였습니다. 하지만 이제 2,000여 년의 장구한 역사 속에서 지배적 위치에 있었음에도 불구하고 부정(否定)과 부정(否定)을 통하여 현실을 그대로 직시하는 걸어 다니는 현실(=reality, practice) 철학에게 이제 그 위치를 점점 내놓게 되었습니다.

그렇다면 '철학'이라는 말은 어떻게 해서 탄생했을까요? 지금까지 '철학'이라는 말은 그리스에 그 어원을 두고 있으며 그 말뜻은 '지혜에 대한 사랑'이라고 말해지고 있습니다. 그리고 철학자에 따라서 여러 가지 견해가 있기도 합니다. 그러나 오늘날에는 자연공학과 같은 기술적인 지식이 아닌 우주나 자연 또는 사회적인 환경에 대한 생활 속의 태도를 문제로 하는 살아 있는 사상이라고 말해집니다. 또는 합리적인 인식을 위한 기초적 과학이라고 말해지기도 합니다. 즉 철학이란 **자연과 사회를 꿰뚫는 가장 일반적(기초적)인 법칙성을 탐구하는 학문**이라고 말할 수 있습니다. 이를 보통 세계관(世界觀)이라고 말하기도 합니다. 세계관은 또한 철학이라고 말할 수도 있습니다.

확인할 수 없는 학문. 세계는 불변한다고 생각하며 세계는 알 수 없다고 생각하는 점에서 관념론에 속한다.—『철학대사전』에서 요약.

왜 철학을 해야 하는가

철학은 자연, 정치, 경제, 경영, 사회, 문학, 예술, 도덕, 종교 등의 기초를 탐구하는 학문이기에 학문의 근원이라고 말해집니다. 정치의 근원을 탐구한다면 정치철학일 것이고, 경제의 근원을 알려고 한다면 경제철학이 될 것입니다. 또 우리가 사는 사회의 기초를 연구하고 탐구한다면 사회철학이 될 것입니다. 또한 오늘날의 현대철학에서는 예술철학을 중심으로 정신과적 병을 치료할 수 있는 예술치료가 발전하고 있고,[9] 디지털 컴퓨터의 출현과 함께 4차 혁명시대에는 분석철학[10]이 디지털 AI를 만드는 기

---

9) ▶ 조정옥 지음, 『예술철학 · 예술치료』(성균관대학교 출판부, 2019), 저자 머리말과 157쪽 제1장~3장 246쪽.

10) ▶ 분석철학(分析哲學, Analytic philosophy) 철학의 임무란 체계적인 철

초과학으로 이론을 제시하고 있습니다.11) 이처럼 지식 및 사상과 문화가 인간이 살아가는 사회에 존재하는 이상 그 뿌리, 즉 기초를 연구하여 찾아내어 그 관계를 분명하게 해보려는 것이 철학이고 이를 '고민'하면서 또는 다른 말로 '사유'(思惟, thinking)하면서 '탐구하는 자세가 바로 철학하는 자세입니다. 여기서 '사유'한다라는 말이 나왔는데 영어로는 idea로 "생각"이라고 해석하기도 합니다. 바로 철학 공부를 하는 자세에는 이런 사고하고 고민하는 자세도 있어야 하고, 논리력, 추리력 등도 필요로 합니다. 그러기 위해서는 '사유훈련'을 해야 합니다. 그것이 철학을 공부하는 또 하나의 이유입니다. 그것은 철학을 공부한다는 것 자체가 '사유훈련'이기도 하기 때문입니다. 따라서 주의가 지나치게 산만하다든지 독서력이 너무 없어 책만 보면 잠이 오는 사람에게는 철학 공부를 통하여 '사유훈련'을 권해보는 것도 좋을 것입니다.

바로 철학은 처음부터 사유훈련을 해야 한다는 등 이처럼 어려운 일에 부닥칩니다. 상식과 철학은 뭐가 다른가? 궁극적 목적이란 무엇인가? 실제로 다양한 사실과 현상을 가지런히 분류 정돈하고 원인과 결과의 법칙을 발견해내는 인문과학이나 사회과학, 또는 자연과학의 경우는 무엇을 어떻게 배우는가에 대해 비교적 명확히

학적 세계관을 수립하는 것이 아니라, 일상적 지식이나 각종 과학 · 철학에서의 개념과 명제 · 이론 등의 의미 · 구조 · 사용법 등을 분석하고 해명하는 것이다.—『철학대사전』에서 요약.

11) ▶ AI에 대해서는 본서 330쪽을, 분석철학에 대해서는 본서 323쪽 '논리학이란 무엇인가'를 참조하기 바람.— 저자 주.

정해진 바가 있습니다. 그리고 과학은 그 지시에 따라 나가면 무엇이든 그 성과나 해답이 분명하게 있습니다. 예를 들면 인문학 중 역사를 말한다면 '왜 동학혁명이 일어났는지' 원인과 과정을 조사하면 확실하게 결과가 나옵니다. 또 자연과학에서도 산소(O)에 수소(H)를 합하면 결과는 물(HO_2)이 나옵니다. 그러나 철학의 경우는 원인과 결과도 없으며 무엇을 어떻게 하라고 하지도 않고 각자의 선택과 결단, 그리고 노력만을 필요로 합니다. 뭔가 일정한 교육과정을 기대하고 철학 공부에 임하였던 사람은 바로 이러한 이유 때문에 순간 당황할 수도 있습니다.

그러나 시각을 바꾸어 보면 사람이란 철학하도록 되어 있다고 말할 수 있습니다. 왜 사람들은 철학을 하게 되었을까? 그것에 대해서는 플라톤의 경우는 '놀라움' 때문이라고 하였고, 데카르트(Rene. Descartes, 1596~1650)의 경우는 '의심' 때문이라고 하였습니다. 또 실존철학자들은 '불안' 때문이라고 하였습니다. 이렇게 말하여지게 된 것은 사람들이 세상에 태어나 살면서 어떤 어렵고 새로운 사태에 직면하였을 때 그때까지 전해진 상식이나 사고방식 등으로는 문제가 풀리기보다는 문제가 더 어려워지거나 발생된 문제를 해결할 수 없었을 때 가져보는 '한숨'이라 할 수도 있습니다.

이러한 한숨의 뒤편에는 좀 더 뜻이 있게 살아가고 싶다는 희망이 있을 것입니다. 이 희망은 인생과 세계의 가장 근본 원리가 무엇인지 파헤쳐 보고 싶다는 결심이기도 합니다. 물론 한계가 있는 인간으로서 이렇듯 커다란 일을 쉽게 해낸다는 것은 생각할 수 없습니다. 아마 누차 좌절하여 절망의 늪에 빠지기도 할 것입니다. 그리고 '진리'란 존재하지 않는다고 하면서 포기해 버리기도 할 것입니다. 그러나 그럼에도 불구하고 우리는 살아가는 한, 거듭 이 '희망'을 인간의 숙명처럼 가지게 될 것입니다. 우리는 우리에게 다가오는 모든 어려운 문제들을 피하려 하기보다는 당당하게 철학함으로 다스릴 수 있어야 합니다. 두려움에 주춤한다면 우리는 아무런 발전도 없이 두려움에서 헤어나지 못할 것입니다. 우리는 이 인간의 숙명에 헤겔의 말처럼 진리에의 용기를 가지고 맞서서 인간으로 살아가면서 할 수 있는 최선을 다해야 할 것입니다. 앞에서도 이미 언급했듯이 **철학이란 지혜를 가진 인간이 자신의 삶을 스스로 계획하고 달성하여 가는 생활 방법과 모습을 말하는 학문입니다.** 이것이 바로 우리들이 철학을 해야 하는 이유입니다.

하여튼 이 책이 아무리 쉽게 쓰여져 있다하여도 읽지 않으면 필요가 없을 것입니다. 이는 아무리 맑고 정의로운 생각이 있다하여도 행동하지 않으면 아무 쓸모가 없는 양심과 같은 것입니다. 실천하는 자세가 바로 철학하는 자세입니다.

그런데 문제는 또 하나가 있습니다. 책을 읽었다 하여도 소주처럼 알코올 기운이 '확' 돌아 취하듯이 하루아침에 철학을 이해하였다고 할 수도 없습니다. 이는 매일 마시면 효과가 나는 우유처럼 천천히 하나하나 이해하면서 소화해야 합니다. 신체의 건강을 위해서 매일매일 운동을 해야 하듯이, 이해하지 못하는 부분은 항상 셀 수 없이 반복해서 읽으며 '사유훈련'을 해야 합니다. 그러다 보면 사고력과 논리력, 그리고 창의력이 형성되고 세계를 환히 꿰뚫어 보게 되는 세계관이 갖추어지게 될 것입니다. 바로 이러한 이유 때문에 우리는 철학을 해야 합니다.

그 다음에도 철학 공부는 계속해야 합니다. 우유 마시는 것을 그만둔다거나 운동을 중지하면 건강도 퇴보하는 것처럼 우리의 사유 훈련도 중지하면 머리가 둔해지기 때문입니다. 따라서 우리 인간은 항상 글 읽는 것을 게을리 하면 안 됩니다.

그리고 앞에서도 지적했듯이 철학이란 형식 논리학적인 '수학'을 배우는 것처럼 배운다는 것은 불가능합니다. 인수분해를 풀고 나면 또 다른 응용문제를 풀듯이 나가는 학습과 같은 진도는 아닙니다. 다만 우리에겐 선인들의 업적이 있습니다. 그분들의 말 속에서는 우리들을 사로잡는 것들이 있습니다. 지금부터 우리는 여러 철학자들의 방향성을 보면서 연구하여 철학하는 자세를 갖추어 보도록 합시다. 자! 그럼 이제부터 매일매일 우유를 마시고 운동을 하듯이 천천히 걸어서 생활 속의 철학을 공부하도록 하겠습니다.

사회를 어떻게 볼 것인가

사회를 어떻게 볼 것인가? 세계를 어떻게 볼 것인가? 역사를 어떻게 볼 것인가? 영혼이란 무엇인가? 귀신이나 도깨비란 정말 있는 것일까? 언젠가 철이 들면서 항상 알고 싶어 하는 필자의 물음이었습니다.

인간에게 있어서 철학이라는 학문이 언제부터 자리 잡게 되었는가 하는 것도 중요한 것입니다. 그렇다면 오늘날의 철학은 언제부터 현대적 감각을 지니게 되었을까요?

원시공동 사회에서는 아직 철학이라는 말을 낳지 못했을 것입니다. 예를 들면 인체의 구조나 죽음의 원인 등에 대하여 과학적 탐구도 없었고, 잠을 잘 때 꾸는 꿈이라는 것에 대하여 그리고 꿈속에 나타나는 이유도 설명할 수 없었을 것입니다. 그래서 생각하는 마음과 신체는 서로 다르게 작용하는 것으로 보게 되었습니다. 다시 말하여 생각은 육체에 머물러 있다가 자신이 죽으면 육체를 떠나는 것으로 생각하였습니다. 때문에 사고는 영원히 존재하는 것으로, 즉 영혼(靈魂 ; 넋)이 되어 언제까지나 존재하는 것으로 동서양을 막론하고 해석되곤 하였던 것입니다. 사고는 인간의 머릿속(뇌)에서 나온다는 것을 생각하지 못하였기에 사람이 죽어도 사고(思考 ; mind, spirit, idea, thinking)는 남는다고 생각하였습니다.

이러한 생각들은 서양에서는 1,500여 년 동안 종교라는 울타리 속에서 보호받으며 사고의 지위는 육체적 생명보다 더 높은 위치에서 군림하고 있었습니다. 이처럼 육체보다도 중요하게 여겨지던 생각(idea)은 관념론(idealism) 철학의 뿌리를 세우는 토대가 되었습니다. 그러나 동양은 지역마다 그 철학의 토대가 달랐습니다.

조선시대 성리학(性理學)의 후예인 우리나라는 서양처럼 오늘날까지도 사고나 관념은 육체로부터 독립되어 있는 특수한 존재 방식으로 여겨지는 경우가 있습니다. 혹시 이 책을 읽는 독자 여러분 중에도 사고와 육체를 분리해서 생각하여 자신이 죽어도 사고는 영원히 남는 것으로 생각하는 분이 있을지도 모릅니다. 바로 이런 생각 때문에 '천당'이나 '극락세계'란 것이 등장하게 된 것입니다. 하지만 사고란 우리들의 머리에서 나오는 것으로 머리가 사망하면 사고도 없어집니다.

우리나라에도 '넋', '영혼', '귀신'이라는 말이 있는데 바로 사고와 육체를 분리한 대표적인 사례라고 할 수 있습니다. 그러나 육체와 사고는 따로따로 존재하지 않습니다. 당연히 함께 있습니다. 육체가 죽으면 사고도 없어지는 것입니다. 때문에 '귀신'은 당연히 없는 것으로 공상에 불과합니다. 그런데도 왜 아직까지도 무당이나 점쟁이가 존재하고 있을까요? 바로 자본주의사회가 지니고 있는 물신성[12](物神性) 때문입니다. 물질에 대한 동경은 결국 그 물질로부터 소외받고 있기 때문입니다. 외롭고 소외받은 우리의 정신이 결국은 미래에 대한 불안으로 무당이나 점쟁이의 힘을 빌려보려는 약한 정신력 때문입니다. 하여간 이처럼 마음과 육체가 분리되었다고 주장하는 걸 심신이원론(心身二元論)이라고 합니다.

몇 해 전 식물인간을 안락사(安樂死) 시켜도 된다는 법원판결이 있었습니다. 이것은 육체는 살아 있으나 정신은 이미 죽어 있기 때문에 내려진 판결입니다. 물론 이런 판결에 항의하는 기독교인들이 있었으나 육체와 사고가 분리되지 않았다는 것을 분명하게 했다고 보아야 할 것입니다. 이렇게 육체와 정신이 하나로 되어있다고 주장하는 사람들을 심신일원론(心身一元論)자라고 부릅니다.

그리고 근대에 이르러 바로 이러한 허무맹랑한 영혼설에 대하여 서양에서 철학이 문제를 제기하기 시작한 것입니다. "대관절 영혼을 어떻게 찾을 수 있느냐?"하는 것입니다. 인간이 세상을 살아오

---

12) ▶ 물신성, 곧 물질이 신의 위치에 올라섰다는 의미이다. 그만큼 돈의 힘은 막대하여졌다. 다시 말해 인간관계가 물질(돈, 금, 은, 동 등)로 귀착되는 것이 상품 사회에서의 물신숭배이다. 이리하여 화폐에 대한 물신숭배가 나타나고 '돈이 제일'이라는 화폐의 마력에 사로잡히게 되는 것이다.—『철학대사전』에서 요약.

면서 약간씩 집적된 지식은 "사고와 육체의 분리는 있을 수 없다"라고 하면서 하나님만을 고집하는 맹목적인 신앙과 정면충돌을 일으키게 된 것입니다. 아이들이 벌거숭이 임금님을 보았을 때는 유아적이고 초보적이었다면, 이제는 지식을 갖춘 현저하게 향상된 의식으로 무장한 철학자들이 우리가 이곳에서 볼 수도 없고 알 수도 없는 영혼이나 하나님에 대하여 의문을 갖기 시작한 것입니다. 이에 대하여 마땅한 대답을 준비하지 못하고 있었던 관념론자들은 하나님이란 "알 수 없는 미지의 세계"라고 주장하기 시작합니다. 다시 말하여 불가지론(不可知論 ; Agnosticism)을 내세우면서 얼버무리기 시작하였습니다.

17세기 '서양 철학사'에 하나의 중요한 논쟁이 있게 되는데 그것이 영국의 경험론(Empiricism)과 유럽의 합리론(Rationalism)이었습니다. 이때는 우선 사회 구성 자체가 변화를 보이고 있던 때였습니다. 즉 살아가는 방법이나 문화적 수준이 달라지기 시작한 것입니다. 자본주의의 토대가 서서히 자리 잡으면서 한편에서는 타락한 봉건영주 제도에 대하여 자본가나 노동자들의 불만이 싹트고 있었습니다. 그리고 로마 교황청도 부패되어 있었습니다.

영국의 베이컨(Francis Bacon, 1561~1626), 로크(John Locke, 1632~1704) 등에 의하여 주장된 경험론은 인간이 태어날 때 아무것도 없는 무(無)에서 시작한다고 주장하였습니다. 영혼과 육체가 따로따로 존재하는 것이 아니라, 살아가면서 감각을 통하여 이것저것 경험을 거치면서 사고하면서 인식되어 머릿속에 축적된다는 주장이었습니다. 이는 로마 가톨릭과 함께 당시 왕조의 권위를 이어 가던 봉건주의(혈통주의)에 대하여 반대하는 일성(一声)이었습니다. 이에 대하여 유럽의 관념론을 이끌어 가던 데카르트와 같은 합리론자들은 "나는 생각한다. 고로 존재한다"라고 할 정도로 존재(육체)보다도 사고의 우위를 주장하면서 당시의 종교를 두둔하며 보수주의적 입장을 지지하였습니다.

칸 트

하지만 칸트, 헤겔과 같은 관념론 철학자도 "세계는 인식할 수 없는 것이 아니고 세계는 인식할 수 있다"는 주장을 하기 시작하였습니다. 여기에 대한 가장 커다란 공로자는 칸트입니다. 그는 바로 합리론과 경험론을 통일하는 인식론을 내놓았기 때문입니다.

그리고 "영혼과 육체는 따로 분리될 수 없다." 아울러 "신은 존재하지 않는다"라는 무신론도 어느 정도 들어설 자리가 있게 되었습니다. 이러한 무신론자들과 포이어바흐(L. Feuerbach, 1804~1872), 맑스(K. Marx, 1818~1885), 엥겔스 등 유물론[13]적 세계관을 역설하던 과학자들은 "육체와 사고는 분리될 수 없다"는 것을 마지막으로 과학적인 탐구를 완료하였다고 주

---

13) ▶ 유물론(唯物論 ; 영 materialism) 정신에 대하여 물질의 근원성을 주장하는 입장. 물질에 대하여 정신의 근원성을 주장하는 관념론에 대립한다. — 러시아과학아카데미연구소 엮음, 황세연 편역, 『세계철학사』(도서출판 중원문화, 2023), 제3권에서 요약.

장하였습니다. 사회(세계)란 하나님에 의해서 조정되는 것이 아니라 사람에 의해서 해석되고 분석되며 또 사람들에 의해서 발전되고 개혁된다는 것을 증명함으로 철학은 그 임무를 다하게 된 것입니다.

우리는 이제 관념론적 세계관에서 빠져나와 실천적, 현실적 세계관으로 세계를 바라보아야 할 것입니다. 귀신도 없고, 신(God)도 없으니 이제 그 무엇에도 기대하지 말고 눈에 보이는 그대로 세상을 바라보고, 지혜를 가지고 열심히 자신의 삶을 의지와 노력으로 목표했던 대로 열심히 살아가야 합니다. 바로 사회를 어떻게 바라보느냐에 따라서 인간의 삶은 확실하게 변화하게 될 것입니다.

현대의 철학은 미국을 중심으로 변화하면서 신(God) 중심에서 과학중심으로 확실하게 바뀌어 가고 있습니다. 그렇다고 하여 미국철학이 올바른 길을 가고 있다고 할 수는 없습니다. 미국의 철학은 어디까지나 자본주의 중심국가로서 미국의 국력과 세계 지배력을 계속 유지하려는 목적으로 유물론과 관념론을 넘나들며 실용적이며 언어 분석과 기호분석 등을 주로 다루는 학문입니다. 미국은 세계를 변혁시키려는 칼 맑스 철학과 같이 뚜렷한 목적을 가지고 과학기술혁명으로 자본주의를 유지시키려고 노력하는 나라입니다. 그리고 미국의 이러한 노력은 아직까지 성공을 거두고 있습니다.

사람은 왜 사는 것일까?

사람은 왜 죽으며 왜 살까? 사람과 짐승은 무엇이 다른가? 그리고 우리는 어떻게 살아야 되는가? 유년기에 저자를 가장 괴롭히던 말들입니다. 아마 저자는 이때부터 철학을 이미 시작하고 있었던 것 같습니다.

"사람은 왜 사는가?"

이렇게 물으면 어린아이의 경우 벌거숭이 임금님 때와 같이 솔직하게 대답합니다. 그 외에 다른 대답도 나옵니다.

"죽는 게 무서워서요."

"먹으려고 살아요."

그러나 현명한 어른에게 이것을 물으면 한참을 고민하면서 현학적인 말투를 생각해 내어 말합니다. 하지만 현명한 어른들의 대답일수록 그 해답은 현실에서 동떨어진 경우가 대부분입니다. 현실 그대로 이야기하지 않습니다.

"죽는 게 무서워 산다!"

이런 확실한 말보다 또 다른 수준 높은 그 무언가 보이지 않는 것을 생각하려 합니다. 하지만 현실생활에서 어렵게 살아온 사람은 쉽게 대답합니다.

"죽지 못해서 살고 있습니다!"

바로 죽음이 두려워 사는 것이 '사는 이유'가 되는 것입니다. 죽음이란 살아 있는 생물에게 가장 두려운 상황이기 때문입니다.

하지만 현실 세계에는 사람만 죽는 것이 아니고 살아 있는 생물은 모두 죽습니다. 그래서 생물(生物, living things)이라고 말합니다. 죽으면 무생물(無生物)이 됩니다. 나무나 풀도, 곤충이나 짐승도, 물고기나 개도 어떤 생물이든 죽습니다. 그런데 우선 죽는 이유는 생물학적으로 몸이 쇠퇴하면 죽습니다. 그리고 사고로 죽는 경우가 있습니다. 먹이를 못 먹어도 죽게 됩니다. 잠을 못 자도 죽게 됩니다. 추워서 죽는 경우도 있습니다. 이를 간단하게 정리하면, 모든 생물은 죽지 않으려면 노동을 통하여 자기 몸을 보호하여야 합니다. (1) 우선은 먹어야 삽니다. 그리고 (2) 잠도 자야 됩니다. (3) Sex를 통하여 종족도 번식해야 합니다. 이러한 것들을 해결하기 위해서는 **노동**을 통하여 먹이를 구하여야 하고, 집을 지어 더위와 추위도 막아야 됩니다. 이처럼 먹는 것, 자는 것, Sex 이 세 가지를 살아 있는 '생물의 본능'이라 부릅니다.

46 걸어 다니는 철학

그리고 지금까지 인류의 기원은 **아프리카 기원설**과 **다지역(多地域) 기원설** 두 가지로 나뉩니다. 필자는 다(多)지역 기원설에 무게를 두고 있습니다. 또한 그리스의 **아낙시만드로스**(Anaximandros, BC 610~BC 546)는 "**사람은 물고기에서 생겨났고, 물에서 땅으로 나왔다**"고 주장하였습니다. 그리고 인간은 다른 동물보다 뇌가 먼저 발달했으며 손을 통해 도구와 불[火]을 사용할 줄 알게 되었습니다. 이점이 다른 생물과 확연하게 다른 점입니다. 학자에 따라서는 직립보행이 다른 동물과 다른 점이라고 주장하기도 합니다. 여기서 뭔가를 사용할 수 있다는 것은 노동을 할 수 있다는 의미입니다. 사람은 할 수 있으나 짐승이나 곤충 등은 할 수 없는 것, 그것이 인간과 짐승의 다른 점입니다. 짐승에게는 도구를 만들어 사용하는 창조[노동]력이 없습니다. 짐승끼리는 감정도 통하고 감각적 언어형태도 띤다고 합니다. 돌고래의 경우는 인간보다도 높은 지능지수와 기억력도 있다고 합니다. 하지만 그들은 인간처럼 도구를 만들어 낼 수 없습니다. 그러나 인간은 경험한 것을 머리로 생각하여 손을 통해 도구를 만들어 내는 능력[창조]이 있습니다. 바로 인간의 손은 노동의 도구일 뿐만 아니라 **또한 노동의 산물**이기도 합니다. 인간은 사고와 노동의 상호작용으로, 더 빠르게 진화할 수 있었습니다. 그리고 노동은 정신노동과 육체노동으로 또다시 나눠집니다. 한마디로 정신노동과 육체노동이 함께 존재합니다. 서로 나누어서 생각할 수 없는 것으로 항상 상호작용합니다. 그런데 관념론자들이나 종교인들은 이것을 분리하여 생각하였던 것입니다.

이처럼 노동은 창조임과 동시에 예술의 표현과정입니다. 그리고 이러한 인류는 스웨덴 식물학자 린네(Carolus Linaeus, 1707~1778)의 주장처럼 식물이 교잡(交雜) 통해서 여러 종류의 식물로 변했듯이 인류도 이처럼 교잡을 통해 상호침투를 통해 번식·발전하게 되었습니다. 그리고 F. 엥겔스는 『자연변증법』에서 "인간은 그가 일으키는 변화를 통해 자연을 자신의 목적에 맞게 변형시키며, 자연을 **지배**한다"라고 말합니다.

여기서 우리는 다시 본론으로 돌아와 오늘날 살벌하게 일어나는 범죄에 대하여 생각해볼 필요가 있습니다. 인간사회의 모든 범죄는 죽지 않기 위해서 시작되었던 생물학적 본능에서 출발합니다. 그리고 앞에서 말한 이 세 가지 본능이 범죄의 구성 요소를 규정짓게 됩니다. 오늘날 뉴스를 장식하는 것은 어떤 형태이든 인간 본능 범주 안에 들어 있게 됩니다. 먹고, 쓰고, 자기 위한 강도행위와 절도행위 등과 성욕을 해결하기 위한 성범죄 등이 끊임없이 일어나고 있습니다. 이 때문에 국가는 인간의 본능을 통제하면서 또한 본능을 해결해주어야 하는 기관으로 우리들이 만든 기관입니다.

그렇다면 이제 우리는 어떻게 이 사회를 살아가야 할지 명백합니다. 모든 생물이 그렇듯이 우리가 세운 국가는 우리들의 생명을 보호해야 하고, 죽지 않고 오랫동안 살 수 있는 일자리를 마련해주어야 합니다. 일자리 없는 것을 개인의 무능으로 탓해서는 안 됩니다. 일자리가 없는 것은 국가의 무능입니다. 여기에는 장애인도 똑같은 권리가 있습니다. 우리는 국민(people)의 자격과 의무로 행복하게 살 수 있는 국가를 만들 임무가 주어져 있기에 정치에 관심을 가지고 자기 입장을 표현하면서 주장해야 합니다. 정치인들에게만 맡겨 두면 안 됩니다. 이 때문에 정치는 바로 우리의 일입니다. 인간이 삶을 더욱 더 연장시키려고 노력하고 또 사는 동안 행복하게 사는 것은 우리 모두의 소망입니다. 바로 우리가 철학을 공부해야 하는 이유는 행복하게 살고 아름답게 죽기 위해서입니다.

그리고 철학을 공부하는 구체적 목적은 올바른 사고능력을 갖게 하기 위해서입니다. 올바른 사고는 우리가 살아가는 데 올바르게 행동하게 합니다. 우리가 살아가는 이 세상에는 부딪히는 일들이 너무 많습니다. 바로 이러한 일들에 대하여 내용을 '분석'하고 다시 '종합'하면서 정확한 '판단'을 해서 행동하여야 합니다. 그렇지 않으면 잘못된 결과를 낳게 됩니다. 정치에 무관심하다면 왜 그런지를 분석하고, 분석된 내용들을 종합하여 정확한 판단을 하여 결정해야 될 것입니다. 자기주장은 하나도 없이 그냥 '정치는 관심없어!'라고 해서는 안 됩니다. '세계는 무엇일까?' '나는 누구일까?' '어떻게 살 것인가?' '죽음이란 무엇인가?'하는 커다란 문제에서부터 개인적으로 일어나는 작은 일까지 고민해야 합니다. '내가 좋아하는 여자친구나 남자와의 관계는 진정한 사랑일까' 'Sex가 중요할까, 정신적 사랑이 중요할까?' '죽음은 얼마나 두려울까?' 등등.

분석철학자 다니엘 Z. 코만은 "죽음은 나쁘지 않다. 결국 당신이 죽을 때 이미 당신의 의식은 멈춘다. 당신이 죽음을 알아차리지 못한다는 것이 당신에게 나쁠 수 없다. 그리고 만약 이것이 참이라면 당신은 죽음을 두려워하지 말아야 한다. 왜냐하면 당신에게 나쁘지 않은 것을 두려워하는 것은 비이성적이기 때문이다"[14]라고 논증합니다. 그의 논증에 의하면 "당신이 죽을 때 당신의 의식은 멈춘다. 그리고 전제(premise)로 당신이 죽을 때 의식이 멈춘다면 죽는 것은 당신에게 나쁘지 않다. 만약 죽음이 당신에게 나쁘지 않다면 당신은 그것을 두려워하지 말아야한다. 결론은 죽음을 두려워하지 말아야한다"[15]라고 논증합니다. 이처럼 우리는 여러 가지 의문을 풀기 위해서 올바른 사고를 갖추도록 해야 할 것입니다. 그리하여 더 즐겁고 행복하게 살아갈 수 있는 아름다운 방법들을 연구하고, 또 사회와 자신과의 관계가 분리될 수 없다는 것을 인식한다면 삶이 더 가치 있을 것입니다.

14) ▶ Daniel Z. Korman, *Learning from Argument - An introduction to philosophy*, The PhilPapers Foundation., Canada, London 2022. pp.4~6. pp.74~76.

15) ▶ 앞의 책 pp.4~6.

철학과 과학, 그리고 사람

철학이 인생 및 세계의 궁극적인 원리를 다루는 학문이라면 **과학**이란 사물의 다양한 사실과 현상을 취급하여 잘 정돈하고 전형적인 관계를 밝혀 원인과 결과를 분명하게 가려내는 학문입니다. 그런데 인식을 한다든지 이론을 담당하는 곳은 머리 곧 사람의 두뇌의 기능입니다. 사람의 두뇌의 담당자는 살아 있는 인간인 각 개인 자신입니다. 물론 현재 등장하고 있는 인공지능(AI)의 담당자는 아직은 인간입니다. 그런데 이러한 인간에 대하여 두뇌의 사용을 규정지으려고 한 '군부독재시대'가 있었습니다. 물론 북한은 지금도 사고의 세계까지 총칼을 겨누고 있다고 합니다. 하지만 인간 두뇌의 사유의 세계까지 독재의 총칼을 들이댄다고 해서 통제가 되는 것은 아닙니다. 그리고 과거 독재시절 남한이나 현재의 북한처럼 한 가지 생각만 강요한다고 해서 영원하게 독재자의 안위가 보장되진 않습니다. 하지만 우리나라도 과거 우리의 역사가 그렇게 잔인한 바가 있었습니다. 그리고 그러한 시대를 지금도 그리워하는 사람들도 있습니다. 국회에서 장관 후보자에 대한 청문회과정에서 5.16은 쿠데타가 아니라고 우기는 사람도 있습니다. 국민을 학살한 5.18민주화운동을 부인하는 세력들도 있습니다. 또한 일본제국주의의 우리나라 침략을 우리 잘못이라고 주장하며 일본의 식민주의를 찬양하는 친일파도 있습니다.

또한 일본이나 우리나라 등에서는 자연과학을 연구하면 유물론자나 공산주의자가 된다고 하여 억압받기도 하였습니다. 또 '변증법'이란 것을 곧 공산주의 이론으로 규정지어 이를 주장하였다 하여 교도소에 보내지기도 하였습니다. 하지만 모두 다 무식해서 일어나는 해프닝들입니다. 지금까지도 이것들은 해결되지 못하고 있는 슬픔입니다. 얼마나 비과학적인 사고입니까? 앞으로 설사 남북회담이 잘 진행된다 하여도 옛 군부정권이 만들어 놓은 '국가보안법'은 쉽게 폐지될 것 같지 않습니다.

변증법[16]이란 말은 사회주의나 공산주의 이론이 생기기 이전에

---

16) ▶ 변증법을 **트리아데**(독, Triade)로, 즉 삼분법이라 부르며 자칫 이것만을 변증법으로 오해하는 경우가 적지 않다. 즉 최초의 '정'(正)은 다음에 오는 '반'(反)에 의해서 부정되며 다시 이것은 세 번째 단계인 '합'(合)에 의해서 부정되지만 이 '합' 속에는 '정'과 '반'이 어떤 의미에서 내포된다는 도식을 말한다. 변증법에 대해서는 뒤 155쪽 '변증법이란 무엇인가'에서 잘 설명될 것이다.— 저자 주.

이미 존재하였던 말들입니다. 역시 사회주의나 공산주의란 말도 맑스나 엥겔스 이전부터 존재했던 말들입니다. 그리고 어느 시대나 진보주의자는 있었습니다. 예를 하나 들겠습니다. 갈릴레이(Galileo Galilei, 1564~1642)는 16세기에 보수적이었던 기독교적 입장의 천동설(天動說; 지구가 움직이는 것이 아니라 하늘이 움직인다는 주장)을 부정하고 지동설(地動說)을 주장한 진보주의자였습니다. 하지만 그는 공산주의자도 변증법적 유물론자도 아니었습니다. 그런데도 그는 옳은 말을 하고도 죽음이 두려워 거짓말을 하고 살아났습니다. "그래도 지구는 돈다"라고 했다는 말은 얼마나 유명한 말입니까?

우리나라의 실학자들도 중국의 손문(孫文, 1866~1925)도 맑스주의자도 공산주의자도 아니었지만 유물론적 세계관을 가지고 진보적인 입장에서 사회혁명을 지도한 훌륭한 실천적 지도자들입니다. 진보라는 것이 꼭 맑스주의자나 공산주의자를 의미하진 않습니다. 이처럼 형이상학적이고 형식논리학을 토대로 한 이분법적인 사고방식은 이제 버려야 합니다. 그럼에도 아직도 북한은 남한을 괴뢰라고 부르고, 남한도 역시 '좌파'라거나 '색깔론'이란 게 존재합니다.

필자가 이 책에서 논하고자 하는 철학은 바로 이러한 이분법적 사고를 가지고 있는 수많은 사람들에게 이것이 아니면 저것이라는 식으로 규정하지 말라는 것입니다. 이것이 아니면 저것도 있고, 중간 것도 있을 수 있으며 전혀 또 다른 것도 있다는 것을 알리기 위해서입니다. 초등학교를 나오면 무식하고 대학교를 나오면 유식할 것이라고 본다든지, 예쁘면 부자고 미우면 가난하다든지 등등의 사고방식도 역시 형식논리학적이고 이분법적인 사고방식입니다. 학교를 많이 다니지 못한 필자도 무식하다는 소리를 듣진 않습니다. 또한 예쁘다는 것도 나라마다 지역마다 취향마다 다릅니다. 이걸 어떻게 두부 가르듯 나눈단 말입니까?

존재하는 세계를 보수와 진보로만 나누듯 이러한 사고방식이 계속된다면 우리나라는 결국 아무 것도 개혁할 수 없을 것입니다. 학교가 학문을 연마하는 곳이 아니고 졸업장을 받기 위해 다닌다면 학교는 이미 모순[17)]을 초래하고 있는 것입니다.

필자의 형제는 3형제입니다. 본 저자가 맏형이고, 바로 아래 남동생이 한 명 있고, 또 마지막으로 남동생이 하나 더 있습니다. 필자는 공업고등학교를 졸업하고 주로 공장을 다녔으며 후에는 공무원 생활을 하다가 민주화운동에 관련되어 구속 수감된 이후 40여 년간 출판사를 운영하며 동시에 작은 신문사를 운영한 바 있습니다. 하지만 홀로 독서를 통하여 철학에 접근하게 되었습니다. 그 과정 중에 일본어도 배우고 영어도 배우는 등 나름대로 돈벌이와 공부를 병행하며 생활하여 왔습니다.

둘째 동생은 대학교를 나와 외무고시에 합격했으나 당시 군사정부에서 가장 악랄한 기관이었던 「중앙정보부」에 발령받자 이에 항

17) ▶ 모순(矛盾 ; 독 Widerspruch) 아리스토텔레스에 의하면 같은 속성, 술어가 동일한 사정 아래에서 주어에 속하기도 하고, 또는 그렇지 않기도 하는 경우를 말하는데, 일반적으로는 어떤 명제와 그의 모순 명제가 동시에 주장되는 것을 의미한다. 모순이란 말은 본서에서 가장 많이 등장하는 말이다.—『철학대사전』에서 요약.

의하는 뜻으로 합격증을 찢어버리고 독일에 유학하였습니다. 그 후 프랑크푸르트대학(괴테대학)에서 박사학위를 받고 돌아와 현재 서울 소재 대학에서 교수로 활동하고 있습니다. 한마디로 엘리트 코스를 밟고 학력 면에서나 경력 면에서나 누구보다 뒤떨어지지 않는 자랑스럽게 생각하는 동생입니다.

그리고 막내 동생은 가정생활이 좋지 못하여 대학진학을 포기하였습니다. 그러나 열심히 독학하여 학력제한이 없는 중앙 일간지인 모 신문사에 공채로 합격하여 높은 직위까지 올라간 바 있습니다.

우리 형제들만이 아니고 고졸출신 은행원에서 금융권의 전설이 된 윤종규 KB금융그룹 회장도 학벌이나 경력만을 우선시하는 제도를 타파하고 이러한 모순을 바로잡아 가려고 노력하는 사람들 중 하나입니다. 그러나 아직도 이 사회는 형식논리학적인 방법으로 사람들을 평가합니다. 일류대학, 고교 졸업, 외국유학 여부 등으로 사람을 평가합니다. 필자 역시 여기저기 강의를 다니다 보면 필자의 학력이나 스펙(Specification)을 보고 적이 실망하는 모습을 많이 봅니다. 또한 독자들로부터 공격도 받습니다. 하지만 어느 토론에서나 뒤처진 경우는 없습니다. 오히려 일류대학 교수들께서 필자와 토론이 있게 되면 나오지 않는다고 하여 TV토론이 무산된 적도 있었습니다. 물론 필자를 무시하는 태도라고 볼 수도 있겠지만 정말 자신이 있다면 나오지 않을 이유가 없습니다. 바로 이러한 학력이나 스펙으로 인간을 평가하는 모순은 바로잡아져야 합니다.

박정희 군사정권 시절 10월 유신을 반대하면 공산주의자라고 하여 교도소에 보내어지기도 했던 것 역시 지극히 이분법적인 것으로 비과학적인 사고의 하나였습니다. 우리는 하루속히 이분법적 사고로부터 벗어나야 할 것입니다. 이제 우리는 **과학적인 방법으로 세계를 접근하고 철학적 입장에서 세계를 해석하고 실천하는 인간중심의 세계관을 가져야 합니다.**

또한 인간이 살아가는 사회에서 인간의 문제를 인간이 해결하려 하지 않고 그 인간의 배후를 연구하려고 해서는 아무것도 얻을 수 없습니다. 우리가 살아가는 이곳에서 바로 이러한 문제를 해결하여야함에도 그 배후에 신을 설정하여 신이 인간의 문제를 해결하여 줄 것이라고 믿는 어리석은 일은 없어야 합니다. 사람의 문제는 사람이 해결하고 또 그 속에서 **대립**[18)]하고 싸우며, 대립하면서 서로 함께 하기도 하며, 과거의 것을 버리고 새롭고 더 높은 위치로 나아가는 것으로 변화하면서 발전하여 가는 곳이 인간 사회입니다. 우리는 남북분단이라는 아픔이 있었지만 남북한 경쟁을 오히려 서로를 더욱 강하게 만들었습니다. 특히 남한은 정치적으로는 민주화 운동에 성공하였습니다. 그러나 북한은 민주화를 해내지 못하였습니다. 그러다보니 북한은 남한과의 무기경쟁에만 치중한 나머지 핵무기나 대륙간 탄도미사일 같은 것은 발전했으나 인문·사회·자연

---

18) ▶ 대립(對立 ; 독 Gegensatz) 1) 형식논리학에서는 ① 반대, 상관, 모순의 관계에 있는 두 개의 개념 관계와 ② 판단의 대등 관계를 말한다.— 러시아과학아카데미연구소 엮음, 황세연 편역, 『세계철학사』(도서출판 중원문화, 2023), 제2,3권에서 발췌. 앞으로 대립에 대한 이야기는 많이 등장하게 될 것임.— 저자 주.

과학 등이 전반적으로 퇴행하면서 가장 못사는 나라로 변증법적 퇴행을 겪으며 몰락하고 있는 중입니다. 반면 남한은 지금도 더 많은 민주주의를 위하여 대립하고 변화·발전하는 변증법적 과정 중에 있습니다. 이처럼 고대철학에서부터 존재하는 모든 것은 변화하며, 변화하지 않는 것은 이 세상 어느 곳에도 없다고 변증법을 옹호하는 사람들의 주장이 계속되고 있습니다. 심지어 중세시대의 신학자겸 신부이자 철학자인 성(聖) 토마스 아퀴나스(Saint Thomas Aquinas, 1224~1274)도 인간의 세계에 존재하는 것은 모두 변화한다고 말하였습니다. 따라서 앞으로 독자들은 변증법과 과학에 주목해야할 것입니다.

앞에서도 이미 말했듯이 과학이란 사물의 다양한 사실과 현상을 취급하여 잘 정돈하고 전형적인 관계를 밝혀 원인과 결과를 분명하게 가려내는 학문이기에 꼭 자연과학에만 국한되진 않습니다. 요즘에는 인문과학, 또는 사회과학이란 말을 쉽지 않게 들을 수 있습니다. 물론 철학도 과학입니다. 왜냐하면 세상의 이치를 파악하고 그걸 생활에 실천하려고 노력하는 학문이기 때문입니다. 특히 철학은 다른 학문과 독립된 과학이 아니고 모든 학문의 기초가 되는 기초과학이자 필수과학입니다. 인문과학에 속하는 언어학이나 역사학, 사회과학에 속하는 사회학이나 법률학, 정치학, 경제학, 경영학, 교육학 등도 모두 과학에 속합니다. 일반적으로 사람들은 과학이라고 하면 자연과학을 떠올리기 마련입니다. 의학이나 생물학, 전자학, 물리학, 인공지능 등을 공부하는 분야는 자연과학에 속합니다.

하지만 이런 모든 학문의 기초과학은 철학이며 철학은 이 학문들의 미래를 제시하거나 이미 지나온 것들을 분석하고 파악하여 새로운 방법을 제시하기도 합니다. 최근 전 세계를 지배하는 미국의 자연과학은 미국의 분석철학과 그 맥을 함께 하고 있습니다. 특히 4차 혁명 시대에서 만나는 AI(인공지능)는 양자물리학의 발전에 힘입어 철학과 더욱 밀접하게 소통하며 발전하는 자연과학입니다. AI는 그야말로 모든 분야에서 활용되기에 모든 과학이 철학과 함께 공존할 수밖에 없습니다. 역사학을 모르는 인공지능이 우리 인간과 함께 소통할 수 없고, 법률을 모르는 인공지능이 법률을 다룰 수는 없는 것입니다. 또한 언어학을 충분히 습득한 사람만이 인공지능을 통해 더욱 훌륭한 번역을 할 수 있습니다. 요즘 한창 인기를 얻고 있는 챗GPT도 Bard도 가지고 있는 데이터가 부족하거나 서버나 하드웨어가 탄탄하지 않으면 우리가 묻는 것에 대하여 충분하게 대답할 수 없습니다. 따라서 철학과 모든 과학은 우리 인간과 함께 하는 학문입니다.

철학을 어떻게 공부할 것인가?

철학을 어떻게 공부할 것인가? 이 또한 철학을 공부하고자 하는 사람들에게 고민이 아닐 수 없습니다. 이에는 대충 두 가지 방법이 있습니다. 하나는 지금까지 앞에서 공부하였듯이 문제 중심으로 접근하는 방식입니다. 즉 '나는 누구일까?' '사람은 왜 사는 것일까?' 등등 말입니다.

또 하나는 역사적 순서에 따라서 공부하는 방법입니다. 전자처럼 문제 중심으로 공부할 때는 재미있다는 장점이 있습니다. 또 사유할 수 있는 철학적 문제를 탐구할 수도 있습니다. 또 철학이 무엇을 하는 학문인지 방향과 범주를 알 수 있습니다. 하지만 역사적 배경을 무시하기 때문에 중요한 문제들을 논의할 수 없고 어떤 역사적 예를 설정할 수 없다는 단점이 있습니다. 거기다 많은 시간을 소요합니다. 특히 관념론, 유물론, 현상학, 실용주의, 분석철학 등등으로 나뉘어져 있는 상황에서 어느 쪽 입장에 서서 공부해야 할지 모를 경우가 허다합니다.19) 그리고 역사적 접근 방식은 주로 연대순으로 공부하기 때문에 그 시대의 정치, 사회 등과 저명한 철학자들의 사상을 연구할 수 있습니다. 일반적으로 철학공부를 할 때는 많은 사람들이 이 방법을 선택하고 있습니다. 하지만 시대에 동떨어진 사상도 있어서 단조롭고 지루하다는 단점이 있습니다.

고대 그리스 철학자들

그리고 또 하나의 역사를 배우는 것이기에 문제를 탐구하고 사유할 수 있는 것이 마련되어 있지 못하다는 단점이 있습니다. 하여

19) ▶ 현대철학의 흐름에 대해서는 박정호외 3인 엮음, 『현대철학의 흐름』(동녘, 2006)을 참조하기바람.— 저자 주.

든 이러한 역사적 접근방법이란 다름 아닌 곧 '철학사'를 공부하는 것입니다. 하지만 철학사는 정치사나 경제사처럼 연속되어 발전되어 오고 있지는 않습니다. 철학사는 연속적인 발전은 기대할 수 없습니다. 앞에서 말한 바와 같이 자유 속에서 출발하는 학문이기에 하나하나가 개성적 체계를 지니고 있습니다. 다시 말하여 오늘날의 철학이라고 해서 근대철학보다 발전된 철학이라고 말할 수는 없습니다. 그것은 고대 인도의 철학이 현대에 와서는 거의 필요가 없을지도 모르지만 그렇게 되었다 하여도 고대 인도철학은 그 특유의 사상으로 남게 되는 것입니다.

본 저자는 역사적 접근 방식과 문제를 제기하는 두 가지 방법을 모두 채택하기로 하였습니다. 이러한 입장에서 고대철학부터 철학사를 시대 순으로 각각의 시대의 철학을 소개하는 방법과 문제를 제기하고 이를 해결하는 방법으로 철학에 접근해 보도록 하겠습니다. 그럼 다음 장부터는 철학사를 간단히 공부해 보도록 하겠습니다. 그리고 여기에서 공부하는 철학사는 그야말로 본 저자가 독자들의 이해를 돕고자 징검다리 식으로 간단하게 기술하고 있기에 철학을 본격적으로 공부하고자하는 분들은 철학사 관련 도서를 구입해서 보는 것이 도움이 될 것입니다. 특히 오늘날 '철학'을 공부했다고 하면 주로 '서양철학'을 의미하기에 여기에서는 주로 '서양철학' 중심으로 기술되고 있다는 점을 잊어서는 안 될 것입니다.

2. 철학의 역사

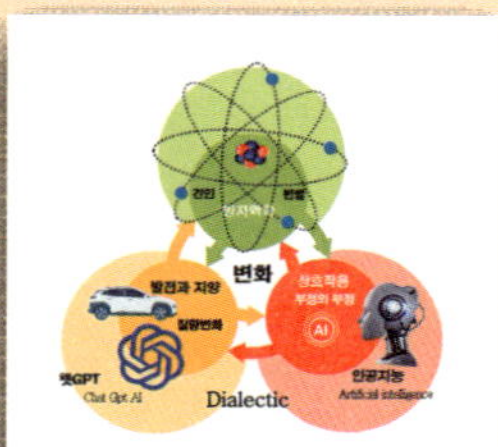
변화
발전과 지양
AI
인공지능
Dialectic

고대의 철학

고대의 인도나 중국에서도 철학은 있었으나 일반적으로 고대철학이라 하면 서양에서 말하는 고대 그리스 및 로마철학을 지칭하는 것입니다. 대부분 그리스인의 철학으로 그리스철학이라고도 합니다. 사회적으로는 6,000여년 이상 진행된 원시 공동체사회는 붕괴되고 노예사회로 진행된 B.C 600년경부터 노예사회가 무너지는 A.D 600년경까지 약 1,200여 년간을 가리킵니다.

고대사회 전후로는 수많은 국가나 부족들이 탄생과 소멸을 반복하는 과정이었고 셀 수 없는 종교들이 난무했다가 사라지던 시대였습니다. 사회는 차차로 로마제국의 지배를 받는 시대이고 시민생활은 의식이 해방되어 비판적 안목을 가지기 시작하였고, 신흥사회가 새롭게 부각하기 시작하는 시기이기도 합니다. 후기에는 주인에 대하여 노예의 불만이 많아지고 반란이 속출하기 시작하였습니다. 또 한편에서는 주인이 아닌 귀족계급이 득세하는 시기입니다.

이 시기에 헤라클레이토스(Hērakleitos, B.C 약 585~B.C 528년경)가 "만물은 유전(流転)한다"[20]라고 하면서 변화와 발전을 최초로 언급합니다. 불교에서 말하는 "생명이 있는 것은 반드시 죽고[生者必滅] 형태를 가진 것은 반드시 그 형태를 잃는다[形態必滅]" 등과 같은 말도 바로 옛날 사람들의 눈에 보인 자연 그대로의 세계관이었습니다. 이러한 자연주의적 모습은 동방의 인도나 중국 등에서도 생겨났는데 원시적이고 소박했지만 본질적으로 매우 정확한 것이었습니다. '벌거숭이 임금님'과 같이 있는 그대로에 아무것도 꾸미지 않고 사실 그대로 세계를 파악하였던 것입니다.

더욱이 동양에서는 세계의 모든 사물은 음과 양으로 나뉘어져 대립물이 항상 함께 있다고 이해하는 사고방식이 형성되어 있었습니다. 오늘날 자연과학의 발달로 음전기(⊕)와 양전기(⊖)는 서로 끌어당긴다는 것이 증명되었지만, 고대 우리나라나 중국에서도 남자를 양(陽), 여자를 음(陰)이라고 생각하여 음양(陰陽)은 서로 희망한다고 설명하였습니다. 이 음양설은 중국의 한방의학에서뿐만 아니라 우리나라의 실천의학의 하나인 『동의보감』 등에도 깊숙이 파고들어 소양인(少陽人), 소음인(少陰人), 태양인(太陽人), 태음인(太陰人) 등의 의학용어를 만들어 내었습니다.

이 고대에는 사물을 객관적으로 관찰하며 현실에서 경험하는 모

20) ▶ 타케다 세이지 · 니시 켄 지음, 홍성태 옮김, 『한눈에 들어오는 서양철학사』(중원문화 2014), 58쪽.

든 현상에서 보편적 원리를 추상하고 개괄하는 이론 및 이성이 싹트게 되는 사회입니다. 때문에 인간의 배후를 연구하지도 않았고 원시사회에서 볼 수 있었던 자연신도 영혼도 사라지게 되었습니다.

헤라클레이토스 등의 "만물은 유전(流轉)한다"에 대립하는 논리도 이 시기에 등장합니다. 피타고라스학파(Pythagorean school, B.C 약 582~B.C 497년경)도 이때 나타납니다. 고대 이탈리아 남부를 중심으로 엘레아학파가 있었습니다. 그 대표적인 사람이 파르메니데스(Parmenides, B.C 510년경~B.C 450년경)입니다. 그는 변화는 불가능하다는 주장을 합니다. 다시 말하여 모든 것은 정지되었다는 논리입니다. 그의 제자 제논(Zēnōn, B.C 490년경~BC 430년경)은 세계가 정지되었다는 것을 증명하기 위하여 '제논의 역설'이라는 다음과 같은 논리를 내놓아 오늘날까지 우리들을 함정에 빠뜨리기도 합니다.

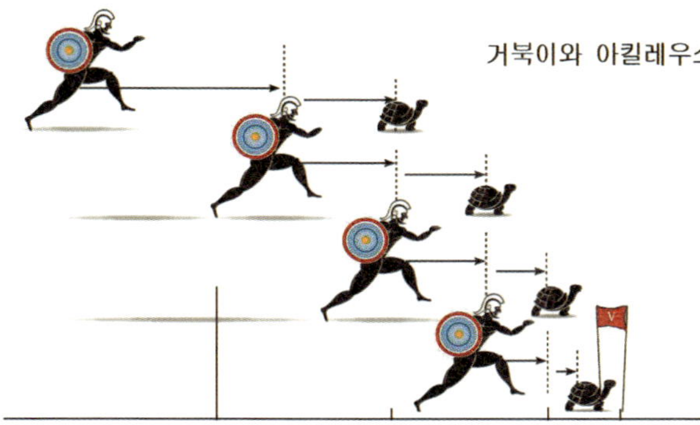

거북이와 아킬레우스

"아킬레우스와 거북이가 100m 경주를 할 때, 거북이가 앞서 출발한다면 아킬레우스가 중간만큼 갔을 때 거북이는 다시 더 가게 되며 아킬레우스가 더 갔을 때 거북이는 다시 더 가 있을 것이다." 결국 아킬레우스는 거북이를 이길 수 없다는 논리입니다. 그러나 시간과 운동은 멈추거나 나눌 수 없기에 틀린 논리입니다.

그리고 밀레토스학파[21)]의 자연철학에 의하여 기하학, 천문학 같은 세계 최초의 합리적인 과학과 세계 전체의 진실을 바로 그곳에서 찾으려고 하는 철학이 탄생하였습니다. 이것은 신화에 근거한 씨족사회의 세계관의 진실성을 의심하는 새로운 방법으로 사물이 지닌 자연 그대로의 진실을 묻는 자연철학입니다. 순수하게 자연을 바라볼 때 거기서 우리는 무엇을 볼까요? 태양이 대지에 햇살을 비추며 동시에 서로 움직이고, 하늘에서 구름이 생겨 비가 내리고, 바람에 나뭇가지가 흔들려 잎이 땅에 떨어지고, 겨울이면 눈이 오고 봄이면 새가 지저귀고 나비가 날고 꽃이 피고 물이 흐르고 물고기가 헤엄치는 것을 볼 수 있습니다. 즉 모든 것은 운동하고 있고, 변화하고 있으며, 생성하고 소멸하면서 존재합니다. 즉 생성[22)]

---

21) ▶ 밀레토스학파(Milesian school, B.C. 6세기경) 고대 그리스철학에 있어, 최초의 유물론 학파. B.C. 6세기경의 밀레토스는 소아시아, 이오니아 해안의 그리스 식민지의 중심도시로, 항해와 상공업이 발전되어 있어 사람들에게 넓은 시야를 제공해 주었다. 여기에서 성립된 것이 밀레토스 학파인데, 이 학파의 대표자는 탈레스, 아낙시만드로스, 아낙시메네스 등이다.—『철학대사전』에서 요약.

22) ▶ 생성(生成, 독 Werden) 존재(存在)에 대한 변화를 나타내는 말. 파르메니데스의 불변의 존재에 대하여, 헤라클레이토스는 "모든 만물은 유전(流轉) 한다"는 생성(生成)의 입장이었다.—『철학대사전』에서 요약.

과 소멸이 동시에 존재합니다. 그리고 서로서로 돕기도 하고 싸우기도 하면서 연관되어 존재하고 있습니다.

당시의 사람들은 세계를 순수하게 자연 그대로 받아들였습니다. 대표적인 사람이 밀레토스학파 중 탈레스(Thalēs, B.C 약 624년경~B.C 547년경)라는 사람입니다. 그는 수학 · 천문학 · 기상학 · 물리학의 지식을 발전시키는 데 많은 업적을 남긴 사람으로 고대 그리스의 '7현인' 중의 한 사람으로 명성을 얻기도 하였습니다.23)

그는 이집트에서 사용되고 있던 면적 측량법을 연구한 후 기하학의 원리를 확립하기도 했습니다. 또한 바빌로니아인의 천문학 지식을 근거로 하여 고대 그리스의 천문학에 기초를 세우고, 개기일식(皆旣日蝕)을 예언하기도 하였다고 합니다. 그의 철학의 근본은 "모든 것은 물[水]에서 생기고, 모든 것은 물[水]로 변한다"라는 것이었습니다. 근본물질을 물이라고 생각한 탈레스의 학설은 그리스인 또는 이집트인 및 그 외의 동방 사람들의 관념으로부터 나온 것입니다. 탈레스는 영혼을 육체와 구별했지만 영혼을 물질적인 것으로 간주했습니다. 그의 관점에서 보면 영혼이란 모든 자연현상의 동력이었고 무한히 운동하는 물질로서의 모든 물(物)이 그것으로부터 발생하고, 그것으로 돌아간다는 탈레스의 학설은, 물질이 하나의 상태로부터 다른 상태로 이행한다는 자연적 이해의 뚜렷한 원초적 모습을 보여 준 것입니다.24)

---

23) ▶ 러시아과학아카데미연구소 엮음, 황세연 편역, 『세계철학사』(도서출판 중원문화, 2023), 제1권. 98쪽.

68 걸어 다니는 철학

이후에 인류 역사상 주목할 만한 철학자가 한 명 등장합니다. 바로 그리스의 데모크리토스(Dēmokritos, B.C 460년경~B.C 370년경)입니다. 그는 철학 및 논리학, 물리학, 수학, 우주발생론, 생물학, 사회생활, 심리학, 윤리학, 교육학, 문헌학, 예술, 기술 등의 여러 문제들을 해명한 저서는 73권이나 되지만 전해지는 건 없습니다. 그는 인류 최초의 박학다식한 천재였으며 역시 자연 철학자였습니다. 원자론을 주장하였고, 원자는 끊임없이 운동하는 물질이라고 말했습니다. 데모크리토스는 우주를 영원하고 무한적인 것으로 인식함과 동시에 세계가 무수히 많다는 것, 그들 세계가 늘 영원히 생성되고, 발전하고 소멸하고 있는 것으로서 설명하였습니다.

당시 그리스는 페르시아 전쟁(B.C 500~B.C 449)에서 승리한 후 경제적·문화적 발전에서 여러 성과들을 거두고 있었습니다. 비록 노예제였지만 민주주의적 공화제라는 형태가 강화되었으며 고대 그리스 과학은 새롭고 보다 성숙한 발전 단계에 들어서고 있던 때였습니다. 철학뿐만이 아니고 모든 과학도 비약적인 발전을 거듭하고 있던 시대로 천문학·물리학·수학·생물학 등에 대한 인식도 날로 발전하고 있었습니다. 히포크라테스(Hippocrates, B.C 460년경~B.C 377년경)도 바로 이 시대의 사람으로 당시의 의학지식을 체계화하고 의료기술을 크게 향상시켰습니다.

이처럼 자연 그대로를 보고 관찰하던 이성적이고 현실적인 철학은 기원전 200년 내지 400년경부터 지배계급과 피지배계급이 대

24) ▶ 앞의 책, 제1권. 99~100쪽.

두하면서 무너지기 시작합니다. 곧 노예계급들을 지배하던 상부구조 속에 귀족계급이 득세하기 시작하면서 혼란을 맞게 됩니다. 이는 귀족계급이 노예계급을 더욱 강력하게 지배하고자 하는 욕구에서 나온 것이었습니다. 즉 인간의 배후에 뭔가가 인간보다 더 강력한 것이 존재해야만 했습니다. 그러기 위해서는 신(God)을 만들어내야 했습니다.

당시에는 소크라테스(Socrates, B.C약 469~B.C 399년경)와 그의 제자 플라톤이 살던 시대였습니다. 그들은 귀족계급을 옹호하는 지배계급의 사상가였습니다. 귀족계급의 등장은 보수 세력이 형성되었다는 것이고 이는 피지배계급에 대한 탄압이 강력해졌다는 것을 의미합니다. 이는 당시 도시국가 아테네의 민주주의 제도가 급속히 쇠퇴하기 시작하였다는 것도 엿볼 수 있습니다. 당연히 이로 인하여 아테네 사회는 황폐화되기 시작하였습니다.

이때 소크라테스는 "너 자신을 알라!"라는 말을 기초로 영혼을 깊이 생각하면서 삶을 온당하게 찾아야 한다고 주장하고, 죽음 이후의 세계나 육체의 배후를 주장하는 정신주의적 관념론을 설파하였습니다. 다시 말하여 인간보다 더 강력한 신(하나님)의 도움을 요청한 것입니다. 하지만 이러한 사상은 귀족계급을 옹호하는 일이었음에도 그의 활동방법이 당시의 아테네 법에 위배되는 일이었습니다. 당시 아테네 법률은 길거리에서 집회나 연설을 못하게 되어 있었습니다. 이 법은 바로 귀족계급이 만들어 놓은 것이었습니다.

그러나 시간이 지나면서 신흥계급들이 부상하자, 이 법을 무시하고 길거리에서 연설을 하고 귀족계급을 공격하기 시작합니다. 이에 소크라테스도 길거리에서 귀족계급을 위한 이론을 설파하게 된 것입니다. 그러나 이는 명백한 법률위반 행위였습니다. 또한 소크라테스도 사실 사형을 각오하고 자신의 귀족계급을 옹호하고자 길거리 연설을 하게 된 것입니다.

소크라테스는 결국 자신이 만든 법에 의해서 사형을 당하게 됩니다. 이때 소크라테스는 사형을 면할 수도 있었으나 귀족계급이 만들어 놓은 법을 어긴다는 것은 귀족계급의 몰락을 의미하기 때문에 "악법도 법이다"라고 말하면서 독주를 마시고 죽게 됩니다.

소크라테스의 죽음과 함께 귀족사회는 몰락의 위기를 피할 수 있었습니다. 이 후 그의 제자 플라톤이 데모크리토스의 모든 저작을 불태워버리려고 하였습니다.[25] 그리고 소크라테스의 어록(語錄)

을 집필하여 소위 소크라테스와 플라톤의 이데아철학, 즉 세계 최초의 관념론 철학이 형성됩니다.[26]

관념론 철학이란 물질보다 정신이 먼저라고 주장하는 철학입니다. 소크라테스의 어록을 기록한 플라톤의 글에 의하면 소크라테스의 주장은 당시 시대와 동떨어진 내용도 있었습니다. 대표적인 것이 부인을 공유한다는 신비적인 공산주의 이론을 내세웠으며 어찌 보면 이상사회를 꿈꾸기도 하였습니다. 뿐만 아니라 교육자는 교육에 대한 의식을 가진 계급만이 교육자가 될 수 있고, 군인은 군인의 기질이 있는 사람만이 군인으로 길러져야한다고 했으며 노예나 천민은 군인이 될 수 없다고 했습니다. 또한 정치는 철인, 곧 철학자가 해야 한다는 통치 질서를 언급하기도 하였습니다. 다시 말해 철저한 계급사회를 주장했다고 볼 수 있습니다.

이후 플라톤은 「플라톤 아카데미아」를 설립하고 소크라테스의 가르침을 기록으로 남기면서 세계 최초의 관념론 철학을 완성합니다. 오늘날과 같이 하나님이 있다거나 지옥과 천국이 있다는 주장은 없었던 걸로 보이나 분명한 건 인간 배후에 신이 어른거리는 철학, 곧 관념론 철학의 시발점은 플라톤의 「아카데미학교」에서 시작했다고 보아도 무방합니다.

그 후 플라톤의 「아카데미학교」에서 공부한 플라톤의 제자 아리

---

25) ▶ 러시아과학아카데미연구소 엮음, 황세연 편역, 『세계철학사』(도서출판 중원문화, 2023), 제1권. 125쪽.

26) ▶ 『소크라테스의 변명』 등 어록에 대해서는 이 책의 357쪽 '주요 철학 도서 요약'을 참고하기 바람.— 저자 주.

스토텔레스(Aristoteles, B.C 384~B.C 322년경)가 데모크리토스의 자연철학적인 유물론과 소크라테스의 제자 플라톤의 이데아철학인 관념론을 통합하려는 변증법적 철학사상을 세웠지만 형이상학에 머물러 버리고 맙니다.

그 후 알렉산더 제국이 형성되면서 그리스철학은 동서양을 잇는 헬레니즘문화와 함께 스토아학파와 유물론자인 에피쿠로스, 회의론을 주장한 피론 등 3개학파가 서로 대립하면서 발전합니다. 헬레니즘 시기의 철학은 시리아, 마케도니아, 이집트로 세분된 알렉산더 제국이 로마제국에 의해서 멸망될 때까지 300여 년 간 지속됩니다. 후기에는 종교적이고 신비주의적인 견해가 확산되고, 점성술 및 사이비 과학이 성장하면서 철학은 점점 유신론으로 기울어지게 되었습니다.

그리고 서기 약 400여 년경에 로마제국의 성(聖) 아우구스티누스(Saint Augustin, 354~430)가 플라톤 철학을 교부철학[27]과 결합하여 가톨릭교회의 교의에 이론적인 기초를 다지게 됩니다. 사실 기독교는 이때부터 이론적 철학의 힘을 바탕으로 성장하여 마틴 루터(Martin Luter, 1483~1546)가 종교개혁을 시도하기까지 가장 커다란 권력을 가지고 1,500여년 이상 유럽 정치사회를 지배하여 왔습니다.

27) ▶ 교부철학(敎父哲學) 원시 기독교 이래 로마 제국의 박해를 견뎌내면서 정통적 교의를 확립하여 가톨릭교회의 기초를 이루었다고 볼 수 있는 학자들이 교부(敎父, 라 patres ecclesiae)라 존칭되는데, 그들의 절충적인 종교·철학사상이 교부철학이다.—『철학대사전』에서 요약.

중세의 철학

헬레니즘 시대 이후에는 점차 철학자들은 기독교의 교리를 도왔습니다. 이런 사람들을 교부(敎父)라고 부릅니다. 그리고 날로 힘이 약화되고 있던 로마왕조는 봉건제도를 강화하기위해 당시 최대의 교부였던 성(聖) 아우구스티누스의 교리를 콘스탄티누스 대제(大帝, Constantinus I, 274~337년경)가 수용합니다. 그리고 서기 392년에는 황제 테오도시우스(Flavius Theodosius, 347~395)가 로마의 기독교를 국교로 지정하면서 강력한 정치적 물리적 힘 앞에 철학은 그 힘을 잃어버리고 맙니다. 특히 유물론철학과 변증법은 사그리 소멸되어 버립니다. 이후 16세기 르네상스기까지 철학은 기독교의 교리에나 이용될 뿐 독자적인 발전을 하지 못하게 됩니다. 이때의 철학을 일반적으로 '철학의 암흑기' 곧 '중세철학'이라고 얘기합니다.

그리고 교부철학 이후부터는 스콜라철학(Scholasticism)이 탄생됩니다. 스콜라철학이라고 불리게 되는 이유는 기독교에 소속된 학교(schola)에서 수도승들이 공부했기 때문입니다. 모든 주제는 신앙에 근거하고 있고, 신학상의 교의를 이론적으로 입증하려 한 것으로 결국은 철학이 '신학의 시녀'로 교회의 교리를 합리화하는 데 이용되었습니다. 오늘날에도 신학계통의 사립대학교에는 신학과와 함께 반드시 철학과가 공존하고 있는 것도 이 때문입니다.

또 중세철학이라 하면 플라톤의 관념론 철학이 탄두를 장착한 로켓포처럼 중세시대를 가로지릅니다. 데모크리토스의 자연철학은 눈을 씻고도 찾아볼 수가 없었습니다. 기독교의 보호아래 오직 소크라테스와 플라톤, 그리고 아리스토텔레스만이 존재할 뿐이었습니다. 또한 정치, 경제적으로는 봉건주의가 확립기를 맞는 시기입니다. 이때부터 자본주의가 태동하는 15세기까지 중세의 기독교적 관념론 철학은 전성기를 맞게 됩니다. 하지만 1,500여 년 동안 우리가 지금 공부하는 유물론철학은 세상에 나올 수가 없었습니다. 결국 관념론철학까지도 이때 당시의 철학은 강력한 권력과 기독교신학의 시녀로 전락하게 되고 철학자들은 모두가 맹목적인 신앙주의자가 되었습니다. 물론 지성이 용틀임을 한 때도 있었지만 결국은 권력 및 신앙과 타협하고 마는 것에 불과하였습니다.

이 후 9세기경 그리스철학의 영향을 받은 아라비아철학부터 13세기까지 '신앙이냐?' '지성이냐?' 하는 것이 문제가 되어 신학자와 변증론자들과의 논쟁 끝에 신앙과 지성 둘 다 논리성이 있다는 어정쩡한 타협을 하는 '이중 진리설'을 로마의 교황청이 허가하는 웃지 못 할 일도 벌어지기도 합니다. 이는 오늘날 전 세계의 민주화 운동에 앞장서고 약소국을 위해서 전투적으로 싸우고 있는 해방신학(Liberation theology)의 대가인 브라질의 보프(Leonardo Boff, 1938~현재) 신부와 로마 교황청과의 대립이 타협으로 매듭짓는 거와 비슷한 경우라고 보면 될 것입니다.

이후부터 가톨릭학교에서는 신학과 옆에 철학과를 나란히 두어 공부할 수 있도록 하여 철학의 논리를 신학과 접목하여 철학을 가톨릭논리에 이용하기 시작합니다. 하지만 유신론의 밑바닥에는 끊임없이 범신론적인 신비주의가 꿈틀거리고 있었습니다. 결국은 인간의 죽음 뒤에 오는 배후(천당)만을 고집하던 종교는 유럽 봉건주의와 함께 부패하고 스스로 몰락을 길을 걷기 시작합니다. 그것은 자연과학의 발달과 함께 찾아오게 되는데 바로 현실의 실재 사실을 부정하다보니 갈릴레이나 코페르니쿠스(Nicolaus Copernicus, 1473~1543)의 지동설 등 자연과학과 끊임없는 문제에 맞닥뜨리게 되었던 것입니다. 그럼에도 그 기독교의 힘은 막강했습니다. 곧 플라톤의 관념론 철학이 가톨릭의 교리를 확고하게 해주었으나 이는 결국 철학의 몰락을 가져오게 되고 흔히 철학의 암흑시대라고 말하는 중세시대를 보내게 된 것입니다.

근대철학

흔히 '서양철학사'하면 근대철학에서 현대에 이르기까지의 철학을 현대철학 또는 서양철학이라고 부릅니다. 중세철학은 일반적으로 철학적 연구 대상에서 제외하고 바로 여기서부터 서양철학을 공부하게 됩니다. 여기에서는 근대 자본주의 사회의 발생·성립 이래의 유럽철학사로 규정짓습니다.

중세 봉건주의 시대의 철학은 고대의 플라톤이나 아리스토텔레스의 사상을 이어받은 것으로 이것을 신학의 기초로 세우기 위한 수단이었습니다. 한마디로 철학을 이용하여 신학을 세우는 것으로 철학을 종교의 시녀로 만든 것입니다. 따라서 이 시대의 철학은 독립된 철학사상이라고 볼 수 없기 때문에 이때의 철학을 스토아(stoa ; 지역 명칭으로 일정하게 지정된 한 곳이라는 뜻) 철학이라고 부르기도 합니다.

스토아철학이 자본주의의 출현과 함께 쇠퇴하자 이제야말로 철학의 독자적인 주장이 이루어졌습니다. 하지만 그것은 아직 관념론을 벗어나진 못하였습니다. 철학은 중세를 벗어나면서부터 바로 자본주의 사회를 그 바탕으로 하여 진보적이고 합리적인 변화를 하게 됩니다. 그리고 한쪽에서는 비현실적인 철학에서부터 실천철학까지 부침을 계속하게 됩니다. 한편 자본주의 사회의 진행이 빨랐던 이탈리아에서는 르네상스를 맞이하여 고대 그리스철학을 익히고 인간 스스로의 독립성을 제창하고 인간회복을 주장하면서 신에게 예속된 인간이 아닌 독립된 휴머니즘[28](humanism, 인문주의)을 주장하였습니다.

또한 자연과학의 발달과 함께 갈릴레이와 코페르니쿠스 같은 학자에 의하여 천동설이 아닌 지동설이 주창되는 자연철학이 주장되었습니다. 1492년 콜럼버스(Christopher Columbus, 1451~1506)의 대서양 횡단은 지구의 실상을 깨닫게 하여 이제 철학이 더 이상 기독교의 교리에 예속될 수 없었습니다.

여기서 잠깐 우리나라를 언급하지 않을 수 없습니다. 한국의 경우는 콜럼버스의 영향으로 해양시대가 열려 서양문물을 빨리 받아들인 일본의 강력한 도전을 받게 됩니다. 결국 콜럼버스의 미국 발견이 있고 100년 후 임진왜란(1592년)을 맞는 참사가 생기게 되었습니다. 항상 북방의 적에게만 눈을 돌렸으나 이제는 남쪽의 적에

28) ▶ 휴머니즘에 대해서는 346쪽을 참조하기 바람.— 저자 주.

게도 신경을 써야 하는 시대가 도래한 것입니다. 그리고 우리나라가 임진왜란으로 정신을 못 차리고 있을 때, 영국에서는 베이컨을 시작으로 홉스(Thomas Hobbes, 1588~1679), 로크(John Locke, 1632~1704) 등이 유물론과 경험론을 동시에 들고 나오기 시작하였습니다.29)

당시 유럽대륙에서는 역사의 대변혁이라 할 수 있는 여러 가지 사건이 일어납니다. 1588년에는 스페인 무적함대가 영국과의 전쟁에서 대패하여 몰락하고, 영국이 해양권을 손에 쥐게 되었습니다. 그리고 영국은 1630년경에서 1660년경까지 청교도혁명과 명예혁명이 일어납니다. 또 내륙에서는 1789년 프랑스 대혁명을 맞게 되면서 낡은 사회를 봉건주의를 부정하고 자본제사회를 맞이하게 됩니다. 앞에서 잠깐 언급한 소멸과 생성이 동시에 진행된 것입니다.

하지만 이러한 역사적 변화 속에서도 "존재하는 것을 알 수 없다"는 소위 '불가지론'의 관념론철학 또한 만만치 않았습니다. 버클리(George Berkeley, 1685~1753)나 흄(David Hume, 1711~1776), 데카르트 등의 반격이 있었습니다. 인간의 경험에 의해서 인식된다는 인식론에서 출발한 논쟁은 혈통주의를 옹호하는 대륙의 데카르트를 비롯한 프랑스의 관념론과의 논쟁이 계속되었습니다. 하지만 프랑스 대혁명과 함께 봉건제라는 세습계급은 이제 몰락의 길을 걷기 시작합니다.

29) ▶ 영국의 경험론 철학자들의 반(反)기독교적이고 무신론적 철학도서인 홉스와 로크의 저서에 대해서는 이 책의 357쪽 '주요 철학도서 요약'을 참고하기 바람.— 저자 주.

18세기에서 19세기 프랑스 대혁명을 전후로 하여 독일에서는 주변의 선진 국가들의 철학 사상을 흡수하면서 새로운 철학이 나타나기 시작합니다. 특히 칸트와 피히테, 헤겔 등을 거치면서 유럽 철학이 평정됩니다.

칸트는 그동안 데카르트[30]의 합리론 등으로 대륙이 신(神)의 범주 속에서 빠져나오지 못하고 있을 때, "인식은 신의 계시에 의하지 않고도 인간의 감각을 통하여 얻어 진다"라는 것을 정리한 『순수이성비판』(1781년)을 발표[31]하여, 그 동안 합리론과 경험론이 평행선을 그으며 대립하고 있던 유럽 철학을 통일해 내는 역할을

30) ▶ 이 사람의 철학은 그의 저서 『방법서설』에서 알 수 있다. 이 책의 357쪽 '주요 철학도서 요약'를 참고하기 바람.— 저자 주.

31) ▶ 칸트의 『순수이성비판』에 대해서는 역시 이 책의 357쪽 '주요 철학도서 요약'를 참고하기 바람.— 저자 주.

합니다.

칸트와 헤겔은 인식론에 대하여 선구적이고 확실한 해답을 제시한 학자들입니다. 특히 칸트는 대륙의 합리론, 즉 관념론에서 출발한 그 자신도 유신론을 부정하는 신시대를 전망하는 것처럼 보였습니다. 그러나 뿌리 깊게 자리 잡혀 있던 종교의 영향력은 칸트와 같은 위대한 철학자도 종교와 타협하는 선에서 머물고 맙니다. 그는 끝까지 인간의 배후는 신이라고 지칭하진 않았으나 우리 인간을 누군가가 배후조정하고 있다는 논리는 포기하지 않습니다. 이후 칸트의 뒤를 이어 등장한 헤겔조차도 강력한 무신론을 주장하였지만 그조차도 종교와 타협하고 신을 인정하게 됩니다. 중세부터 시작된 기독교의 지배는 이렇게 철학을 무참하게 패배시켜 버립니다.

하지만 철학은 본연의 임무를 저버릴 수는 없었습니다. 칸트와 헤겔의 관념론을 일격에 날려버리는 이론이 등장합니다. 아직 관념론의 한계를 벗어나진 못했지만 19세기 독일에서도 자본주의가 발달하면서 18세기 프랑스의 유물론을 뒤에 업고 헤겔의 관념론을 비판하는 포이어바흐(L. Feuerbach, 1804~1872)가 나타납니다. 당시 "하나님(God)이 사람을 만든 것이 아니고, 사람이 하나님(God)을 만들었다"는 그가 쓴 저작 『기독교의 본질』(*Das Wesen des Christentums*, 1841)은 유럽 전역에 파란을 일으키게 됩니다.[32]

더욱 커다란 쾌거는 영국의 찰스 다윈(Charles Robert Darwin,

32) ▶ 포이어바흐의 『기독교의 본질』에 대해서는 본서 뒤편 357쪽 '주요 철학도서 요약'에 기술되어 있다.— 저자 주

1809~1882)이 『종의 기원』이라는 책에서 "생물은 하나님(God)이 창조하지 않았다"는 주장이었습니다. 다윈의 이러한 진화론의 일성은 그 동안 가톨릭에서 주장했던 '천지 창조론'에 제동을 걸게 되어 가톨릭은 커다란 전환기를 맞게 됩니다.

이러한 영향이었는지 헤겔도 초기에 하나님이라는 신(神 ; God) 자체를 부정합니다. 아니 그는 태생이 무신론자였습니다. 그리고 학창시절 자유의 나무를 돌며 춤을 추었다는 일화는 그가 새로운 민주주의를 갈망하는 변혁의 아이콘이었음을 알 수 있습니다.

프랑스의 나폴레옹이 자기 조국 독일을 침공할 때에도 독일 봉건주의를 무너뜨리는 "'세계정신'이 현현(顯現)되고 있다"라고 하면서 극찬하고 민중적 입장에서 세계를 바라봅니다. 당시 나폴레옹이 독일 예나에 입성하던 날 헤겔이 그의 『정신현상학』(*Phänomenol-ogie des Geistes*, 1807)을 탈고하였다는 유명한 일화는 지금까지도 헤겔이 얼마나 진보적이었는가를 보여주는 대표적인 이야기입니다. 이처럼 청년 헤겔은 인간의 창조물을 정신, 즉 뇌 속에 들어 있는 사고(생각)의 발현에 의해서 생산되는 것으로 파악하였습니다. 즉 신의 명령에 의해서 특별한 사람에게만 그런 능력을 준다는 것에 반대하였습니다.

그러나 말년에 헤겔은 결국 자연도 신(God)의 사고(생각)의 산물이라는 것, 즉 모든 자연은 하나님이 만들어 낸 것이라고 하면서 종교와 타협해 버리고 맙니다.[33] 그리고 기독교와 화해하고 신의 존재를 인정합니다. 헤겔은 이와 같은 자신의 변절을 '화해의 변증법'이라고 말합니다. 그리고 베를린대학교 총장으로 부임합니다. 아마도 베를린대학 총장 자리가 욕심이 났는지도 모릅니다. '생각'이 존재하기 전에 뇌를 구성하는 육체가 더 근본적이라는 사실을 헤겔은 발견하고도 이를 과학화하지 못한 것입니다.

---

33) ▶ 헤겔에 대해서는 본 저자가 졸역한 일본 나까야 쪼우의 『헤겔』(중원문화, 2012년 판)을 참조하기 바란다.—저자 주.

현대철학

(1) 현대철학의 입구

헤겔은 "이성적인 것은 현실적인 것이고 현실적인 것은 이성적이다"라고 하면서 변증법적 통일을 이상으로 하였습니다. 그로 인하여 초기에는 현실의 발전 속에 이성적인 것을 인식하는 혜안을 보였습니다. 하지만 후기에는 신(God)을 이성적인 것으로서 용인하고 옹호하는 경향을 보였습니다. 1789년 프랑스 대혁명을 세계사에 있어서 이성의 '현현'(顯現)이라고 찬미하였던 헤겔은 1830년 7월 베를린대학교 총장으로 취임할 때는 영국 산업혁명에 대해서는 '해로운 정열'이라고 강력하게 비난하였습니다. 그러고 나서는 기독교와 타협하고 신을 인정하였으며, 당시 통일국가를 이룬 프로이센 전제국가 체제를 자유이념의 모범답안으로 제시하였습니다. 이로 인하여 헤겔 철학은 프로이센 국정철학으로 매도되게 됩니다.[34] 그러나 헤겔이 1831년에 사망한 뒤 국가정책이 변화하고 그에 이어서 기독교에 관해 일어난 논쟁으로부터 급속하게 헤겔학파의 분열이 일어나게 되었습니다.

다비트 슈트라우스(David Friedrich Strauss, 1808~1874)의 저서 『예수의 생애』(*Das Leben Jesu, kritisch bearbeitet,* 1836년)를 둘러싸고 벌어진 논쟁은 국회의 의석에 비유하여 우파와 좌파로 나뉘어졌습니다. 우파는 헤겔 이론을 보수적으로 이용하려 하였고, 좌파는 종교비판과 사회비판적 이론으로 사회현실에 진보적 역할을 다하려 하였습니다. 좌파의 종교비판을 헤겔 철학의 비판적 극복으로 발전시킨 인물은 다름 아닌 포이어바흐였습니다. 인간본성의 실현을 주장하는 그의 사상은 인간애의 공동체를 지향하는 휴머니즘교(敎)라고 불렸습니다. 이에 대하여 인간 사회의 공동성을 부정하는 아나키즘(anarchism)적 경향을 보인 막스 슈티르너(Max Stirner, 1806~1856)가 포이어바흐를 비판하기 시작하였습니다.

물론 포이어바흐가 비판받은 데에는 여러 가지 이유가 있었습니다. 그중 하나를 구체적으로 설명한다면 포이어바흐의 "신이 사람을 만든 것이 아니고 사람이 신을 만들었다"라는 말에는 곧 자신이 종교를 새롭게 창시하겠다는 뜻도 내포되어 있었기 때문이었습

34) ▶ 칸트 이후 독일철학을 진행시킨 사람들은 모두 국가가 임명한 교수들이었으며 그들의 저작은 교과서로 되어 출간되었다. 당시 헤겔의 변절은 당연한 것으로 보인다.— 저자 주.

니다.[35] 포이어바흐와 슈티르너의 논쟁을 계기로 칼 맑스[36]와 엥겔스[37]는 『독일이데올로기』(*Die deutsche Ideologie*, 1846년)라는 글을 써 양자를 철저하게 비판하고 변증법적이고 유물론적인 역사관으로서의 자신들의 철학을 확립하였습니다.

칼 맑스와 엥겔스는 억압된 노동자 해방을 부르짖으며 헤겔의 변증법과 프랑스의 유물론을 본격 연구하여 변증법적 유물론을 출현시켰던 것입니다. 그 결과 맑스는 독일에서 추방되었습니다. 하지만 그가 주장한 사회주의 이론들은 전 세계에 파급되어 노동자들에게 막대한 영향을 주게 되었습니다. 맑스주의는 오늘날까지도 자본주의 심장을 항상 서늘하게 하는 사상으로 부동의 위치를 고수하고 있습니다. 그리고 이제 철학은 맑스의 유물론을 정점으로 그 철학을 완료하였습니다. 오늘날에는 그의 철학을 토대로 한 인문과학과 사회과학만이 존재할 뿐입니다.

그러나 막대한 영향력을 갖고 러시아혁명을 완수하고 동구 사회주의라는 돌풍을 일으켰던 맑스주의의 철학은 1989년 러시아와 독일

---

35) ▶ 러시아과학아카데미연구소 엮음, 황세연 편역, 『세계철학사』(도서출판 중원문화, 2023), 전5권 중 제2권, 포이어바흐 부분 144쪽.

36) ▶ Karl Marx(1818~1883), 독일 라인주에서 태어나 본, 베를린 양대학에서 법률학, 역사학, 철학을 공부하였다. 1841년 학위 논문을 쓸 때만 해도 그는 아직 헤겔의 입장에 있었으나, 그 후 헤겔 좌파(특히 포이어바흐)의 영향으로 혁명적인 입장이 되었다.—『철학대사전』

37) ▶ Friedrich Engels(1820~1895), 1844년에 엥겔스와 친분을 맺은 이래 이 두 사람은 평생 공동 운명체이자 동지로서 활약하였다.—저자 주.

등 사회주의라고 주장하는 국가들의 붕괴로 그 영향력을 상당부분 상실하였습니다. 그리고 맑스가 사회주의혁명은 자본주의 다음 단계에서 일어난다고 주장했던 것과는 달리 프롤레타리아(Proletariat, 아무것도 가지지 않은 자란 뜻) 혁명은 봉건주의 잔재가 남아 있는 후진 자본주의국가에서 일어났으며, 또 오늘에도 노동자혁명은 성공하지 못하고 있습니다. 그러나 분명한 것은 칼 맑스가 주장했듯이 그가 살기 이전부터 역사는 보수와 진보라는 보혁구도를 띠면서 발전하여 오고 있었습니다. 이제는 그의 철학의 영향으로 미국은 금세기 처음으로 흑인 대통령 오바마가 탄생하였고 「공화당」과 「민주당」이라는 보혁구도가 확실하게 자리 잡고 있습니다. 영국은 「보수당」과 「노동당」으로, 일본은 「자민당」과 「사회당」으로, 독일은 「기민당」과 「사민당」으로, 프랑스는 「보수당」과 「사회당」으로 서로 대립하며 역사를 창조하여 오고 있습니다. 그리고 최근 세기말까지 그동안 100여 년 동안 전(全)세계에 가장 큰 영향을 끼친 사상가는 칼 맑스라는 데는 논쟁의 여지가 없음을 몇 해 전 실시한 「한겨레신문」 여론 조사에서도 확실하게 보여주고 있습니다.

최근 자본주의국가에서는 지나친 빈부격차로 많은 사회적 문제가 높아지고 있습니다. 특히 우리나라의 자살률이 OECD 국가 중 1위라는 불명예를 안고 있습니다. 소득이 분배되지 않는 소득불균형은 항상 새로운 사회혁명을 자아내게 합니다. 최근 프랑스에서 토마 피케티란 사람이 쓴 『21세기 자본론』(*Capital in the Twenty-First Century*, 2014) 역시 이러한 문제점을 지적하는 대표적인 도서라고 할 수 있습니다. 이는 바로 칼 맑스에 의한 영향입니다.

현재 세계철학은 사회주의권과 자본주의 국가 간의 이데올로기적 대립구도가 약화되면서 보수와 진보 모두 철학이 힘을 상실하고 있습니다. 그렇다고 하여 철학이 필요 없지 않습니다. 요즘에는 사회주의권에 대하여 자본주의를 변호하는 철학으로 신칸트주의나 신헤겔주의 또는 생철학, 실존주의나 현상학, 미국의 실용주의나 분석철학 등이 철학사의 한 부분에 자리 잡고 있습니다. 이러한 철학들의 등장은 새로운 철학의 탄생이라기보다는 지극히 주관적이고 개인주의에 근거하고 있는 것으로 기존철학의 재해석 내지는 동서양 철학을 수용한 철학입니다. 근래에는 미국의 자연과학이 발전하면서 분석철학이 철학의 중심으로 떠오르고 있습니다.

(2) 민족주의 시대에서 제국주의 시대까지의 철학

근대 20세기의 유럽 상황을 개관하면 다음과 같은 3단계 상황으로 나누어 볼 수 있습니다. 자본주의 발전이 현저하게 더뎠던 후진국 독일과 이탈리아는 민족주의(nationalism)에 의한 민족 국가적 통일을 우선적으로 주장합니다. 두 번째로는 산업발달과 과학기술의 진흥 및 정신문화의 고양이 고무되고 있었습니다. 세 번째로 그것에 대한 이론적 지주는 강단철학의 신칸트학파가 책임지고 있었습니다.

당시 개발도상국이었던 미국은 남 · 북전쟁을 치르고 산업혁명과 자본주의에 대응하는 행동적 실천철학이 요구되었는데, 그에 부응한 것이 실용주의[38](pragmatism)이었습니다. 다시 말하여 청교도적 입장에서는 천지(天地) 창조론의 신을 부정할 수도 없었고, 자본주의적 입장에서는 '진화론'을 인정해야 하는, 종교와 과학기술상의 심각한 대립을 극복할 새로운 사상이 요구되었던 것입니다.

영국의 제임스(William James, 1842~1910)가 과학적 입장과 종교적의 요구를 만족시킬 수 있는 하나의 철학으로 '프래그머티즘'(실용주의)라는 기묘한 이름의 철학을 제창하면서 합리론과 경험론을 모두 수용한다는 이원론을 주장합니다. 이것이 실용주의의 출현이었습니다. 이를 미국의 에머슨(Ralph Waldo Emerson, 1803~1882)이 「미국의 학자」(*The American Scholar*)라는 제목으로 하

---

38) ▶ 『프래그머티즘』(*Pragmatism*, 1907) 제임스가 쓴 저서로 이 책은 8개의 강의로 되어 있어 제1강의에서 "철학사는 대부분 인간의 기질이 충돌해 온 역사"라고 하고, 철학자를 '부드러운 마음씨를 가진 자'와 '딱딱한 마음씨를 가진 자'로 나눈다. 제2강의에서는 "프래그머티즘의 방법이란 …… 각 관념을 각기의 실제적 결과를 추적함으로써 해석하려 하는 것"이며, 진리는 "선의 일종이다"라고 의미가 밝혀져 있다. 제3강의에서 유물론 · 유심론 · 자유의지 등의 형이상학적 문제에 프래그머티즘을 적용한다. 제4강의는 일원론보다는 다원론 쪽이 프래그머티즘의 입장에 가깝다고 쓰고 있다. 제5강의는 상식의 비판, 상식의 단계는 진리에 이르는 최초의 단계에 불과하다는 내용이 담겨져 있다. 제6강의는 프래그머티즘의 진리론, 제7강의에서는 프래그머티즘의 세계관과 합리론의 세계관에서 보이는 차이점을 강조, 끝으로 제8강의에서는 종교의 문제를 다뤄, 프래그머티즘은 비관주의와 낙관주의의 중간을 가는 개선론이라고 풀이한다. 이 책은 프래그머티즘의 보급에 절대적인 영향력을 미쳤다.—『철학대사전』

버드 대학 강연에서 "타국의 학문에 대하여 종말을 고한다"는 선언을 하였던 것이 오늘날 미국의 철학으로 자리 잡게 되었습니다.[39)]

당시 영국이나 프랑스는 선진국으로서 자본주의 발달이 급진전되고 있었고 독점자본주의는 19세기 말부터 제국주의적 발전을 초래하면서 퇴폐문화를 산출하고 있던 시기였습니다. 후진국과 개발도상국들의 급격한 발전은 제국주의적 해외진출과 세계 식민지를 서로 확보하기 위하여 마침내 1914년부터 제국주의 전쟁으로의 제1차 세계대전이 발발하게 됩니다. 이것이 현대 세계사의 개막이라 할 수 있습니다. 이 제1차 세계대전을 기본으로 하여 레닌(V. I. Lenin, 1870~1924)은 제국주의에 대항하여 1917년 러시아 혁명을 지도하고 성공시키게 됩니다. 또한 당시 일본 제국주의로부터 식민지 상태에 있던 우리나라에게도 러시아 혁명으로부터 커다란 영향을 받게 되어 3.1운동의 기폭제로 작용하게 되었습니다.[40)] 이는 또한 중국의 5.4운동으로까지 연결됩니다.

제국주의는 현대 선진 자본주의 국가들의 주요한 체제로 결국 제국주의전쟁을 불러일으켰고, 그에 대항하는 많은 민족들은 독립

---

39) ▶ 오래 전 미국의 철학자 M. 샌델의 『정의란 무엇인가』란 칸트 '도덕론'에 관한 도서가 국내에서 베스트에 올랐으나 제목에 비해서 판매방법도 옳지 못했고, 샌델의 강의 영상 등도 각본으로 연출된 것으로 모든 것이 정의롭지 못했습니다. 하여간 현재의 미국철학은 분석철학과 실용주의가 주류를 이루고 있습니다.— 저자 주.

40) ▶ 이 부분에 대해서 당시 미국의 대통령 윌슨(Thomas W. Wilson, 1913~1921)의 민족자결주의 주장의 영향을 받았다는 설과 현재도 대립 중이다.— 저자 주.

운동과정에서 사회주의 혁명을 도입하게 되고, 곧 사회주의혁명은 독립운동의 일환으로 퍼지기 시작하였습니다. 우리나라도 일본 제국주의를 상대로 강력한 독립투쟁을 전개하였습니다. 일부는 국내에서, 또 일부는 해외, 즉 만주 등지에서 무장독립투쟁을 전개하였습니다. 이 과정에서 사회주의적 입장을 지닌 독립 운동가들이 주류를 이루었습니다. 그렇다고 해서 홍범도 장군의 동상을 철거하는 일은 하는 자는 친일파나 토착왜구라고 할 수밖에 없습니다.

(3) 1,2차 세계대전과 20세기 철학

근대철학의 완성자인 헤겔은 철학을 '시대의 아버지'로 파악하고 규정했을 뿐만 아니라 현대철학을 형성해온 많은 철학자들 또한 스스로 철학을 통하여 시대의 근본적인 과제에 답하려 노력해 왔다는 것은 이미 살펴본 바 있습니다. 하지만 **철학이 세계관으로서 총체성을 지닌 학문이라면 세계를 인식하고 해석만 할 것이 아니라 세계에 대한 주체적 가치관을 실현할 실천적 의지를 가지지 않으면 안 됩니다.** 따라서 현대철학이 실로 그 이름에 부응하기 위해서는 20세기 전반에 인류를 극도의 비참함과 마주치게 한 두 차례의 세계대전과 그 후의 문제에 대하여 어떠한 형태로든 관여하지 않을 수 없습니다.

두 차례의 세계대전 중 제1차 대전은 1914년~1918년까지 5년 동안 계속되었고 2차 세계대전은 1939년~1945년까지 6년 가까이 계속되었습니다. 세계전쟁은 19세기 말부터 식민지를 만들어 지배하고자 하는 제국주의로 발전한 영국과 프랑스, 미국 등과 20세기에 들어 식민지의 재분할을 요구하며 등장한 일본, 독일, 이탈리아 등의 후진 제국주의 국가 간에 발생한 전쟁을 말합니다. 하지만 두 차례의 대전에서 승자가 된 미국을 제외하고는 승자든 패자든 모두가 엄청난 피해를 보게 되었습니다. 더 나아가 1차 대전 중 러시아 사회주의 혁명의 성공과 2차 세계대전 중 동구의 인민민주주의 성공 및 아시아, 아프리카, 중남미 아메리카 여러 나라에서의 민족 독립운동과 독립의 달성은 미국을 비롯한 서방세계를 불안하게 만들었습니다.

이에 맑스주의에 맞서 나타난 철학이 현상학이었습니다. 후설, 하이데거 등의 현상학은 헤겔의 정신현상학과는 다릅니다. 헤겔은 이성을 제대로 갖춘 정신이 외부로 현상하여 민중혁명을 이끌어 세계를 변혁시키려는 것이라고 할 수 있다면, 하이데거의 현상학은 밖으로 드러난 현상을 보고 그걸 분석하여 원인을 파악해 가는 학문입니다. 다시 말해 헤겔과 하이데거는 서로 반대적 입장의 철학입니다. 따라서 하이데거는 사회적 모순이 있다면 이를 보고 그 원인을 찾아가는 학문입니다. 이런 방법론적인 걸로 어떻게 하이데거가 나치당원이 되고 히틀러를 지지했는지는 참으로 아리송합니다. 그러나 자본주의 모순은 맑스가 말했듯이 세계를 분석하고 해석만 하는 것은 철학의 임무가 아닙니다. 바로 실천하는 것입니다.

전 세계가 자본주의와 사회주의로 양분되며 보이지 않는 세계질서가 재편되고 있을 때 우리는 어처구니없게도 우리의 의지와는 상관없이 남북분단이라는 뼈아픈 역사적 사실을 맞게 되는 것입니다. 세계는 2차 대전 후 미국의 비호아래 여러 민족주의가 개별적 독립 국가를 설립하기 시작하였고, 반대로 소련을 중심으로 하는 사회주의는 만국을 통일시킨다는 세계혁명으로 나아갑니다.

그리고 1949년 중국에는 모택동[41]이 이끄는 인민민주주의 정권이 창출되고, 이어서 베트남과 쿠바 등에서의 사회주의 혁명 등은 세계의 현실을 변화시키고 있었습니다. 이것은 여전히 자본주의적 발전만을 유지하려고 하는 미국을 중심으로 한 자본주의 나라들에게 위기감을 주게 되었습니다. 두 세계관의 대립구도는 결국 6.25 전쟁을 촉발하게 만듭니다. 이 전쟁의 결과는 수십여 년 동안 지금까지 우리나라를 냉전 상태의 희생물로 만들어 버렸습니다. 그리고 오늘날 또 다른 입장에서 민족 독립을 외치는 여러 소수 나라들의 반발은 소련이 붕괴한 오늘날까지도 계속되고 있습니다.

20세기 후반과 21세기 초반 세계는 미국과 소련, 미국과 중국 간의 신무기 개발경쟁과 석유를 둘러싼 중동을 무대로 한 걸프전쟁, 아프간 침공, 아프리카의 새로운 현상인 황폐와 기아로 대표되는 파멸적 위기에 직면하고 있습니다. 핵전쟁 문제, 자원고갈, 환경파괴, 특히 컴퓨터 및 정보기구의 변화, 유전자 공학의 발전과 그로 인해 우려되는 유전자 조작으로 대표되는 '4차 과학기술 혁

41) ▶ 毛澤東, Mao Zedong(1893~1976), 마오는 1893년 중국 후난성 창사 남서쪽 사오산(山) 마을의 한 농부의 아들로 태어났다.— 저자 주.

명'[42]에 의한 인간정신의 파괴, 소외와 공해에 의한 인간 심신의 파괴라는 참상은 철학 역시 어떤 형태로든 관여하지 않을 수 없는 현대의 근본문제가 되었습니다.

또한 고도의 자본주의 국가에서는 급격한 과학기술 혁명과 팽창된 군사비 지출 등으로 인하여 산업과 사회구조의 격변이 발생하고, 고도성장과 장기 불황의 불균등한 발전에 따른 국제적, 국내적 빈부의 격차 등으로 심각한 구조적 전환기를 맞이하고 있습니다. 또 한편에서는 물질의 지나친 풍부함과 부족함으로 소외, 마약, 술, Sex, 자살 등 자본주의 사회의 근본모순에 유린당하고 있습니다. 철학적으로 말한다면 물질을 지배하지 못하고 물질에게 지배당하는 결과를 초래한 것입니다.

이러한 격변의 시기에 철학적으로 급격하게 다양한 전개를 논술하기란 너무 방대하고 넓습니다. 그리하여 이제부터는 2차 세계대전까지 또 지금도 막강한 영향력을 행사하고 있는 맑스주의철학과 현대철학의 고민과 문제를 살펴보기로 하겠습니다.

(4) 맑스주의

지금까지 칼 맑스만큼 역사적으로 인류에게 엄청난 영향을 주고 있는 사람도 없습니다. 그리고 그의 사후에도 계속

---

42) ▶ 4차 산업혁명에 대해서는 황태연 지음, 『4차 산업혁명과 미래 사회 변혁』(중원문화, 2023)을 추천한다.— 저자 주.

되고 있는 맑스주의에 대하여 철학을 공부하는 사람이라면 구체적으로 살펴보지 않을 수 없습니다.

현재는 위기의 시대이며 혼란의 시대라고 철학자들은 말합니다. 위기라는 의미는 우선 자연과학의 발전에 의한 공포입니다. 핵전쟁으로 인한 인류 전멸(全滅)의 위기는 물론이거니와 환경, 식량, 물, 자원, 에너지 등 인간이 이제까지 향유해 왔던 자연의 혜택을 앞으로 누릴 수 없게 될지도 모르는 상황을 가리킵니다. 그러나 현대의 위기는 여기에 그치지 않습니다.

"인간은 사회적 동물이다"라고 말해집니다. 인간은 사회적인 결합 속에서 비로소 인간으로 형성되고 인간으로서 본질을 드러낼 수 있습니다. 그런데도 이 사회적인 결합 속에서 인간은 오히려 서로 죽이고, 속이면서 대립[모순]과 싸움을 거듭하며 지배, 억압 등을 온존시키고 증대시키면서까지 살아가고 있습니다. 복잡하고 다양한 사회구조와 비대화된 관료조직 속에서 인간의 주체성을 잃고 누군가에게 관리되는 단순한 물건으로 전락하고 있습니다.

그뿐만 아니라 범람하는 정보에 휩쓸려 단지 그것을 다루는 데 불과한 존재로 전락합니다. 인간의 마음은 공허해지고 동시에 순간의 향락에 빠지거나 때로는 퇴폐의 극에 몸을 던지기도 합니다. 또 한편에서는 인간 사이의 사랑과 유대를 상실하고 사막처럼 공허하게도 방황하게도 합니다.

오늘날 이러한 위기는 무엇에서 유래하고 인류는 어떻게 이 위기를 탈출할 수 있을까요? '혼미의 시대'란 말은 현 위기를 탈출할 방법이 아직 발견되지 않은 시대적 상황을 단적으로 표현하는 말이기도 합니다. 바로 이러한 시대 상황을 탈출할 수 있도록 그 방법을 제시한 사람이 칼 맑스입니다.

칼 맑스는 물질이 인간의 생명보다 높은 위치에서 인간성을 말살시켜 가는 자본주의의 모순을 직접 피부로 느끼고 이를 해결하려고 부단히도 노력한 철학자입니다. 인간보다 높은 위치에 있는 존재는 하나님, 곧 신(神)밖에 없습니다. 그런데 현대 자본주의에서는 물질이 인간의 생명보다 높은 위치에서 군림하고 있다고 지적합니다. 물질이 신(神)처럼 추앙받는 자본주의 사회의 모순을 고발하고, 이는 노동자 혁명을 통하여 물질의 평등을 이루었을 때 해결될 수 있다는 해답을 제시합니다.

고대 그리스에서 시작되어 2천여 년에 걸친 서양철학사의 하나의 집약이며 결정(結晶)이기도 한 칼 맑스와 엥겔스의 지혜, 특히 그들의 사회관과 역사관은 현대 자본주의 위기에 대하여 명쾌한 해답을 제시하여 주고 있습니다. 그리고 오늘날까지도 그것은 여전히 계속되고 있습니다. 설령 그들의 지혜와 이론에 기초한 사회혁명과 새로운 사회건설(러시아 혁명과 기타의 사회주의 제국의 성립)의 시도가 현재 적지 않게 파행현상(소련의 붕괴 및 동구 사회주의권의 몰락)을 드러내고 있을지라도 그들의 사회관 및 역사관의 가치는 변함이 없습니다. 그리고 붕괴된 사회주의는 그들의 이론을 근거로 또다시 시도될 것입니다. 왜냐하면 유토피아란 세계는 인간이 살아있는 동안에는 멸망하는 그날까지 인간이 지니고 살아가는 이상이기 때문입니다.

맑스주의는 독일의 칸트, 헤겔, 포이어바흐 등의 철학과 영국의 스미스(A. Smith, 1723~1790), 리카도(D. Ricardo, 1772~1823) 등의 경제학, 그리고 프랑스의 공상적 사회주의자들인 푸리에(C. Fourier, 1772~1837)와 생-시몽(Saint-Simon, 1675~~1755)같은 당시 최고의 학설을 계승 발전시킨 결과입니다. 따라서 맑스주의는 근대 자본주의사회의 성립과 성숙, 그와 더불어 형성된 노동자들의 해방이론으로서 19세기 독일의 노동운동과 결부되어 탄생하게 되었습니다.

노동운동의 발전과 더불어 맑스주의 사상은 유럽을 비롯해 세계 각국으로 그 영향력을 뻗쳤습니다. 20세기에 들어와서는 세계 최초로 노동자를 중심으로 하는 러시아 혁명이 성공하였고, 이 혁명은 레닌에 의하여 맑스주의 사상을 토대로 하여 성공한 실례로서 새로운 역사적 전기를 맞게 되었던 것입니다.[43)]

오늘날에는 선진 자본주의 국가에서도 자국 내에 존재하는 엄청난 수의 노동자들이 이젠 그 운동과 결부된 옛 동구나 아시아와는 다른 맑스주의 사상을 독자적으로 전개해 나가는 모습도 보이고 있습니다. 이는 최근의 중국, 프랑스 등의 모습에서 그것을 찾을 수 있습니다. 개혁, 개방, 혁명노선의 포기, 칼 맑스 이론의 재검토 등에서 그것을 알 수 있습니다. 그리고 맑스주의는 그 사상과 이론의 내용으로써 철학은 말할 것도 없이 역사학, 정치학, 경제학, 법

---

43) ▶ 이 부분은 뒤의 290쪽 '사회주의란 무엇인가'에서 다시 언급하고 있음. —저자 주.

학, 교육학, 심리학, 언어학 등 사회과학 여러 분야에서 독자적인 학문체계를 형성하고 각 부문에서 강력한 조류를 이루고 있습니다. 물론 '맑스주의만으로 현대가 이루어진다는 의미는 아닐지라도 맑스주의를 제외한 현대는 존재하지 않는다'고 말할 수는 있습니다.

금세기 루이 알튀세르(Louis Althusser, 1918~1990)나 미셸 푸코(Michel Paul Foucault, 1926~1984) 등은 신(新)맑스주의자들로 칼 맑스의 철학을 계승하여 독자적 논리를 제시하고 있습니다. 이들은 오늘날의 노동계급에게 지배계급에 대하여 투쟁이 더 강력하지 못하다고 말하면서 지금의 무산계급을 산송장들이라고 말할 정도로 급진적 형태를 띠고 있습니다. 때문에 맑스주의는 소생할 수 있음에도 불구하고 현실에 안주하고 있다고 비난합니다. 이러한 안주는 "착취계급이 더 착취를 계속하게 할 것"이라고 공격적 발언도 서슴지 않고 있습니다. 계속해서 "이러한 모순 속에서 우리는 살고 있다"라고 루이 알튀세르는 쓰고 있습니다.[44]

(5) 실용주의

앞에서도 잠깐 언급하였지만 미국의 실용주의는 지금까지도 그 힘을 막강하게 발휘하고 있는 철학입니다. 즉 종교적 영향력을 포기하지 않고, 또 새로운 자연과학의 발전과 함께 다가

44) Louis Althusser, 서관모 · 백승옥 옮김, 『철학과 맑스주의』(새길아카데미, 2023), 131~132쪽.

온 현실 세계와 타협한 철학입니다. 즉 하나님도 포기하지 않고 현실에서 하나님이 없는 것도 인정하는 기묘한 철학, 그것이 바로 실용주의 철학입니다.

실용주의의 탄생지인 영국의 뉴잉글랜드는 오늘날의 미국정신의 토대인 청교도주의의 거점임과 동시에 상공업의 중심지이기도 하였습니다. 미국의 남·북 전쟁을 전후로 하여 발전한 산업혁명은 자본주의의 발전을 급속하게 진전시켰습니다. 자본주의 발전은 동시에 과학 기술적인 사고방식을 미국인들에게 심어 주었고, 이러한 사고방식의 변화는 그들의 정신세계에 자리 잡고 있는 청교도 정신과 갈등하게 되었습니다. 이렇게 하여 청교도 중심의 종교적 세계관과 과학적 세계관이 동시에 조화할 수 있는 국가적 정신을 필요로 하게 되었던 것입니다.

이러한 국가적 정신을 필요로 할 때 1870년 에머슨은 종교를 극복하는 사상으로서 실용주의를 내놓게 되는 것입니다. 미국 철학사를 유럽으로부터 독립시키는 최초의 행동으로 '유럽 철학'으로부터의 사상적 독립을 의미하기도 하였습니다. 영국의 제임스가 당시 영국에서 고뇌하였던 것을 에머슨이 미국사회의 정신으로 승화시킨 역사적 행위이자 그의 업적이기도 한 것이었습니다. 또한 이 사상은 미국에서도 필요했지만 서구사회에서도 역시 필요로 하는 철학이기도 하였습니다.

제임스와 에머슨은 주로 종교적 신념과 과학적 신념을 중심으로 그 타협점을 찾으려고 노력하였습니다. 하지만 듀이(John Dewey,

1859~1952)는 사회생활과 기술적 지성을 어떻게 조정하는가가 중요 연구 과제였습니다.

그리하여 그는 모든 분야에서 진보주의적 입장을 취하고 민주주의 사회를 완성시키기 위한 행동도구와 수단으로서 도구주의(instrumentalism = 도움이 되는 기계 같은 것)를 주창하게 됩니다. 이 진보주의 사상을 교육, 윤리, 사회문제 등 다양한 영역에 적용함으로써 듀이는 실용주의의 이론적인 집대성을 이루었습니다. 그는 '영원불멸의 확실한 진리'라는 종교관에서 '변화하는 사회세계에 대한 능동적 대처'를 목표로 '진리도 다양'하다는 탐구를 통한 다원론(多元論)적 실용주의를 주장하였습니다.

듀이의 이러한 행동주의는 진화론적 자연주의자로 불릴 만한 존재론(실재론)으로 현실주의적 입장의 진보적 철학을 전개하였습니다. 교육학에서는 유물론과 같은 '시청각 교육' 등이 주장되었고, 사회는 '실험적 지성'을 갖는 지도자 집단에 의해 지도되는 역동적 민주주의를 지향하도록 했습니다. 또한 민주주의의 하나인 언론의 자유를 통해 기존의 문제점을 개선하여 가는 방법을 택하였습니다.

듀이의 이론이 나오게 된 배경에는 다음과 같은 이유가 있습니다. 당시 후진국 러시아가 1919년 혁명을 통하여 사회주의를 건설한 후 1,2차 세계대전의 승전국으로, 또 주입식 교육론보다도 유물론적 학설을 토대로 현장학습 교육론에 의하여 스푸트니크 우주선(1957년)을 발사하는 등 사회주의혁명의 깃발을 내걸고 승승장구하고 있었기 때문이었습니다. 이때 미국은 식민지 국가의 민족주의 독립혁명에 뒷북을 맞으며 승전국의 면모를 찾지 못하고 침체될 대로 침체되어 있었습니다. 바로 이러한 시기에 듀이에 의하여 미국은 다시 소생할 수 있었고, 세계 1,2차 대전의 승자로서 미국적 생활양식이라는 철학으로 세계적 영향력을 잃지 않게 되었습니다.

오늘날 미국철학은 미국 철학체계에서 확고부동한 위치를 차지하였던 실용주의가 퇴보하고 20세기 중반부터는 '논리실증주의'가 그 자리매김을 하기 시작하였습니다. 이 사조는 맑스주의의 영향과 함께 실용주의가 자기개조를 한 것에 크게 영향을 받은 철학입니다. 맑스주의는 미국 사상풍토에 뿌리내리지는 못하였으나 논리경험주의는 실용주의와 유물론적 경향을 토착화시킨 것이라고 볼 수 있습니다. 논리경험주의는 논리실증주의라고도 부르고 있으며 주제는 인식과 사고의 도구로서 '언어'를 연구하는 것입니다. 그 연구는 관념이나 개념 등의 의미를 명확하게 하는 것으로 과학적 방법을 탐구하는 학입니다. 그리고 오늘날 인터넷 혁명 이후 소위 4차 혁명을 시작으로 분석철학과 함께 심리철학이 강세를 띠고 발전하고 있습니다. 하지만 그 기저에는 아직까지도 실용주의는 미국의 사상풍토로 그 위치를 확고히 하고 있습니다.

(5) 현대 우리나라의 철학

현재 우리나라의 강단학문, 소위 대학교나 대학원 철학과 수업은 학교마다 그 특징이 다릅니다. 실천적이고 진보적인 철학을 위주로 수업을 하는 학교가 있고, 보수적 철학을 중심으로 하는 학교가 있습니다. 물론 두 가지 모두를 강의하는 대학교도 있습니다. 그러나 대부분의 대학은 영·미 철학이 주류를 이루고 있습니다. 즉 미국의 **분석철학**이나 영국과 미국의 실용주의나 분석철학이 중심에 있습니다.

그리고 우리나라 철학이 보수색이 강한 것은 아직까지도 도덕과 윤리에 막강한 뿌리를 내리고 있는 조선 시대의 '성리학'이 현대 한국사회에도 자리하고 있기 때문입니다. 반면 여기서 우리의 고유 철학인 실학 대하여 말하지 않을 수 없습니다. 지배계급의 철학이었던 성리학은 '강상죄'를 만들고 양반과 상놈을 가르는 무서운 법이 있었습니다.[45] 하지만 이와는 반대로 '실학'은 성리학과 달랐습니다. 첫째, 노비 세습제의 폐지, 둘째, 양반 특권 폐지, 셋째, 소작료의 증액 반대, 넷째, 상공인들의 정당화 등을 주장했습니다. 이러한 실학의 주장은 조선말기인 갑오년인 1894년 '갑오농민전쟁' 후에 1894부터 1896년까지 소위 '갑오경쟁'으로 현실화됩니다. 이때 당시 조선은 국력도 대단하여 간도 지방을 통치하기도 했었고, 1991년 가을 종로에 전기 불을 밝히고, 대중교통으로 전차를 운행하는 등 아시아 최초로 전기를 사용한 나라이기도 합니다. 하지만 동학농민전쟁 후 한반도에 야욕을 갖고 있던 일본과 러시아, 청나라, 미국 등이 개입하는 상황이 되었고, 결국 자본주의적 민주공화제를 목표로 하였던 갑오개혁은 빛을 보지 못하고 조선의 운명이 강대국에 의해 요리되는 형국이 되고 말았던 것입니다.

하여간 다시 본론으로 돌아와 조선 중기 이후 활발하게 활동했던 유형원(柳馨遠, 1622~1673), 박지원(朴趾源, 1737~1805), 박제가(朴齊家, 1750~1805), 조선 후기의 정약용(丁若鏞, 1762~1836), 김정희(金正喜, 1786~1856), 최한기(崔漢綺, 1803~1879) 등의 '실학'은 기본적으로 민중을 위한 철학이었고 한국의 독창적인 유물론 철학으로 서구보다 빨랐습니다.[46] 또한 정조시대 정약용은 실학을 토대

45) ▶ 성리학을 근간으로 도덕을 심하게 위반한 자를 처벌한 법으로 노비로서 주인을 죽인 자, 관노로서 관서의 장을 죽인 자는 가장 큰 죄로 취급해 사형을 시켰다.— 저자 주.

46) ▶ 러시아과학아카데미연구소 엮음, 황세연 편역, 『세계철학사』(도서출판 중원문화, 2023), 제5권, 600쪽.

정약용의 기증기

로 기중기를 만들어 수원성을 축조하는 실천력을 보여주기도 하였습니다. 실학은 이처럼 영국의 산업혁명보다 빨랐으며 유물론과 매우 흡사한 실천철학이었습니다.47) 조선시대의 성리학은 중국을 섬기는 철학이었고, 그렇기에 중국 중심의 중화사상 철학이었습니다. 이처럼 18세기를 전후하여 크게 융성했던 실학은 철학적으로 실증적, 민족적, 근대 지향적 특성을 지닌 학문이었습니다. 그리고 앞에서도 말한 바와 같이 이는 동학혁명을 통해 갑오개혁으로 이어지게 되었으나 이 개혁은 청나라와 일본의 대립 관계 속에서 일본을 등에 업은 친일파가 추진한 개혁운동이었습니다.

---

47) ▶ 영조와 정조시대 조선은 세계 최강자인 영국 다음으로 잘 살았다는 기록이 있으며 서구인들보다 신장도 더 컸다고 한다.— 저자 주.

이어서 서유럽의 철학이 침투하기 시작하였습니다. 그것은 다윈의 진화론, 프랑스 계몽주의자들의 이론, 특히 그 중에서도 실증주의가 들어왔습니다. 루소(J. Rousseau, 1712~1778)의 『사회계약론』, 애덤 스미스의 『국부론』 등의 번역물에 관심이 집중되었습니다.[48] 조선 말기 대단히 복잡하고 모순에 찬 내외의 정치정세 속에서 20세기 초 박은식(朴殷植, 1850~1926년)과 신채호(申采浩, 1880~1936)의 계몽활동이 전개되었습니다.[49] 박은식은 계몽운동의 선구자였으나 그의 작품은 극히 모순적이기도 하였습니다. 그가 지닌 유교적 철학은 유물론적인 실학파의 진보적 철학과 결합되어 있었습니다. 하지만 자연 및 사회에 대한 그의 발전관은 변증법에 가까웠습니다. 그는 또한 시대에 뒤떨어진 유교적 교육체계를 반대하고 선진적인 유럽의 과학과 기술을 열렬하게 옹호하였습니다.[50] 그러나 박은식은 다른 계몽가들과 같이 당시 전개되고 있던 의병운동에 무관심하고, 자신의 임무를 과학 지식을 선전하는 것에 한정시켜 버렸습니다. 박은식의 저작에서 발견되는 모순인 이론과 실천 사이의 분열은 그 자신이 지닌 유교적 지배계급의 한계 때문이며, 또한 그가 대변한 계급인 한국 민족 자본가가 아직은 미성숙하고 허약했기 때문이기도 했습니다.

---

48) ▶ 러시아과학아카데미연구소 엮음, 황세연 편역, 『세계철학사』(도서출판 중원문화, 2023), 제5권, 601쪽.

49) ▶ 앞의 책 601쪽.

50) ▶ 앞의 책 603쪽.

신채호 역시 백과사전과 같은 지식을 가지고 있었다고 알려져 있습니다. 그는 고대, 서유럽, 중국, 일본의 철학을 잘 알고 있었으며, 그 시대의 모든 경제적, 정치적, 이데올로기적 과정의 총체에 근거하여 역사적인 문제들을 해결하라고 요구하고, 역사적 발전과정에 고유한 원리와 합법칙성을 발견하려고 노력하였던 철학자이자 역사학자였습니다. 그는 역사적 발전과정을 설명하기 위해서는 사회생활의 물질적 각종 조건에 대한 연구가 필요하다는 사상에 접근하고 있었습니다.[51] 신채호는 20세기 초 일본 침략자에 대항하여 싸웠던 한국 민중의 격렬한 반봉건적 민족해방운동을 '민족정신운동'이며 아울러 일본의 경제적, 군사적 침략에 맞서 전(全)민족이 단결할 필요성을 반영한 것이라고 보았습니다. 곧 역사발전의 추진력을 개개의 '계몽된' 인격이나 '높은 재능을 가진' 인격이 아니라 일반 민중이라고 생각하였습니다. 이런 점에서 신채호는 박은식, 또는 다른 계몽운동의 지도자들과는 확실히 달랐습니다. 같은 시대에 유인석(柳麟錫, 1842~1915) 등을 비롯한 신(新)유교가들도 대일본 무장투쟁에 가담하였는데 이것은 신유교 사상을 얼마간 변형시킨 것으로, 농민의 이익을 일정하게 반영하였습니다. 이들은 선행에 관한 추상적인 판단을 거부하고 민족의 독창적 정신을 주장하였으며 국가의 번영과 강력한 군대의 건설이 필요하다고 선전하고 봉건적 계급조직의 변혁을 주장하였습니다. 그러나 신유교가들 가운데 그다지 비중이 크지 않은 봉건귀족 일부는 일본의 식민지 착취자들의 협력자

51) ▶ 앞의 책 604쪽.

로 전락함으로써 민족을 배반하는 길로 들어서고 말았습니다. 동시에 서구 철학이 들어온 이래 우리나라의 철학은 1920년대까지는 고전적 독일 관념론이 가장 유행하는 철학 사조였습니다. 그러나 그것은 한국에서 깊게 뿌리내리지 못했으며 그 본질을 제대로 체득하지도 못했습니다.[52)]

그러나 원래 우리나라의 철학사상의 역사는 멀리 거슬러 올라가 볼 수 있습니다. 기원전 3세기에 이미 원시적인 하늘[天] 숭배를 비판적으로 해석하고 모든 존재자를 대립하는 두 개의 원소(밝은 것과 어두운 것)의 상호작용(Interaction)으로 설명하려는 시도가 나타났습니다. 이는 서양의 기원이 시작될 무렵, 한국에서는 이미 봉건적 여러 관계가 성립되어 나타나기 시작하였고 생산과 과학에서 일정한 진보가 이루어졌습니다. 이때 소박한 유물론과 자연발생적 변증법의 경향이 크게 발전했습니다.[53)] 동시에 봉건제가 확립되었으며 그때까지의 원시적인 종교보다는 훨씬 체계화된 불교와 유교라는 종교가 철학적 형태와 종교적 모습을 띠며 우리나라의 조건에 적응시키기 시작했습니다. 불교는 이후 성리학을 정치적 이념으로 삼았던 조선시대 이전까지, 즉 14세기 말에 이르기까지 여전히 봉건주의의 지배적 종교이자 한국의 사상이었습니다.

이후 일제 강점기에는 민족독립운동의 일환으로 한 때 맑스주의 철학이나 사회주의 문학인 카프(KAPF) 문학이 왕성하게 발전한 시

52) ▶ 앞의 책 605쪽.

53) ▶ 앞의 책 599쪽.

기도 있었습니다. 그러나 1935년 이후 일제의 탄압으로 체포되거나 해산되었습니다. 그렇지만 한 때는 맑스주의 철학이 독립운동의 강력한 정신적 지주가 되기도 하였고, 해방 후에도 남북분단이라는 뼈아픈 역사를 만드는 길을 터주는 역할도 하였습니다.

그리고 1945년 해방 후 남한은 민주화되기 이전까지는 무차별적으로 보수적 철학만을 공부하도록 강요받았습니다. 하지만 1970년 후반 국내 처음으로 임석진(林錫珍, 1932~2018)의 독일 박사학위논문 「헤겔에 있어서 노동의 개념」이 번역 출판되면서 진보적 서양철학이 뿌리내리기 시작하였습니다. 그리고 2000년이 시작되면서 학문의 선택의 폭이 더욱 넓어져 유물론 철학도 공부할 수 있게 되었습니다. 이는 4.19혁명과 5.18민중항쟁, 그리고 6.10항쟁을 겪으며 학문의 자유가 절실하게 필요했기에 가능한 것이었습니다. 또한 그 동안 보수적이고 반(反)공산주의 정책만을 고집하던 40여 년간의 군사 독재정부의 종식을 의미하기도 했습니다. 민주화운동에 성공한 우리나라는 불과 30여 년 만에 세계 10대 경제 강국으로 성장하였으며, 비약적인 군사력 발전과 문화발전을 가져왔습니다. 현재의 우리나라는 세계 선진국에 비견되는 최고의 선진국이라고 해도 손색이 없는 위치에 올라와 있습니다.

오늘날 한국사회에서 가장 이슈가 되고 있는 것은 빈부격차와 함께 찾아온 청년・노인복지문제가 커다랗게 떠오르고 있습니다. 그와 함께 출산문제와 여성의 사회적 지위도 비판받고 있습니다. 동시에 제4차 혁명이후부터는 분석철학과 심리철학이 인공지능과 생명공학발전에 커다란 영향을 주면서 또 하나의 전환기를 맞고 있습니다. 사실 근대이후 오늘날까지 모든 학문에서 철학을 빼놓고는 다른 과학을 설명하기란 매우 어려운 일입니다.

머리말에서도 밝혔듯이 2022년에는 양자역학으로 3명의 물리학자가 노벨물리학상을 공동수상하면서 양자역학을 이용한 인공지능 이야기까지 등장하고 있습니다. 인공지능에 대해서는 뒷부분에서 다시 설명하겠지만[54] 현재 이야기되고 있는 것은 지금까지의 디지털 컴퓨터가 밀려나고 양자역학[55]에 의한 병렬식 컴퓨터가 곧 상용화된다고 합니다. 미국의 IBM에서는 이미 오래전부터 양자 컴퓨터를 개발해 왔고, 이제는 거의 실생활에 활용될 수 있는 단계에 와 있다는 소식입니다. 물론 우리나라도 상당부분 양자 컴퓨터 개발이 진전되고 있다고 하며, 이순칠 카이스트 물리학교수에 의하면 원자에 의한 '순간이동'도 가능한 SF시대가 도래 할 날도 멀지 않다고 이야기합니다.

---

54) ▶ 인공지능에 대해서는 본서 330쪽을 참조 바람.— 저자 주.

55) ▶ 양자역학과 철학에 관련된 도서로 Hans Reichenbach, *Philosophic Foundations of Quantum Mechanics*, 1988(Dover Publications)판 또는 국내판 도서로 H. 라이헨바흐 지음, 강형구 옮김, 『양자역학의 철학적 기초』(지만지, 2014)가 있으니 참고할 분은 이 책을 보기바람.— 저자 주.

3. 철학이 문제로 하는 것은 무엇인가

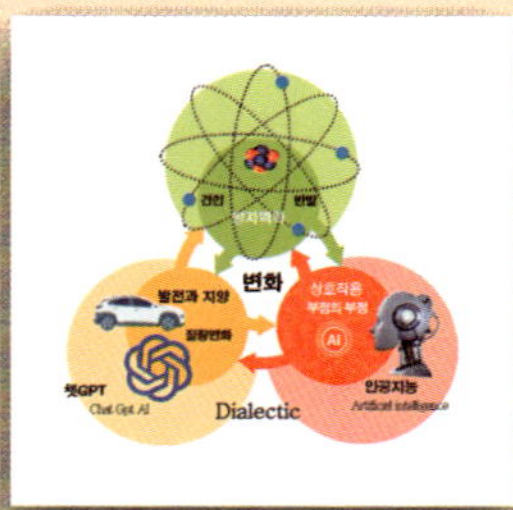
변화
발전과 지양
상호작용
부정의 부정
AI
챗GPT
Chat Gpt AI
Dialectic
인공지능

철학의 몇 가지 근본 문제

(1) 존재론(存在論, Ontology)

존재론이라고 하는 말이 정착하기는 17세기 이후이지만 철학은 고대 그리스 시대에 존재에 대한 물음으로부터 시작되었습니다. 따라서 이 용어는 그리스어인 onta(존재하는 것)와 logia(학, 論)를 합쳐 존재론이 되었다고 합니다. 우주의 존재, 자연의 존재와 또 그곳에서 새로이 생기는 생성, 없어지는 소멸, 존재하는 것의 변화와 짜임새를 탐구하였습니다.

이러한 고찰방식은 신이 존재하느냐와 존재하지 않느냐의 문제로 연계되었습니다. 실재의 문제와 형이상학적인 문제로 여러 가지로 논의되기도 합니다. 그러나 맑스주의 철학은 존재론같이 경험과학에서 유리된 것을 철학의 특수부문으로 인정하지 않고 있습니다. 즉 신과 같은 것은 철학의 범주가 아니라고 보고 있습니다. 그리고 이러한 존재론은 근대 이후 점점 쇠퇴하고 인식론(Epistemology)이 중심적 과제가 되기 시작하였습니다.

그러나 보다 중요한 것은 물질적인 것과 정신적인 것, 자연과 의식 중 어떤 것이 1차적인 존재인가, 또 양자는 어떠한 관계에 있는가는 고대 이후로부터 기본문제였습니다. 현상과 본질, 내용과 형식, 가능성과 현실성, 우연성과 필연성 등 현실적인 존재의 구조와 운동에 관계된 모든 범주는 존재론의 임무입니다. 이 문제를 무시하고서 우리는 한 발짝도 전진할 수 없을 것입니다.

(2) 인식론[지식론, Epistemology, the theory of knowledge]

아리스토텔레스는 이렇게 말하였습니다.

"모든 사람은 태어나면서부터 알기를 욕구(欲求)한다." 확실히 사람이란 살아가면서 알려고 노력하는 것은 사실입니다. 그런데 '안다'는 것이 무엇일까요?

오늘날 우리들은 정보화 사회 또는 인공지능사회[56]라고 불리는 사회 속에서 생활하고 있다 보니 인터넷을 이용하여 컴퓨터로 **챗GPT**를 이용하거나 스마트폰으로 모르는 것을 검색하면 나오기 때문인지 지식을 얻는 데 그다지 노력이 필요치 않는 것처럼 보입니

56) ▶ 인공지능에 대해서는 본서 330쪽을 참조 바람.— 저자 주.

다. 그러나 정보는 지식의 재료는 될지언정 철학과 같이 지혜를 창출할 수 있는 것은 아닙니다. 디지털 컴퓨터든 인공지능이든 주어진 정보를 입력해 놓고 우리 생활에 유효한 것만 꺼내어 우리 삶에 편리하게 쓰여지는 기계일 뿐입니다. 그리고 이를 어떻게 이용하고 마무리하는가는 사람들에게 맡겨진 일이고, 그 결과에 따라 크고 작은 일로 인생이 걸려 있을 수도 있습니다.

이 문제, 즉 아는 것은 자고로 인간에게 중요한 일이었습니다. 헤겔의 경우는 "단순히 알고 있는 것과 충분히 알고 있는 것은 다르다"라고 말하였습니다. 즉 "단순히 알고 있는 것은 모르는 거와 마찬가지"라고 하였습니다. 소크라테스 역시 "알고 있는 셈 치는 것과 진실로 알고 있는 것은 다르다"라고 말하였습니다. 이는 바로 참된 '앎'을 추구하는 것이 철학의 임무이기 때문입니다. 따라서 인식론은 철학에서 가장 큰 비중을 차지하고 있습니다. 하여 '아는 일'[知]의 '아는 일'이라고 말해도 좋을 것입니다.

옛날부터 앎에 대해 여러 문제가 제기되었습니다. 앎의 범위 그리고 앎의 한계, 앎의 절차, 앎의 확실성 내지 타당성 등의 문제가 그것입니다. 지금까지 철학사는 바로 "알 수 없다"는 불가지론과 안다는 것은 "불가능하다"는 회의론(懷疑論)과 같은 주장에 대하여 이를 "알 수 있다"와 "가능하다"로 바로잡아 가는 역사였다고 말할 수 있습니다. 이러한 과정에서 이를 증명하기 위한 논리학이 나오게 되고 이를 전개하는 등 여러 가지 노력을 해왔습니다. 바로 철학은 이처럼 참된 앎[知]과의 노력을 태만히 할 수 없습니다. 이것이 철학의 임무입니다.

(3) 인간론[Human theory]

철학은 반성의 학문 또는 자각의 학문이라고도 이야기합니다. 그것은 자기 탐구의 학(學)으로서 소크라테스의 "너 자신을 알라!"는 것은 철학의 최초이자 최후의 물음일 것이기 때문입니다. 앞에서 이야기된 존재와 지식[인식]의 문제가 근본적인 이유는 그것이 인간탐구에서 시작하여 다시금 인간으로 돌아가기 때문일 것입니다.

옛날부터 인간에 대해서는 여러 가지 정의가 내려져 왔습니다.

인간은 사회적 동물이라든가, 인간은 이성적이라든가, 웃는다, 말한다, 놀이를 한다, 도구를 만들거나 사용한다, 사랑을 한다 등등 여러 가지로 말해집니다.

그리고 오늘날은 인간의 문제가 유달리 중요하게 논의되고 있습니다. 그것은 우리 사회가 인간에게 있어서 위기상황에 놓였기 때문입니다. 한편에서는 살인, 강간, 폭력, 절도 등이 아무렇지 않게 일어나기도 합니다. 인간이 자신들의 노동에 의해서 만들어낸 기계나 물질적 환경 속에서 물질이나 기계의 지배를 받으며 소외로 괴로워하지 않으면 안 되기 때문입니다.

오늘날 우리 인간은 자신의 의지에 반하여 유도되고 관리되는 거대한 자본주의 시스템 속에서 자기 자신이 자기를 죽일지도 모르는 핵폭탄을 만들어 내며 인간성을 잃어 가고 있습니다. 물질의 편중(偏重), 즉 빈부의 지나친 격차로 인해 '없는 자와 있는 자' 사이의 대립이 극에 처해져 가고 있습니다. 우리는 인간 본연의 자세를 가장 근본적인 곳에서부터 찾아 인간다움을 회복해야 합니다. 그러기위해서 사회구성체 자체가 바뀌지 않으면 인간의 사악함은 변할 수가 없습니다. 따라서 오늘날은 복지를 우선하는 정치형태의 사회구성체가 시급히 요구되고 있습니다. 바로 휴머니즘을 찾는 일입니다. 바로 지금 철학이 해야 할 가장 중요한 임무가 바로 이러한 일입니다.

(4) 가치론[theory of value]

철학은 일반적으로 인간의 고통에 대하여 직접 이해득실이나 실리나 실용을 따지지 않는 바라보기만 하는 학문으로 알려져 있습니다. 확실히 철학은 어찌 보면 실천하지 않고 눈앞의 이해에 동요하지 않고 일정 거리를 취해왔던 것은 사실입니다.

그러나 철학은 가치판단을 도모하는 학문이며 인간에게 실천적 의지를 갖도록 하는 동기를 만들어 주는 학문입니다. 철학을 한다는 것은 예지(叡智, foresight)하기 위해서며, 예지한다는 것은 준비하기 위해서입니다. 또 해석하는 것보다는 변혁(실천)하는 것에 그 목표가 있습니다.

이처럼 철학은 실천적 동기를 포함하므로 실천의 지침인 가치의 탐구는 철학의 가장 중요한 과제입니다. 가치의 문제는 인간이 지니고 있는 자연적 본능적 욕구의 관심으로부터 시작하여 고차의 문화적 가치와 윤리적 가치까지 여러 차원에서 논구(論究)되어야 할 것입니다. 그러나 오늘날은 여러 가지 문제가 중요한 가치관으로 형성되는 다원(多元) 현상을 띠고 있습니다.

오늘날의 사람들은 제각기 희망을 가지고 그 희망의 실현을 추구합니다. 그리고 그 희망은 때론 다른 사람에게 피해를 줄 수도 있습니다. 예로 어떤 사장이 "나는 돈을 많이 버는 사람이 되고 싶다"라고 했을 때 돈을 많이 벌려면 노동자의 임금을 적게 주어야 될 것입니다. 이뿐만 아니라 조세희 선생의 소설 『난쟁이가 쏘아 올린 작은 공』에서 나오는 이야기나 2009년 1월 용산 참사같이 여러 사람들을 죽음으로 몰아갈 수도 있습니다. 그러나 노동자의 입장에서 바라볼 때 급여가 괜찮은 회사에 다니고 싶은 것은 당연하고, 용산의 철거민 입장에서는 좀 더 좋은 조건으로 타협하고 싶을 것입니다. 이는 권리를 가진 자와 빼앗기는 자 사이에 서로의 가치관의 차이에 의하여 대립되는 현상이 도출하게 됩니다. 바로 용산 건설현장 역시 이러한 이유 때문에 여러 형태의 가치관의 뿌리를 하나로 확립하여 통일된 가치체계를 확립하도록 해야 할 것입니다. 주관과 객관의 통일 또는 사장과 노동자의 통일, 건설업자와 철거민의 합의 등 이것이 바로 철학의 의무입니다.

사람이란 가치를 창조하며 이를 바르게 추구할 때만 생동하며 존재합니다. 우리 인간성의 회복도 공통된 하나의 바른 가치관의 확립에 달려 있습니다.

아틀라스

우리 인간들은 항상 그리스 신화의 아틀라스(Atlas)처럼 지구를 떠받치고 있는 의무를 지니고 있음을 알아야 합니다. 인간이 인간을 위하여 살 수 있는 인간복지 사회는 휴머니즘[57]의 기본이며, 이는 또한 우리 인간의 공통된 목표가 되어야 할 것입니다.

57) ▶ 휴머니즘에 대해서는 뒤 346쪽 참조 바람.— 저자 주.

현대철학의 여러 가지 문제

최근 맑스주의자들은 다음과 같이 선언하였습니다. "모든 철학은 헤겔과 함께 끝났다." "유물론은 이제 철학이 아니고 우리들의 실생활 속에 들어 있는 현실이고 과학이다." "굳이 유물론이란 말을 사용할 필요조차 없다"라고 그들은 말합니다. 이들 학파가 자신들의 이론 중 어느 것을 철학이라고 부른다 해도 그것은 옛 철학의 성과를 계속 이어받은 것에 불과할 뿐이라고 주장합니다. 이는 역사적 사실과 개별과학과의 구별이 필요하다는 의미로 세계관과 변증법에 '철학'이라는 이름을 붙이는 데 지나지 않다는 것입니다. 따라서 엄밀하게 말해서 철학이 아니라고 주장하는 것입니다. 이 주장에는 본 저자도 동의합니다. 이제 유물론은 더 이상 철학의 범주로 끌어들일 필요가 없다고 봅니다. 그러나 고대철학에서 아직까지 신학자, 철학자, 과학자 등에 의하여 여러 가지 형태로 남아 재현되고 있는 것까지 부인하진 않겠습니다. 헤겔에 의해서 확립된 관념론적 변증법은 신학 속에서 계속 살아 움직일 것이고 다시 실존철학의 형태로 남아서 우리를 혼란에 빠뜨리며 재현되곤 할 것입니다. 그리고 한편에서는 어떠한 방법이든 유물론과 관념론의 대립은 공공연하게 끊임없이 계속될 것이라는 것도 부인하지 않겠습니다.

소련이 무너지기 전까지만 해도 중국과 소련은 서로 맑스주의를 제대로 받아들였다고 싸웠습니다. 서로 칼 맑스를 정통으로 수용했다는 주장입니다. 이미 몰락한 소련이 맞았는지 아니면 아직 건재한 중국이 맞았는지는 모릅니다. 어쩌면 둘 다 틀렸을 수도 있고 아니면 둘 다 맞았을 수도 있습니다.

하지만 어느 쪽이 제대로인지는 칼 맑스만이 알고 있을 것입니다. 그러나 현대 철학자 중 독일의 이링 페처(Iring Fetscher, 1922~2014)는 국내에도 소개된 바 있던 『맑스에서 소비에트 이데올로기까지』라는 저서에서 중국과 소련 "둘 다 틀렸다"라고 못 박았습니다. 현재는 어떻습니까? 자기들의 주장이 서로 맞다고 주장한 소련은 망했고, 중국은 "검은 고양이든 흰 고양이든 쥐만 잡으면 된다"라는 말로 실용주의라는 깃발 아래 자본주의와 타협을 시도하고 있습니다. 하지만 요즘엔 과거 소련과 같이 다시 공산당 일당독재로 흘러가고 있는 것처럼 보입니다.

북한 역시 주체사상이라는 괴상한 개인 숭배적 사상으로 로동당 보수주의라는 새로운 관료사회를 만들어 자리 잡고 있습니다. 그리고 이제는 이 또한 변하고 있습니다. 김정은이 집권하면서 자신의 고모부인 장택상을 처형하는 등 북한 역시 사회주의라는 이데올로기보다는 권력을 놓지 않으려는 독재적 정치독단이 도사리고 있다는 걸 알 수 있습니다.

그러나 진리는 항상 변화합니다. 현대 세계는 소득분배에 중점을 두면서 칼 맑스가 보았던 노동자를 살벌하게 착취하는 그런 자본주의 국가도 드물고, 또 그 사상을 가지고 싸우는 집단도 드물다고 봅니다. 기존하는 사회주의 국가는 칼 맑스가 반대하던 민족주의 간판을 걸고 존재하고 있고, 만국의 노동자가 단결을 해야 한다던 노동자는 단결하지 못하고 있습니다. 오히려 칼 맑스의 계급투쟁은 현존하는 사회주의 국가에 더 필요해 보이기도 합니다.

이처럼 자본주의가 수정되고 고뇌에 빠져 있을 때, 인간이 스스로 자기 한계를 느끼고 무능함과 부족함을 느끼고 절망할 때, 허망한 자기를 내던지고 싶을 때 우리는 어떻게 해야 할까요? 이럴 때 절대자(하나님)에 귀의하게 된다고 주장하는 키르케고르의 역설 변증법적이 등장하였습니다. 이러한 실존철학은 아마도 중국과 같은 국가사회주의나 악마적 자본주의가 존재하는 한 계속 맹위를 떨칠 것입니다. 그리고 종교와 함께 지구상에 가장 오래 존재하게 될 것이 종교입니다. 이것이 종교적 실존입니다.[58]

---

58) ▶ 키르케고르의 『죽음에 이르는 병』은 그의 철학의 핵심이다. 그 해제가 본서 뒤 357쪽 '주요 철학도서 요약'를 참고하기 바람.— 저자 주.

여기서 실존철학에 대해서 잠깐 언급하여 보도록 하지요. '실존'이란 '살아 있다'는 뜻입니다. 즉 '생철학'인 셈이지요. '생철학'이라고 하면 어려워도 '생맥주'나 '생음악'이라고 하면 쉬울 것입니다. 바로 실존철학이란 살아 있는 자기 자신을 의미합니다. '나'라는 것은 남과 바꿀 수도 없고 나 자신만을 의미합니다. 때문에 자본주의라는 거대한 사회의 틀(재벌과 권력) 속에서 너무나 작은 '나'는 위기와 불안을 느낄 수 있고, 이로 인하여 나를 상실할 수도 있다는 것입니다.

오늘날 우리는 자고 나면 나 자신뿐만 아니라 많은 것이 변해버릴 수도 있습니다. 저자는 5.18 민주화운동 당시 많은 고생을 해서 그에 대한 마음의 상처가 매우 심합니다. 몇 해 전 세월호 사건이 일어났을 때는 신문 한 줄을 읽지 못했습니다. TV에 나오는 뉴스 하나를 볼 수가 없었습니다. 죽음에 대한 트라우마(Trauma, 의

학적으로 외상후 스트레스)가 너무 커서 견딜 수가 없었습니다. 아마도 전 국민이 트라우마로 시달렸을 것입니다. 현대 자본주의 속에서 사는 사람들은 항상 하루가 다르게 '나' 자신을 상실해 버릴 수도 있습니다. 우리 인간은 우리가 세상에 태어나고 싶어서 태어난 게 아닙니다. 그렇다고 부모님께 "왜 나를 낳았느냐?"고 항의한다고 문제가 해결되는 것도 아닙니다. 부모님에 의해서 태어난 것이지만 우리 자신의 생명은 우리가 지켜야 합니다. 하지만 세상을 사는 것이 그렇게 녹록하지 않기에 우리는 늘 불안합니다. 노동자는 해고의 위험이 항상 존재하고, 자본가는 하루아침에 거지가 될 수도 있습니다. 하지만 키르케고르[59]의 역설(逆說) 변증법에 의하면 절망한 '나'는 종교에 의해서 구제될 수 있다고 주장합니다. 이것이 그의 역설 변증법입니다. 요컨대 인간의 도덕적 노력이 어느 순간 절망하고 좌절하는 데서 오히려 한층 높은 종교의 세계로 비약하는 것입니다. 이것이 그가 말하는 좌절에 의한 비약입니다. 이 말은 깊은 신앙의 논리를 역설적으로 표현한 말입니다. 이것이 그의 역설

59) ▶ Kierkegaard(1813~1855), 키르케고르는 시대와 사회에 날카로운 비판의 눈을 돌려 『현대의 비판』을 저술함과 동시에 '교화와 각성'을 목적으로 한 책을 2부로 집필할 생각이었다. 그러나 1841년 제1부만을 '죽음에 이르는 병'이라는 제목으로 간행했다. 키르케고르는 인간을 무한성과 유한성, 시간성과 영원성, 자유와 필연의 종합체로 보았다. 인간은 무한한 유한함이며 유한하면서도 유한하지 않기 때문에 무한을 지향한다. 그러므로 인간의 본성은 한정되어 있는듯하면서도 불한정한 것이어서 인간은 금수가 될 수도 없고 신에 가까이 갈 수도 없는 것이다. 그런 의미에서 인간은 자유이다.—『철학대사전』

변증법이고 실존 변증법으로, 종교만이 인간을 지켜줄 수 있다는 주장을 합니다.

독일 철학자 하이데거는 이러한 인간을 '기투'(企投, Entwurf, projet)된 인간이라고 말합니다. 즉 세상에 던져진 인간이라는 뜻입니다. 인간은 '기투'되면서 세상에 나온 존재라는 것입니다. 이러한 실존은 현실세계 속에서 항상 자기 자신을 창조하면서 그 가능성을 전개해 가야 한다고 주장합니다. 따라서 세상에 나온 이상 열심히 살자는 것인데 어떻게 사느냐라는 문제가 우리를 힘들게 합니다. 하이데거는 이에 대한 해답은 제시하지 않습니다.

하버마스

프랑스 철학자 베르그손[60]은 자본주의에 의해 파괴되는 도덕과 윤리를 보면서 한 단계 높 은 도덕과 윤리를 희망하였습니다. 또한 현대 독일의 철학자 하버마스[61]는 도덕과 윤리를 위해 종교는 마지막 보류라고 주

60) ▶ Henri-Louis Bergson(1859~1941), 프랑스의 현대 유심론 철학자이다. 자연과학 만능 시대를 부정하고 만년엔 종교적 신비주의로 그의 철학을 이끌며 합리주의를 비판하였다.— 저자 주.

61) ▶ Jurgen Habermas(1929~현재), 현대 독일의 사회철학자로서, 하이델베르크 대학 교수를 거쳐 프랑크푸르트 대학교(괴테대학교) 교수(1964

장합니다. 하버마스는 40여 년 전에 「한울출판사」 초청으로 한국을 방문하여 자신의 철학을 강의하기도 하였던 철학자로 "아직도 자본주의는 강하다. 그들은 가공할 핵무기까지 보유하고 있다. 자본주의 악마성은 종교를 통한 처방 없이는 그 악마성(Devilishness)이 맹위를 계속 떨치게 될 것이다. 때문에 종교는 아직도 이 땅의 도덕과 평화를 위해서 존재할 필요가 있다"라고 말하였습니다. 그렇다면 종교는 지구상에서 우리 인간의 도덕과 양심을 지켜줄 수 있는 마지막 보루로서 이제야말로 정말 책임을 다할 수 있을까요? 그러나 종교도 물질만능 사회의 악마성을 지켜주지는 못할 것으로 보입니다. 바로 우리 인간들 스스로가 노력했을 때 이 세계는 구제될 수 있을 것입니다.

그리고 일반적으로 현대 철학에서 실존철학은 이후 실존주의자들에 의해서 차이성이 구별되기 시작합니다. 즉 본질에 대립한 것을 실존이라고 말하고 현실적 존재를 실존이라고 부르며, 따라서 본질과 달리 항상 주위 사정으로 인하여 불안한 개인적 존재라고 이야기합니다.

독일 철학자 하이데거가 인간은 스스로 원해서 세상에 태어난 것이 아니라 그냥 세상에 던져진 존재에 불과하다는 말에 포커스를 맞출 필요가 있습니다. 따라서 죽음에 대한 공포, 먹고 사는 것에 대한 공포, 물질의 지배에 대한 공포 등으로부터 피할 수 없기

~1971)를 역임하였다. 1971년 이래 슈타른베르크의 막스 플랑크 연구소 소장직을 맡고 있다.— 저자 주.

에 늘 불안한 존재라고 말합니다. 하여간 실존철학이란 인간의 존재와 불안을 목에 걸고 있는 철학입니다.

그러나 인간은 불안에 떨 필요가 없습니다. 인간은 문제를 만나면 해결할 능력을 만들어 내고 그것을 수습하면서 살아가는 지혜가 있기 때문입니다. 실존 철학자들의 주장처럼 위험한 일이 다가와도 그냥 앉아서 죽음을 기다리는 사람은 없습니다. 우리 인간은 부정을 긍정으로 만들어 가는 탁월한 지혜의 소유자들이기에 오늘도 부단하게 내일의 유토피아를 꿈꾸며 살아가고 있습니다. 실존철학과 같은 형이상학적인 학에 현혹되지 말고 개척정신을 지니고 세상을 살아가는 자세가 바로 철학하는 자세입니다.

이처럼 발전도 희망도 없는 실존철학은 소크라테스나 플라톤의 관념론 철학만큼이나 현실과 거리가 먼 철학입니다. 불안해서 기독교를 붙잡고 늘어진다거나 불안해서 못살겠다는 철학은 철학이 아닙니다. 철학은 우리 인간만이 지니고 있는 삶의 지혜를 말하는 것입니다. 우리 인간은 자본주의의 이런 악마적 모습을 보고 두려워할게 아니라 이를 과감하게 돌파해 가야 한다는 철학을 제시한 사르트르의 실존철학도 있습니다. 사르트르는 자본주의를 두려워할게 아니라 이를 뛰어넘어 사회주의로 나가야 한다고 주장하였습니다. 그리고 이것이 바로 철학하는 자세라고 역설합니다. 그리고 그는 실존주의란 말보다도 자신의 철학을 실존철학이라고 말하였습니다. 사르트르의 철학은 다른 실존철학자들의 철학에 비하여 훨씬 더 진보적이고 현실적입니다. 그는 맑스주의를 비판하는 대신 서구적인 상황과 연관하여 개조하려 하였습니다.[62] 그리고 다른 실존주의자들과 달리 서구 지식인의 양심을 유지하였습니다. 하지만 사르트르의 어귀는 한 마디 한 마디 가치 있는 내용으로 진보적이었지만 사회주의자 메를로-퐁티(Merleau-Ponty, 1908~1961)에게 '불안'을 공식화한 그의 실존철학은 현실적이지 못하고 관념론으로 기울고 있다고 비판당합니다.

이후 현대철학의 가장 커다란 전환점은 정당하지 못한 베트남 전쟁 중에 일어난 1968년의 프랑스 68혁명입니다. 남녀평등과 휴머니즘, 그리고 전쟁 반대를 외친 68혁명은 세계의 진보주의자들에게 커다란 힘을 주게 됩니다. 이 시기에 들뢰즈와 가타리[63], 그리고 푸코 등이 여기에 동참하면서 러시아혁명 이후 가장 커다란 업적을 남기게 됩니다. 하지만 1991년 소련이 무너진 후 세계적 진보운동은 선진 자본주의 국가를 필두로 소득분배의 중요성을 깨닫게 되었고, 이제 자본주의적 정치·경제에서 사회주의식 소득분배로 각종 복지정책이 새로운 대안으로 떠오르고 있는 중입니다.

---

62) ▶ 강대석 지음, 『왜 철학인가』(중원문화, 2013), 369쪽.

63) ▶ Gilles Deleuze(1925~1995)와 함께 Félix Guattari(1930~1992)는 프랑스 맑스주의자로 분류된다.— 저자 주.

4. 철학은 어떤 성질을 가지고 있는가?

변화
발전과 지양
상호작용
부정의 부정
AI
챗GPT
인공지능
Dialectic

철학이 가지고 있는 3가지 성질

(1) 철학은 하나하나 그 뿌리를 따지려 합니다.

그렇다면 이렇게 대립하고 변화하며 발전하는 이 세계를 철학은 어떤 성질을 가지고 있기에 그것을 분석하고 종합하며 따져가고 있는 것일까요? 철학적 성질의 첫째 특징은 단적으로 말해 근원적인 것, 다시 말해 근본적인 것을 철저하게 따지려 하는 성질이 있다는 것입니다. 철학은 모든 것을 그 뿌리에서부터 파악하려 합니다. 그렇기 때문에 항상 '왜'라는 것을 묻습니다. '왜 사는가?' '왜 공부하는가?' 등이 바로 그것입니다.

철학은 과학처럼 무조건 결과에 순종하지 않습니다. 그리고 과학은 한정된 존재를 대상으로 지식을 습득하고 습득한 지식을 다시 제공합니다. 그리고 지식이란 '왜 필요한가?' 또는 '지식이란 무엇인가?'를 묻지 않습니다. 그러나 철학은 이러한 문제를 집요하고 철저하게 물고 늘어집니다.

상식이라는 지식도 마찬가지입니다. 상식 없이는 살아갈 수 없는 것이 우리의 생활이지만 그것 역시 한정된 생활에 국한된 체험에 불과할 뿐입니다. 상식의 하나인 속담에서 "아는 것이 힘이다"라고 하는 것과 반대로 "모르는 것이 약이다"라는 두 속담 사이의 모순을 상식은 결코 문제 삼지 않지만 철학은 이러한 모순에 대하여 문제로 삼고 따지려 듭니다.

그리고 철학은 솔직하게 자연의 근본적인 원리나 인간의 본질을 묻습니다. 즉 '인간은 무엇인가?' '왜 사는가?' '나는 누구인가' '사회란 무엇인가?' '나는 무엇을 확고하게 할 수 있는가?' '나는 어떻게 해야 행복하게 사는 것일까?' 등등이 그것입니다. 그리고 그 타당성과 한계를 분명히 하려하고 그것을 근거로 이론을 전개하기 시작합니다. 그리고 그것은 누구에게나 보편적이고 타당해야 합니다. 하지만 과학처럼 확실한 정답은 없습니다. 그래도 철학은 물음을 계속합니다. 거의 아이처럼 집요하다고 생각되는 소크라테스의 물음의 의의도 거기에 있다고 말할 수 있을 것입니다.

(2) 철학은 전체성을 토대로 하고 있습니다.

철학은 전체적 파악을 추구합니다. 자연과학이나 사회과학 등은 부분적 파악을 시도합니다. 의학에서는 간이나 허파, 콩팥 등 부분적 파악을 시도합니다. 사회과학도 정치나 경제 또는 법률, 경영, 외교 등 부분을 연구하고 추구합니다. 하지만 철학은 부분과 전체를 파악하려 합니다. "진리는 전체이다"라는 헤겔의 말처럼 종합된 생동함을 전체적으로 추구합니다.

과학은 대상을 분해하고 해체하여 분야별로 나누어 다룹니다. 때문에 과학자는 전문가입니다. 전문가는 자신의 일에만 몰두하기 때문에 본인이 하고 있는 당면 관심사 이외에는 시야에 들어오지 않습니다. 오히려 철학을 공부하는 것은 쓸데없는 일로 여겨버립니다. 그리고 과학자는 자기 자신을 잊으면서까지 일에 몰두하지만 철학자는 자신을 오히려 더 확고히 자각하고 확인하려 합니다.

만약에 철학자와 과학자가 만난다면 서로에게 아무런 흥미가 없을 것입니다. 과학자는 자기 일에만 매진합니다. 때문에 대화가 있을 수 없습니다. 사람과 사람이 만나는데 대화가 단절된다면 아무 의미도 없을 것입니다. 그래서 공학도들과 친구가 된 사람들은 직장생활을 통하여 기계처럼 돈은 많이 벌어 올지는 몰라도 재미가 없다는 걸 곧 알아채게 됩니다. 때문에 오히려 자연과학자들이 철학을 공부해야하는 것입니다. 그러나 현실은 그렇지 않습니다. 이러한 결심은 하루아침에 생기지 않기 때문입니다.

물론 자연을 대상으로 하는 자연과학이나 사회를 대상으로 하는 사회과학이나 어느 과학도 자연과 사회에 대한 진리를 탐구하는 것임에는 틀림없습니다. 자연과학은 자연만을, 사회과학은 사회만을 그 대상으로 하고 있는 것에 반하여 철학은 자연과 사회를 합친 그 전체를 대상으로 합니다. 그런 의미에서 철학이란 전체이고 진리인 것입니다. 즉 전체란 세계를 의미하는 것입니다.

또한 인문과학이나 사회과학, 자연과학은 추상적이고 상상적인 경우가 대부분이지만 철학은 상당히 구체적으로 세심하게 고려하여 사물의 본질적인 것에 파고들어 갑니다. 그리고 모든 것을 하나로 통일시키려 합니다.

(3) 철학은 모든 것을 비판하려는 성질이 있습니다.

철학자라고 하면 일반적으로 말이 많은 사람이라고 바로 상기할 수도 있습니다. 또 논쟁이나 비판이라는 것을 떠올릴지도 모릅니다. 다른 학문에서도 논쟁은 하고 있으나 과학의 경우는 논쟁의 쟁점이 되었던 것이 증명이 되면 그 논쟁은 끝나버립니다. 하지만 철학의 경우는 그렇지 않습니다. 왜냐하면 철학이 차지하고 있는 범주가 끝이 없기 때문입니다. 그래서 과학의 경우와 같이 매듭짓기란 어렵습니다. 그리스의 소피스트들은 변증법적인 변론술(辯論術)과 논쟁술(論爭術)이라는 기술을 가르치며 그들 자신이 논쟁에 몰두한 것에서도 알 수 있습니다.

그럼 철학이 특히 논쟁을 즐겨하는 이유는 무엇일까요? 그것은 철학이라는 것의 특성상 오류에 엄격하기 때문이라고 말할 수 있습니다. 그리고 철학의 성질상 항상 '왜'라고 묻는 성질 때문이라고 말할 수 있습니다. 그것은 과학과 같이 해답(answer)을 구하는 것이 아니고 이해(understanding)와 해명(solution)을 요구하며 그것에 관심을 두고 있기 때문일 것입니다. 게다가 철학은 자각과 자

립을 추구하는 무엇보다도 자유로운 학이기 때문이라고 말할 수 있습니다. 때문에 자유 속에서 발현되는 철학에게는 어떠한 권위도 그 힘을 발휘할 수 없습니다. 아니 오히려 권위적인 힘에 반항하며

부정하는 것이 철학이 목표로 하는 세계이기 때문입니다.

아울러 논쟁을 불가피하게 하는 것은 철학이 일종의 사회의식을 규정하고 반영하는 것이기에 일정한 사회적 현실에 대한 태도표명은 철학의 의무입니다. 그리고 이러한 사회적 의식 속에서 어떤 입장의 성향(당파성)을 벗어날 수는 없는 것입니다. 이해관계 속에서 일어나는 대립이 세계관의 차이에서 발생한 것이라면 더욱이 철학은 자기의 소임을 다해야 할 것입니다.

그러나 만약 논쟁과 비판을 단순한 비난과 비방으로 받아들인다면 그것은 이미 학(學)이 아니고 비생산적이고 비철학적인 것으로 말장난에 불과한 욕지거리일 것입니다. 모순과 대립은 발전의 견인차입니다. 그러나 철학이 진실로 구하고 있는 것은 대립이 아닌 발전이며, 그 대립도 형식상 언뜻 보기에는 일정한 상대나 타자에게 향해져 있는 비판의 경우도 사실은 자기 자신에 대한 비판이기도 하며 바로 자신과 전체를 향상시키기 위한 수단이라고 말할 수 있습니다.

철학적 자세란 무엇일까?

선진국에서는 초등학교 때부터 철학을 공부합니다. 선진국이란 소위 OECD에 포함되지 않아도 됩니다. 그러나 덴마크나 스웨덴, 그리고 핀란드 등도 교육에 있어서는 선진국입니다. 이런 나라의 교육은 어릴 때부터 사상적 영향도 받고 정치적 이데올로기도 완성되기 시작합니다. 때문에 중학교에 들어가면 사상적으로 어느 정도 완숙한 단계에 있어서 일정한 수준의 도서 선별능력을 갖추게 됩니다. 따라서 오래 전부터 그네들의 사상적 깊이는 외래사상의 수용단계를 넘어 독자적인 사상체계를 정립하고 있습니다. 그리고 우리도 이제 거기에 와 있습니다.

그렇다면 철학적 자세란 어떤 자세일까요? 한마디로 요약할 수 있다면 철학이란, 생각하고 살아가는 인간, 다시 말해 의식적으로 자신의 삶을 계획하고 구체화시켜 나가는 인간이 살아가는 방법과 모습이라고 말하겠습니다.

사람들은 세상을 살아가면서 끊임없이 수많은 문제에 부딪치면서 살아가고 있습니다. 그때그때마다 해결해야 할 어려운 문제들이 한두 가지가 아닙니다. 그리고 그러한 어려운 일에 맞닥뜨렸을 때 그에 대응하는 사람들의 모습은 여러 가지 모습을 띠게 됩니다. 1998년 IMF 사태가 터지자 우리 사회에는 여러 형태의 모습들이 보였었습니다. 즉 어떤 사람은 문제를 연구나 검토해 보지도 않고 사주팔자 타령을 하면서 주저앉아 버리고 좌절해 버리기도 하였습니다. 그리고 가출 등으로 홈리스(homeless)로 전락해 버리거나 심한 경우는 자살을 기도하여 죽음에 이르기도 하였습니다. 또 다른 경우로, 또 현실적인 어려움을 자기의 힘으로는 도저히 해결할 수 없다는 판단으로 인간의 배후를 조정한다고 생각하는 그 어떤 하나님 같은 힘에 의지하려 하기도 합니다. 즉 종교에 의탁하여 그 문제를 해결하려고도 했습니다.

또 어떤 사람들은 모든 문제는 우리가 지금 살고 있는 이 땅에서 생기는 일이고, 또 자기 자신만의 문제가 아니라고 판단하고 그 문제의 해결점을 찾아 이리 뛰고 저리 뛰고 바로 현실 속에서 해결점을 찾아야 한다고 생각하는 타입이 있습니다. 인간들의 삶이란 끊임없이 그러한 문제들에 부딪치고 해결해 나가는 과정이라 생각하여 어떤 일이 있더라도 포기하거나 좌절하지 않고, 또한 인간의 배후의 그 어떤 초월적인 것에도 의존하지 않고 문제가 생긴 바로 그곳에서 해결하고 오히려 '실패를 성공의 어머니'로 하여 '전화위복'(轉禍爲福)의 모습을 갖는 그런 사람이 있습니다. 바로 이런 자세가 철학적 자세입니다.

같은 생각으로 이런 예를 들어보겠습니다. 3명의 사람이 목적지를 향하여 먼 길을 가는데 커다란 강(江)을 만났다고 가정해보겠습니다. 이때 3명의 사람 중 한 사람은 모든 것을 좌절하고 강물에 몸을 던지고 자살해 버리는 사람이 있을 것입니다. 바로 앞에서 말한 첫 번째 사례입니다. 그런가 하면 한 사람은 기도하면서 모세의 기적이 이곳에서 일어나기를 바라는 사람이 있을 수 있습니다.

마지막으로 남은 세 번째의 사람은 강을 앞에 두고 포기할 수 없다는 자세로 연구와 연구를 거듭한 끝에 뗏목을 만들어 강을 건넜다고 가정할 수 있습니다. 바로 이 세 번째 사람처럼 부정(어려운

상황)을 긍정(해결하는 것)으로 바꾸어 더 한층 높게 나가는 것이 철학적 자세입니다.

사람들이 세상을 살다 보면 많은 부정과 긍정이라는 대립적 상황에 부딪치게 됩니다. 그리고 곳곳에서 많은 모순(矛盾)을 맞닥뜨리게 됩니다. 또 모순되고 잘못되어 있는 것은 제대로 되도록 고쳐 나가려고 하는 성질이 있습니다. 지금 이곳에서 말하고자 하는 것은 '이 세계에 존재하는 것은 모두 모순되어 있다'라는 것입니다. 즉 이 세상에 존재하는 모든 것은 대립(모순)되어 있다는 것을 기술하려고 합니다. 또 이 대립물 사이에는 항상 매개라는 것이 존재하여 상호전화합니다. 그리고 "존재하는 것은 모두 변화한다"는 것과 "변화하는 것은 발전한다"라는 것은 기본 명제입니다.

때문에 모든 사물은 변증법적인 성격을 지니고 있다는 것이 곧, 철학을 공부하는 데 중요한 포커스가 될 것입니다. 우리들이 살고 있는 일상생활도 변증법적인 삶을 살고 있는 것입니다. 다시 말해 존재하는 모든 것은 항상 두 가지 성질을 가지고 있다는 점을 말하고자 합니다. 어떤 사건이 있을 때 그 사건 때문에 좋을 수도 있고 나쁠 수도 있다는 점을 우리는 양면성이라고 할 수 있습니다.

다시 말하여 실패는 성공의 어머니가 될 수도 있고, 또 상황 그대로 실패가 될 수도 있습니다. 이야기를 하나 소개하겠습니다. 우리에게도 잘 알려진 『나의 라임오렌지 나무』라는 책의 저자 바스콘셀로스(J.M. de Vasconcelos, 1920~1984)는 브라질 사람입니다. 그래서 그런지 브라질을 배경으로 한 작품이 많습니다. 그의 단편집 「머나먼 고향」도 역시 브라질을 배경으로 하고 있습니다. 이 작품의 내용은 한 노예가 주인의 딸을 몰래 사랑했다는 누명을 쓰고 주인 아들에게 쫓기는 신세가 되어 정글 속으로 숨어 들어간다는 내용입니다. 화가 난 주인집 아들과 도망가는 노예를 상상해 보시면 험악한 장면이 금방 머리에 떠오를 것입니다.

결국 주인집 아들은 총을 들고 자신만만하게 깊숙한 정글 속으로 며칠간을 쫓아 그 노예를 만나게 됩니다. 하지만 그는 나가는 길을 알 수가 없었을 뿐만 아니라 배가 고파도 열매의 독성(毒性) 여부를 가릴 수 없어 굶어 죽게 되는 꼴이 됩니다. 노예는 자신의 두려움과 약점을 잊지 않았지만, 주인은 자신의 문제를 알지 못했기에 자신의 모순[약점]이 무엇이지 몰랐습니다. 노예는 두려움을 잃지 않았지만 주인은 자신만만하고 두려움이 없었습니다. 누구든지 두려움과 스스로의 약점[모순]을 안다면 상대를 이길 수 있는 방법을 찾을 수 있습니다. 결국 주인은 죽게 되고 노예는 살아서 자유인이 된다는 내용이 담겨 있습니다. 바로 쫓기는 자가 자유를 얻고, 쫓아간 자는 죽음을 당했다는 이야기입니다. 평소에 복종과 두려움에서 얻은 경험이 정글 속에서는 목숨을 지켜주는 결과를 만들어 내었습니다. 변증법은 이처럼 주인과 노예의 관계를 역전시키는 승리의 철학이기도 합니다.

헤겔은 그의 저서 『정신현상학』에서 바로 노예의 상태를 즉자(卽自, Ansich)라고 부르고 도망가는 것을 대자적(對自的, Fürsich)이라고 부릅니다. 국내의 임석진 박사께서는 즉자라는 것을 '본래적인 것' 대자를 '자각적인 것'이라고 번역하셨습니다. 바로 바스콘셀로스 작품과 똑같은 내용이 헤겔의 상기 저서에 '주인과 노예의 변증법' 이란 항목으로 기술되고 있습니다. 이때 자각되어 도망가는 노예와 같은 경우가 자기의식을 찾은 것으로 프랑스의 대혁명 정신에 해당 합니다. 아직 깨어나 있지 않던 의식이 깨달음을 얻고 자기 정신을 찾아 이성의 힘으로 프랑스대혁명을 폭발시키고 나폴레옹이라는 세계의 이성, 곧 시대정신이 자기 조국 독일의 왕정국가를 무너뜨리고 공화정을 위해 해방하러 온다는 헤겔의 혁명적 변증법이 바로 그의 『정신현상학』에 극명하게 드러나고 있는 것입니다.64)

그리고 이러한 헤겔의 혁명적 변증법은 아래와 같이 5가지로 요약할 수 있습니다.

1) 존재하는 모든 것은 항상 양면성(또는 모순이나 대립)이 있다.
2) 존재하는 모든 것은 항상 대립하고 상호작용(interaction)하고 있다.
3) 존재하는 모든 것은 양에서 질로 질에서 양으로 상호전화한다.
4) 존재하는 모든 것은 옛 것의 부정의 부정을 통하여 높은 단계로 지양(발전 또는 퇴보)한다.
5) 존재하는 모든 것은 항상 변화 발전한다.

이것들은 변증법적 세계관의 기본 명제입니다.

---

64) ▶ 헤겔에 대한 저서를 좀 더 자세히 알고 싶으면 본서 뒤쪽에 나와 있는 '주요 철학도서 요약' 357쪽 을 참고하기 바람.— 저자 주.

존재하는 모든 것은 모순[대립]되어 있다

앞에서 철학이란 "자연과 사회를 꿰뚫는 가장 일반적(기초적)인 법칙성을 탐구하는 학문이다"라고 말하였습니다. 여기서 세계는 변증법적 성격을 지니고 있으며, 대립과 모순이라는 변증법적 세계관이 있다고 말할 수 있습니다. 즉 우주에 존재하는 모든 것은 '대립성'을 지니고 있다고 보는 학문입니다. 다시 말하여 존재하는 모든 것은 '양면성'을 가지고 있다거나 서로 반대되어 있다는 이야기입니다. 그 대립과 모순에는 형식(논리학)적인 것도 있고 가변적인 것도 있습니다.

우선 형식적인 것을 몇 가지 예로 들어 보이겠습니다. 생(生)과 사(死), 여자와 남자, 오른쪽과 왼쪽, 남과 북 등 우리 주변에는 칼로 자르듯이 나뉠 수 있는 상황들이 많이 있습니다.

그러나 뭔가 좀 불분명한 것도 많이 있습니다. 선과 악, 키큰과 '키작은'이라든가, 밉다와 예쁘다, 많다와 적다 등 그 기준도 애매한 것처럼 보이고 어느 경우는 쌍수를 들고 싸울 수도 있는 경우도 있습니다. 어쩌면 객관성을 갖는다는 것이 어려울 수도 있습니다. 참과 거짓도 마찬가지입니다. 그렇다면 우리는 생활 속에서 수없이 많은 문제에 부딪히는데 어떻게 해결해야 할까요? 여자와 남자는 명백한 해답이 있습니다. 그러나 왼쪽과 오른쪽도 분명 명백하게 구분된다는 점은 누구도 부정하지 못합니다. 하지만 그 한계가 애매모호할 수도 있습니다. 누구를 중심으로 해서 왼쪽이라 하고 오른쪽이라 해야 하는 것입니다.

여기서 이 문제를 하나하나 짚고 넘어가도록 하겠습니다. 우리가 일상적으로 부딪히고 있는 이 세계는 여러 가지 성질을 갖는 수없는 물질로 가득 차있습니다. 세계는 우리가 보고 듣는 것보다도 더 풍부하고 다양하다는 것을 과학은 가르쳐 주고 있습니다. 검고 단단한 돌덩이에서 눈이 번쩍 뜨이는 여러 가지 금과 은, 철 등이 얻어지고, 눈으로 볼 수 없는 원자에서 거대한 에너지가 얻어집니다. 하지만 세계는 이렇게 한 부분 한 부분 떼어놓고 하나하나 설명할 수는 없습니다. 그러나 세계라는 전체 속에 부분 부분이 들어 있는 것이고 이 부분이 모여서 전체가 되고 부분은 전체의 한 부분이기도 하는 것입니다. 여기서 우리는 세계가 '전체와 부분'이 대립 상태로 존재하고 있으면서 서로 상호작용[65]하면서 존재한다는 것은

65) ▶ 상호작용(相互作用 ; 독 Wechselwirkung, 영 interaction) 사물이 서로

아무도 부정할 수 없을 것입니다.

우리가 살고 있는 이 지구에는 건물도 있고 자동차도 있습니다. 그리고 옛날보다 인구가 늘어나고 있습니다. 하지만 지구의 무게가 달라졌다는 이야기는 없습니다. 바로 질량불변의 법칙에 의해서 생과 사의 순환운동에 의하여 사람이 늘어나면 다른 생물이 줄어들게 됩니다. 나무가 줄거나 사람이 늘거나 고층건물이 늘어날지언정 지구의 무게는 변하지 않습니다. 한쪽에서 자연환경이 파괴되어 새로운 것이 생성되면 또 다른 생물이 멸종하여 가기 때문입니다. 공룡이 너무 많고 너무 커서 먹을 것이 없어져 멸종하였듯이 사람도 자연이 파괴되어 먹을 것이 없어지면 병들고 죽게 될 것입니다.

산에 토끼가 없어지면 사냥개는 잡아먹게 된다는 중국의 고사성어(故事成語)처럼 우주에 존재하는 모든 것은 대립적인 것이 없어지면 같이 없어집니다. 가정(家庭)이란 남자와 여자가 만드는 것이지만 서로 이혼하면 이제 가정이 없어지듯이 상대가 없어지면 같이 없어집니다. 이처럼 지구상에 이러한 여러 변화가 있음에도 지구의 무게는 변하지 않습니다.

그리고 모순과 대립에는 유물론적 입장과 관념론적 입장이 있습

원인이 되거나 결과가 되기도 하며 서로 작용하고 만나는 것으로, 역학에 있어서는 작용과 반작용, 생물체에 있어서는 모든 기능의 상호작용, 사회 현상에 있어서는 토대와 상부구조 등이 그 두드러진 예이지만, 우주내의 모든 존재는 서로 연관되며 제약하는 상호작용의 관계에 있다. 개개의 현상을 이해하기 위해서는 그것들을 보편적인 연관으로부터 고립시켜 관찰할 필요도 있겠지만, 이 경우에는 교대(交代)하고 변전하는 현상의 한 쪽은 원인으로 다른 쪽은 결과로서 나타난다.—『철학대사전』

니다. 기독교인들은 "우리는 누구에 의해서 태어났는가?" 묻고는 "바로 부모에 의해서 태어났다. 부모는 또 누구에 의해서 태어났는가?" 하고 묻습니다. 이처럼 누군가가 우리를 세상에 나오게 하였듯이 이 세계도 누군가에 의하여 창조되었을 것이라고 주장합니다. 그러면서 '그 창조자는 누구인가?' 하는 문제로 이어집니다. 그 창조자는 세계라는 물질적 존재를 만들었을 것이고 그 창조자는 아마 물질적 존재가 아닌 정신적 존재가 되는 것이 타당할 것입니다. 다시 말해 정신적인 존재로서 귀신이나 영혼과 같은 것을 상정하여 신(God)이 세계를 창조하였다고 주장합니다. 이는 말할 것도 없이 '종교'를 의미하는 것입니다.

이처럼 정신이야말로 근본적이고 영원한 존재이고 지상에 존재하는 모든 물질이라는 존재는 정신에 의해서 만들어진 산물이라고 주장하는 세계관을 철학에서는 지금까지 관념론(Idealism)이라고 부르고 있습니다. 바로 관념론과 종교는 세계의 창조를 여러 가지 형태로 주장하고 자연의 배후에 초자연적인 자연의 창조자를 인정한다는 점에서 본질적으로 일치하고 있습니다.

이와는 반대로 우주나 세계는 영원한 옛날부터 존재했고 인간이 없던 시대에도 세계는 존재했다는 주장이 있습니다. 또한 항상 존재하는 모든 것은 서로 대립(관계)되어 있거나 통일되어 있으며 정신(의식)이란 것은 생물이 발생한 이후에야 비로소 발생했다고 보는 입장을 가리켜 우리는 진보적 사관(史觀), 또는 실천철학이라고 부릅니다. 바로 정신이란 살아 있는 생물이 지니고 있는 뇌에 의해서 갖는 기능이기에 뇌를 떠나서는 존재할 수 없습니다. 바로 뇌사 상태란 정신이 없는 경우를 말합니다. 따라서 귀신이나 영혼 따위는 존재하지 않는다라고 주장하는 이 세계관을 철학에서는 유물론(Materialism)이라고 부르고 있습니다.

실용주의 학자 중에는 하나님도 있다고 해야 하겠고, 인간도 존재하기 때문에 둘 다 지지하는 논리도 내세운 경우도 존재합니다. 즉 정신도 육체도 영원한 것이라고 하면서 이원론(二元論)을 내세우는 사람이 바로 이런 사람들입니다. 하지만 이 또한 관념론으로 빠지게 되는 모순을 지니고 있습니다.

유물론은 경험론과 함께 실천적 삶 속에 현재까지 가장 강력한 철학으로 자리 잡고 있고, 관념론 역시 실생활과는 떨어져 있지만 종교와 함께 아직까지도 유력하게 영향력이 있는 철학입니다. 이와 같이 대립하는 두 가지 세계관은 유물론적 세계관을 주장하는 경우는 진보적 입장에 있고 관념론을 대변하는 경우는 보수적 입장으로 이 세계를 대변해 내고 있습니다.

진보적 입장에 있는 사람들은 휴머니즘을 토대로 한 노동운동과 환경운동, 평화운동 등을 지도해 내며 세계를 변혁시키려고 하고 있으며, 보수적 입장의 사람들은 오랜 지배구도와 사회체제를 고수해 내기 위하여 보수적 입장을 대변하는 종교적 도덕과 윤리를 토대로 하여 자기들의 입장을 지켜내고 있습니다.

우리가 여기서 단어만으로 유물론을 물질주의라거나 물욕주의라고 생각하는 것은 잘못입니다. 또 관념론을 이상주의나 정신주의처럼 생각하는 것 역시 잘못입니다. 여기서 또 주의할 점은 두 세계관이 대립하고 충돌하고는 있으나 서로 상대적이어서 고정된 경계선은 없다고 보아야 한다는 것입니다. 왜냐하면 유물론은 관념론으로 관념론은 유물론으로 상호이행하면서 발전하고 있기 때문입니다. 하지만 인간은 누구나 자기의 입장을 가지고 좋아하는 사상을 지지할 수 있는 것입니다.

그러나 우리나라는 아직까지도 한 가지 입장만을 지지하도록 강요하여 오고 있는 것이 있습니다. 바로 반공이데올로기입니다. 한편에서는 중국 공산당 주석 시진핑이 한국을 방문하였지만 다른 내면에는 공산주의자를 때려잡는 국가보안법이 공존하는 우리나라는 분명 아직은 사상의 자유가 어정쩡한 불행한 나라입니다.

아직까지도 거의 모든 대학교에서는 실용주의적 방법으로 유물론적 학업을 지탱하고 있을 뿐 어느 대학에서도 유물론 철학에 대하여 드러내놓고 교육하는 대학은 없습니다. 하지만 이러한 모순은 헤겔의 말처럼 스스로 점점 해결되어 가고 있습니다. 바로 2014년 진보 교육감의 대거 당선이 이런 상황을 스스로 해결하게 하는 능력인 것입니다. 2017년에는 대통령 탄핵도 있었습니다.

이처럼 존재하는 모든 것은 대립하면서 스스로 모순을 해결하며 발전하여가는 대립성을 지니고 있습니다. 모순을 해결한다는 건 한 단계 업그레이드된다는 걸 의미합니다. 즉 앞 단계를 부정한다는 건 폴더폰을 부정하고 더 좋은 스마트폰으로 발전하듯이 바로 앞 단계의 모순된 기술을 토대로 더 좋은 4차 산업 기술로 진행하는 일과 같은 이치입니다.

헤겔은 이를 모순이라고 말하였습니다. 그리고 모순은 그 모순을 스스로 해결하려고 하는 의지에 의해서 스스로 해결된다는 것입니다. 우리나라말에도 옛날부터 창과 방패는 서로 반대이듯이 창 모(矛), 방패 순(盾)이라 하여 서로 반대되는 대립 관계를 모순이라고 하였습니다. 국어사전적 의미로는 말이나 행동의 앞뒤가 서로 맞지 않을 때 모순이라고 말합니다. 그러나 철학적 의미에서의 모순은 두 개의 명제가 동시에 참이 될 수 없는 상태, 또는 두 개의 명제가 동시에 거짓이 될 수 없는 상태를 말합니다. 우리 인간은 누구나 모순을 지니고 있습니다. 물론 스스로 자신은 아무런 모순이 없다고 하는 사람도 있습니다. 이런 사람은 두려움도 없고, 스스로를 항상 옳다고 주장합니다. 그러나 이런 사람이야말로 자신의 모순을 모르기에 스스로의 약점을 알고, 두려움을 가지고 위험에 대비하는 사람에게 무너지고 만다는 건 앞에서 주인과 노예를 통해 살펴본 바 있습니다. 따라서 헤겔에게 있어서 모순이란 위대하며 동시에 모순이란 성공과 발전을 의미하는 것입니다. 그러므로 존재하는 모든 것은 모순되어 있기 때문에 변화한다고 주장하였고, 변화하지 않는 것은 모순이 해결되었기 때문에 더 이상 발전할 수 없다고 하였습니다. 그러나 헤겔은 존재하는 모든 것은 모순되어 있다고 하였습니다. 이 부분에 대해서는 「제5장 변증법이란 무엇인가」에서 다시 살펴보기로 하겠습니다.

관념론에 대한 잘못된 생각

철학에 관심이 있는 분이라면 유물론과 관념론이라는 말을 들어 보셨을 겁니다. 일반적으로 관념론이라고 하면 물질을 무시한다고 보는 사람이 많습니다. 그리고 유물론자들은 정신을 무시한다고 생각하는 사람들도 있습니다. 그러나 이는 극히 형식논리학적 사고방법이자 세계를 고정·불변으로 보는 형이상학적 사고입니다. 오늘날 유물론자라고 하여 정신을 무시하는 경우는 이 세상 어디에도 없습니다. 오히려 유물론자들이 더 높은 의식화된 고급사회 건설을 위해 노력합니다. 바로 유물론자들이 주장하는 사회주의 사회는 인간의 의식이 한 단계 더 발전한 상태에서만 진행될 수 있습니다. 분명 봉건주의 사회보다는 자본주의 사회가 한 단계 발전한 사회구성체이듯이 인간복지와 생명의 존엄성을 내세우는 사회주의 사회는 더 많은 것을 양보하고 더 많은 것을 나누어야하는 사회체제인 것만은 틀림이 없습니다. 이런 사회는 서로가 서로를 돕는 최고의 미덕이 없이는 불가능합니다.

그리고 역시 관념론자들이라고 해서 물질을 방기하지 않습니다. 더 큰 교회 건물을 짓기 위하여 더 많은 물질을 필요로 합니다. 이러한 생각은 그 사람의 머릿속에서 나오고 있습니다. 많은 상상력과 사고는 창조적 정신을 배가시킵니다. 어떤 일을 할 때 머릿속으로 설계도를 생각해 내고 건물을 짓습니다. 바로 훌륭한 사고는 그 사람의 관념에 의해서 결정되는 것은 확실합니다.

단지 유물론자들이 주장하는 것은 모든 것은 **존재가 의식을 결정한다**라는 것입니다.66) 예를 들어 '맹모삼천지교'(孟母三遷之敎)라

는 유명한 말이 있습니다. 즉 맹자를 변화시키기 위해 맹자의 어머니가 세 번 이사했다는 뜻입니다. 인간의 성장하는 과정에 있어서 그 환경이 중요함을 가리키는 말로 다시 말하면 인간의 정신은 장소에 따라서 생각이 바뀐다는 뜻입니다. 교육학에서 이야기되고 있는 환경설(環境說)이나 장설(場說)이 바로 여기에 해당합니다. 이를 유물론적 인식론이라고 말합니다.

이처럼 사람의 생각이 주변의 물질적 상황(환경)에 따라 바뀐다고 보는 것을 **존재가 의식을 결정한다**와 같이 설명하는 것이 바로 유물론적 입장입니다. 모든 사람은 오감을 통하여 뭔가를 보고, 듣고, 만지고, 느끼고, 그것을 베낀다고 하는 것, 즉 모사설(模寫說, copy theory)이란 것도 유물론적 입장입니다. 물론 플라톤도 상기설(想起說)이란 걸 말하며 "외부의 사물에서 미립자가 날아와서 인간 속에 그 사물의 영상을 만든다"고 했습니다. 그러나 모사설은 사람의 마음은 거울과 같아서, 사람의 마음과는 독립해서 존재하는 외부의 모습을 그대로 복사하여 우리 머릿속으로 가지고 들어오는 것을 말합니다. 바로 교회의 어떤 목회자가 교회를 짓고 싶다는 생각을 할 수 있도록 하는 것은 주변의 자연 현상이나 다른 교회 등에서 교회를 짓는 것을 보거나 들었을 때 큰 교회를 지을 생각을 한다는 것입니다. 즉 외부 물질로부터 영감을 얻어낸다는 주장입니다. 그리고 그러한 생각은 머리, 즉 **뇌**라는 물질 속에서 나오고 있

66) ▶ 칼 맑스 지음, 김호균 옮김, 『정치경제학비판을 위하여』(중원문화, 2017), 9쪽.

다는 것을 상기하라는 주장입니다. 에너지보존의 법칙에서 알 수 있듯, 없는 것에서 있는 것을 생산할 수 없다는 주장과 같습니다.

이처럼 유물론 철학은 이제 유물론이란 말은 쓰이질 않고 우리 생활 속에 실천이라는 단어로 자리 잡고 있는 것입니다. 한편 영미 철학에서는 유물론을 물리주의라고도 말합니다. 다시 말해 오늘날은 현실에 대한 기초를 알지 못하고는 아무것도 할 수 없습니다. 하지만 전체적으로, 유물론적인 입장이 또 기초론적으로 맞는다고 해서 관념론자가 주장하는 부분이 모두 옳지 않다고 해서는 안 됩니다. 그런 점에서 뛰어난 관념론자의 설명이 대단히 필요합니다. 잘못된 정치적 활동이나 노동운동에서도 또 지난 세월호 사건으로 알 수 있듯이 사이비 종교에서도 전체적으로는 문제가 있지만 배울 만한 점이 있기에 사람들이 따르는 것입니다.

자연과학자들은 자연 그 자체로부터 설명하고 있으며 자연의 배후에 자연의 창조자가 있다는 것 등은 인정하지 않습니다. 사회과학이나 인문과학에서도 '영혼'이나 '정신'을 끌어들일 필요가 전혀 없습니다. 다만 여기서 우리는 관념론과 유물론이라는 두 가지 세계관이 서로 대립하고 있다는 것과 이러한 대립물은 서로 상호작용하고 싸우며 공존한다는 사실입니다. 이처럼 양측으로 나뉘어져 대립하고 있는 것을 증명하는 학문을 철학에서는 '변증법'이라고 부릅니다. 변증법(辨證法)의 변(辨) 자는 나눌 변(辨) 자로 세계가 나뉘어져 있음을 증명한다는 것으로 이해하는 것이 일단은 쉬울 것입니다. 변증법이란 이론은 유물론자들이 아니라 반대로 헤겔이라는 관념론자인 독일 철학자가 제일 처음 사용하였습니다. 그런데 오늘날 우리는 유물 변증법, 또는 변증법적 유물론으로 해서 '변증법'이란 말이 공산주의자들의 독점물이 된 것으로 알고 있는데 이것은 잘못된 생각입니다. 바로 유물 변증법의 반대편에는 헤겔이 주장한 관념 변증법도 있기 때문입니다.

헤 겔

유물론과 관념론은 서로 다투는 것이라고 생각하고 무조건 싫어하는 얼굴을 하는 사람들이 있습니다. 그러나 유물론과 관념론은 상호 교류합니다. 인간이 환경에 의해서 마음이 바뀌기도 하지만 바뀐 마음이 환경을 개선하기도 합니다. 선거 때만 되면 "나는 어느 당도 지지하지 않는다. 이놈이나 저놈이나 모두 같다"라거나 또는 "이념적 색채논리는 관심 없다"라고 말합니다. 하지만 이미 이 사람은 지지하는 곳이 없다는 것 자체가 또 하나의 무소속 같은 곳을 지지하기 위한 일종의 파벌이라고 해야 합니다. 바로 이런 사람은 주변 환경에 의해서 다른 마음이 생겼지만 그 새로 생긴 마음으로 다시 내가 선택할 후보를 찾게 됩니다.

때문에 모든 사람은 정치적일 수밖에 없습니다. 나는 야당도 싫고 여당도 싫다는 말 속에 어느 당도 지지하지 않는다는 정치색을 이미 깔고 무소속이라는 동조자를 찾고 있는 것입니다. 이것을 이데올로기(Ideology)라고 합니다. 이데올로기란 철학, 정치, 도덕 등에서의 자기가 좋아하는 견해나 성향 등을 말하는 것으로 사람에 따라 여러 입장을 지닐 수 있습니다. 그리고 이러한 이데올로기는 자신이 처해진 상황에 따라서 변하게 됩니다. 그리고 변한 이데올로기가 다시 환경을 변화시킵니다. 선거 때마다 이변이 일어났다는 소리가 종종 들립니다. 이는 여론과 지지하는 사람이나 정당이 다르기 때문에 일어나는 현상입니다. 때문에 중립이라고 주장하는 사람들은 자기의 이해관계에 따라서 여당과 야당을 매개하면서 정치에 커다란 영향을 주고 있다는 사실을 알아야 될 것입니다.

다음 장부터는 이러한 세계를 합리적으로 인식하기 위한 기초적 과학으로서 변증법을 공부하여 보기로 하겠습니다. 왜냐하면 변증법은 지금까지의 모든 철학을 일격에 쓰러뜨리고 자연과 사회를 꿰뚫는 가장 근본적인 법칙성을 탐구하는 철학이고 세계관이라고 얘기할 수 있기 때문입니다. 다시 말해 요즘 제4차 혁명과 함께 세계를 강타하고 있는 분석철학까지도 거침없이 받아들이고 영향을 주는 있는 철학이 바로 변증법이기 때문입니다.

5. 변증법이란 무엇인가?

156 걸어 다니는 철학

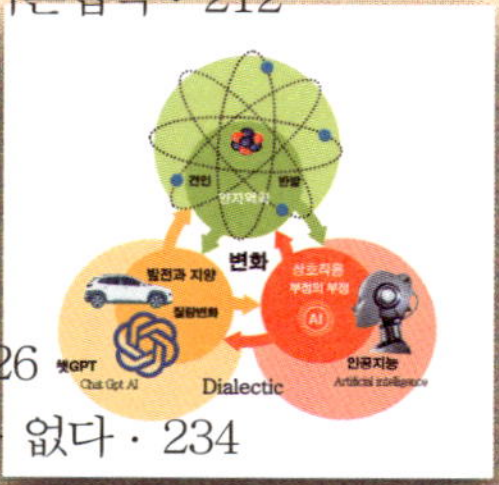

대립이란 무엇인가

대립이란 무엇인가? 우선 독자 여러분들의 이해를 돕기 위하여 앞에서도 살펴보았지만 우리가 쉽게 알 수 있는 형식 논리학적인 예를 들어보겠습니다. 여자와 남자, 남과 북, 좌측과 우측 등과 같이 서로 반대되는 관계를 대립이라고 말합니다. 그러나 대립하고 있어도 변화할 수 있는 경우도 있습니다. 남한과 북한, 생(生)과 사(死)라든지 많다와 적다, 밉다와 예쁘다, 창과 방패, 일등과 꼴찌, 크다와 작다, 적과 아군, 우리 팀과 상대 팀, 진리와 거짓, 선과 악, 위와 아래, 가능성과 현실성, 우연성과 필연성 등처럼 그 한계를 분명히 구분할 수 없는 경우가 바로 그러한 경우입니다. 남한과 북한은 적이지만 통일되면 적이 아닌 통일된 한 나라가 됩니다. 생과 사의 경우, 살아 있는 것은 죽기 때문에 살아 있는 것이 죽으면 통일된 하나가 될 수 있습니다. 우리나라에서는 아무리 추녀라도 그보다 더 미운 사람들의 나라에서는 미인이 될 수도 있고 수술하여 미인이 될 수도 있습니다.

또 시대에 따라서 진리가 변하기도 합니다. 조선시대의 성리학의 삼강오륜[67]이나 도덕적으로 선행 표창 대상이던 사람이 오늘날 잘못하면 바보가 되기도 합니다. 과부가 재가하지 않으면 열녀문(烈女門)을 세워주었던 조선시대 성리학을 토대로 한 윤리는 이제 가소로운 옛날이야기 거리에 불과합니다.

또한 하늘과 땅의 차이로 살았던 조선시대의 봉건적 제도는 이제 쓸모없는 것이 되었습니다. 요즘 들어 급격하게 변하는 것이 성(性)에 대한 윤리인 것 같습니다. 과거에는 생각지도 못할 혼전 성관계가 이제는 아주 당연하게 받아들여지고 있습니다. 그래서 진리는 항상 변하는 것이고 존재하는 모든 것은 변화한다고 말합니다. 선과 악 역시 시대와 상황에 따라서 변화할 수밖에 없습니다.

---

67) ▶ 삼강 ; 군위신강(君爲臣綱) · 부위자강(父爲子綱) · 부위부강(夫爲婦綱)을 말하며 이것은 글자 그대로 임금과 신하, 어버이와 자식, 남편과 아내 사이에 마땅히 지켜야 할 도리이다. 오륜 ; 오상(五常) 또는 오전(五典)이라고도 한다. 이는 『맹자』(孟子)에 나오는 부자유친(父子有親) · 군신유의(君臣有義) · 부부유별(夫婦有別)) · 장유유서(長幼有序) · 붕우유신(朋友有信)의 5가지로, 아버지와 아들 사이의 도(道)는 친애(親愛)에 있으며, 임금과 신하의 도리(道理)는 의리(義理)에 있고, 부부 사이에는 서로 침범치 못할 인륜(人倫)의 구별이 있으며, 어른과 어린이 사이에는 차례와 질서가 있어야 하며, 벗의 도리는 믿음에 있음을 뜻한다.— 이선호 지음, 『노령사회를 위한 철학』(이포출판사, 2013), 423~426쪽.

서로 반대되고 대립하는 관계를 우리는 모순(矛盾)이라고 불렀습니다. 헤겔도 서로 반대[68]되고 모순되는 것을 대립이라고 말합니다. 그리고 그 "대립물은 항상 상호투쟁하고 상호전화한다"고 주장합니다. 모순된 것은 항상 그 모순을 해결하기 위해서 끊임없이 운동하고 변화하려 합니다. 때문에 존재하는 모든 것은 모순(대립)되어 있기 때문에 변화하고, 변화하기 때문에 더 높은 단계로 발전한다고 하면서 이를 지양(止揚)한다는 말로 표현합니다. 지양한다는 말 역시 억제시키면서 올라간다는 두 가지 뜻을 지니고 있습니다. 헤겔이 구사한 독일어 역시 지양(Aufheben)으로 '부정하다와 높이다'라는 두 가지 뜻을 동시에 지니고 있습니다. 서로 반대[모순, 대립]되는 의미의 단어가 한 단어로 결합되어 존재하는 것입니다. 이는 더 높은 단계로 발전하여도 항상 앞선 것의 기초 위에서만 발전한다는 의미입니다. 이처럼 서로 대립하면서 발전하는 것을 헤겔은 '변증법'이라 말하고 이를 사용하여 세계를 해석하고 변화를 이끌어 냅니다. 그 자신이나 후세 사람들은 세계 내에 존재하는 모든 사물을 나누어서 증명하였다고 하여 그의 철학을 변증법(辨證法) 철학이라고도 부릅니다.

그런데 사실 이 변증법이란 어원은 이미 그리스 고대철학에서 등장하고 있습니다. 당시에는 두 대화 상대가 서로 다른 반대 의견을 가지고 '대립'하며 '토론'한다고 하여 변증법(辯證法)이라고 하였습니다. 서양에서는 오늘날까지 대화를 의미하는 단어 dialectics

68) ▶ 분석철학에서는 반대와 모순을 확실하게 구분합니다.— 저자 주.

로 통일되어 있고, 동양에서는 일본의 경우 말씀 '변'(辯) 자를 사용하여 역시 두 상대의 대화를 의미하는 말로 사용되고 있으나 우리나라에서는 나눌 '변'(辨) 자를 사용하여 '辨證法'이라고 쓰고 있습니다. 즉 '존재하는 세계는 나뉘어져 있다'는 확실한 표현이 되겠습니다. 하여튼 변증법이란 서로 대화를 하든 대립하든 두 개의 존재가 상호 함께 공존한다는 의미를 내포하고 있습니다. 엥겔스는 그의 저서 『자연변증법』에서 '변증법이란 파트'를 만들어 변증법에 대하여 설명합니다.

그럼 이제 여러분 주변에는 어떠한 것을 대립이라고 할 수 있는지 형식논리적이든 변증법적이든 한번 생각하는 시간을 갖도록 해

보십시오. 누구는 적, 누구는 친구, 누구는 이도 저도 아닌 사람 등등이 있을 것이고 어느 물건은 당장 필요하기도 하고, 어느 물건은 겨울이 되어야 필요한 물건 등 다양하게 대립하고 있는 양상이 많다는 것을 발견할 수 있을 것입니다.

어느 것은 필요에 따라서 대립의 강도가 강하고 어떤 경우는 관심이 없는 경우도 있습니다. 어느 집에서나 있을 수 있는 현상이 하나 있습니다. 월드컵을 치를 때는 축구시합을 보고 싶어 하는 남편과 연속극을 보고 싶어 하는 부인이 서로 TV 리모컨을 가지고 뺏고 빼앗기고 하는 경우가 있습니다. 하지만 축구시합이 우리와는 별로 상관없는 나라와의 경기일 때는 남편이 리모컨을 아쉽지만 쉽게 양보할 수 있습니다. 하지만 우리나라와 관계가 있는 게임이면 양보할 수 없는 리모컨 경쟁이 생깁니다. 즉 대립의 강도는 상황이나 이해관계에 따라서 달라질 수 있다는 것입니다.

내용과 형식, 본질과 현상, 견인과 반발, 보편성과 개별성, 원인과 결과, 질과 양, 이론과 실천, 우연성과 필연성, 가능성과 현실성, 생산과 소비, 자본가와 노동자 등등 수없는 대립물들이 이 세계에는 존재하고 있습니다. 이러한 대립관계는 상황이나 역사적 현실 앞에서 언제나 그 강도가 다른 대립관계로 몰고 갈 수도 있습니다. 오늘날 자본가들과 노동자들의 대립관계가 그렇습니다. 자본가들은 '무노동 무임금'의 구호를 외치고 있습니다. 그러나 노동자는 당연히 상품교환의 원칙에 따른 임금지불을 요구하게 됩니다. 이 싸움은 자본의 학대에 대한 노동력이라는 상품 소유자의 정당방위라고

말할 수 있는 대립관계입니다.69)

또한 모든 대립과 투쟁에는 그 원인이 있고, 언젠가는 그 원인이 결과로 해결되게 되어 있습니다. 해결되지 않는 대결이나 모순, 또는 대립은 없습니다. 이 또한 우리 인간이 해결해야나가는 일이고, 해결할 수밖에 없습니다. 그래서 철학은 항상 우리 속에 내재되어 있다고 할 수 있습니다. 제4차 혁명에 진입하면서 요즘 미국의 분석철학도, 물론 아직도 유물변증법에 대해서는 수용하지 않고 있음에도 불구하고 바로 서구나 동양의 철학들과 대립과 투쟁을 통한 과정 속에서 발전하고 있는 것입니다. 변증법은 그림과 같이 모든 것을 탄력적으로 수용하며 상호작용하며, 상호침투하고, 질과 양을 통해 변화하면서 발전합니다.

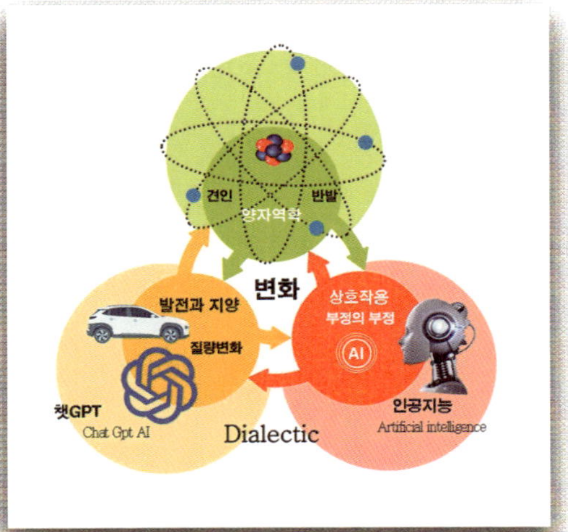

69) ▶ 황태연 지음, 『21세기와 자본론』(중원문화, 2023), 231쪽.

대립과 모순은 어떤 차이점이 있는가?

헤겔은 그의 『논리학』(*Wissenschaft der Logik*, 1812~1816)에서 대립과 모순의 범주를 논하고 있습니다. 그리고 거기에서 대립과 모순을 분명하게 구분 짓고 있습니다. 헤겔은 대립이란 타자, 즉 상대가 존재하는 한에 있어서만 존재한다고 말합니다. 그리고 대립물은 독자적 자립적인 존재로 규정합니다. 또 모순은 변증법의 기본 범주이고 모든 존재는 운동·변화·발전의 근본을 이룬다고 말합니다.

칸트의 경우는 대립과 모순을 서로 다른 개념으로 설명합니다. 대립이란 바로 서로 대립하는 것의 한편이 다른 편에 의해 정립되어 있는 것을 폐기하는 관계이지만, 모순이란 동일한 것에 대해 무언가가 긍정되는 동시에 부정되는 것을 말합니다. 다만 대립에는 논리적 대립, 실재적 대립, 칸트의 변증론적 대립 등 3가지가 있다고 주장합니다.

칼 맑스와 프리드리 엥겔스는 대립과 모순을 확실하게 구분하려고 하지 않았습니다. 그리고 "완전히 밝은 것은 어두운 것과 같다." 또는 "양극은 일치한다"라는 말과 함께 대립물은 서로 제약하고 만나는 불가분의 관계에 있다고 말합니다. 이것은 대립은 서로 돕고 만나 조화하고 있다는 것으로 차라리 대립의 통일은 영원하다고 할 수 있습니다. 대립의 정도가 심각해져 현실적으로 위험수위가 되었을 때를 모순이라고 말하기도 합니다. 그리고 모순이 심화되면 대립물은 상호 전화한다고 주장합니다.

이처럼 학자에 따라서 여러 가지 견해가 있습니다. 그러나 대부분 모순이란 대립이 진행하다가 일어나는 극한의 단계, 즉 상호침투[70]의 단계를 모순이라고 주장하는 쪽의 의견이 강세를 보이고 있습니다. 그러나 모순이 진행하여 발전한 상태를 대립이라고 규정하는 사람들의 의견도 만만치 않습니다.

---

70) ▶ 상호침투(相互浸透; 독 Durchdringung der Gegensatze) 엥겔스는 이것을 그의 『자연변증법』에서, 변증법을 구성하는 세 가지 근본 법칙 중의 하나로 들고 있다. 레닌이 '대립물의 통일'이라고 부른 것과 거의 같은 내용이다.—『철학대사전』에서 요약.

모순이 발전하여 대립이 되든지, 대립이 진행하여 모순이 일어나든지 어느 쪽이 맞든 대립물은 상호작용한다는 사실입니다. 물리학에서는 모든 사물에 대립이나 모순이 존재한다는 것을 문제로 삼을 때 "그것을 불변하는 것으로 파악하고 변화하지 않는 것으로 보느냐?" 아니면 "발전하고 변화하는 것으로 보느냐?"가 더 중요하게 봅니다. 앞의 '불변하는 것으로 파악하고 변화하지 않는 것'의 경우는 모든 변화를 하나님에게만 의존하는 형이상학적 견해이고 후자의 '발전하고 변화하는 것'의 경우는 스스로 모순을 해결해 가는 인간적, 자연적, 실천적, 진보적 사고방식입니다.

헤겔은 변화와 발전을 언급하면서도 역시 국가가 모든 경제적 · 정치적 모순의 해결사라고 주장합니다. 그러나 칼 맑스는 대립이 현실적 대립인 이상 화해될 수 없다는 것을 증명하고 대립의 '매개', 특히 화해라는 헤겔 특유의 사상을 배척합니다.71)

그러나 조화 · 균형 · 통일과 부조화 · 불균형 · 불통일을 모순으로 보는 경우가 있는데 이것은 잘못된 견해입니다. 조화에 대하여 부조화, 균형에 대하여 불균형, 통일에 대하여 불통일이 대립의 범주인 양극(兩極)으로서, 동시에 불가분의 관계로 있는 것을 저버린다면 그것은 변증법을 버리는 것이나 다름이 없기 때문입니다.72)

그리고 여기에서 말하는 부조화 · 불균형 · 불통일은 변증법에서 말

71) ▶ 러시아과학아카데미연구소 엮음, 황세연 편역, 『세계철학사』(도서출판 중원문화, 2023), 제3권, 48쪽.

72) ▶ 황세연 지음, 『변증법이란 무엇인가?』(중원문화, 2014), 285~286쪽.

하는 모순에 속할 수 없다는 점에 주의해야 할 것입니다. 다시 말하면 참된 모순이란 이와 같이 부조화·불균형·불통일과는 다른 성질의 것으로, 차원을 달리하는 것이기 때문입니다.

다만 우리가 주의할 것은 모순이 헤겔의 말처럼 모든 운동·변화·발전의 근본을 이룬다는 점에서는 의의가 없으나 모순을 사물·체계 등 객관적 실재에서 찾아야 하는데 관념론적 입장으로 모순을 사물의 내부에서 찾든가, 아니면 형이상학처럼 사유의 영역에서만 존재한다고 생각하면 안 된다는 점을 분명히 해두고 싶습니다. 왜냐하면 모순은 사회발전의 원동력이기 때문입니다.

엄밀한 의미에서 분석철학도 많은 모순을 내재하고 있습니다. 이미 유물론에서 확인된 바 있는 인식론적 방법들이 분석철학에서 반복되는 경우도 부지기수입니다. 오늘날에 와서야 분석철학도 유물론과 유사하게 변화되고 있지만 이 또한 수많은 모순을 거치면서 여기에 이른 것입니다. 사실 분석철학은 오늘날 인터넷시대, 특히 제4차 혁명 속에서는 반드시 필요한 철학적 내용들이 수없이 나오게 된 것도 바로 이러한 모순을 거치게 되었기에 가능한 것입니다. 미국이 자연과학을 주도하고 분석철학이 맹위를 떨치는 것은 두 학문과 밀접한 관계가 있기 때문입니다.

매개와 연관

존재하는 모든 사물에 대립이나 모순이 있다는 것은 앞에서 누차 설명한 바 있습니다. 그리고 대립이나 모순이 있는 것은 발전하고 변화한다고 하였습니다. 그러나 이 대립은 단순한 대립이 아닌 매개 속에 있는 대립입니다. 매개가 없는 대립은 존재하지 않습니다. 헤겔은 "매개하면서 동시에 매개하지 않는 것은 하늘이나 자연, 정신세계, 그 어느 곳에도 존재하지 않는다"라고 그의 『대논리학』[73] '본질론'에서 주장합니다. 또 유물론자들도 "모

73) ▶ G.W.F.Hegel, 『대논리학』(*Wissenschaft der Logik*, 1812) 헤겔의 『논리학』은 두 종류가 있다. 그 하나가 본서로 통상 『대논리학』이라고 불리고, 다른 하나가 『엔치클로페디』(*Enzyklopädie der philosophischen Wissenschaften*, 1817) 속의 제1부로 쓰여진 것으로 「소(小)논리학」이

든 것은 매개된다." 그리고 "결합되어 있다"라고 말합니다. 변증법은 세계를 연관된 것으로 보기를 주장할 뿐만 아니라 그 연관이 법칙적인 구조를 가진다고 말합니다.

지금 저자는 컴퓨터를 통하여 이 책을 쓰고 있습니다. 그리고 이 컴퓨터는 연필로 글을 쓰는 것이 아니라 자판을 두들겨 글자를 만들어 내고 있습니다. 그리고 글을 쓰기가 싫을 때는 인터넷을 통하여 신문도 보고 E-mail도 확인해 보고 답장도 보냅니다. 또 심심하면 유튜브도 기웃거려 봅니다. 인터넷을 통하여 전 세계를 살펴볼

라고 불린다. 『대논리학』은 『정신현상학』(1807)에 덧붙여 1812년(제1권)에서 1816(제2권) 사이에 집필된 것이다. 『정신현상학』이 최후로 도달한 곳, 즉 '절대지'에서 개념의 자기 전개로서의 논리학에서 헤겔의 변증법은 체계적으로 전개된다.

논리학의 체계는 '존재'(Sein) · '본질'(Wesen) · '개념'(Begriff)의 세 부분으로 구성되고, 이 가운데에 '존재'와 '본질'에 관한 두 부분이 '객관적 논리학'이라고 명명되고, '개념' 부분은 '주관적 논리학'이라 이름 붙여졌다. '존재론'에서는 가장 단순한 규정으로서의 '존재' 혹은 '순수존재'에서 출발하여 소위 존재(存在) · 무(無) · 생성(生成)의 변증법이 설명되고, 이어서 질과 양의 통일로서 '질량'이 논의된다. 이하에서 마찬가지로 '본질론'에서는 자기 자신에서의 반성으로서의 본질과 현상의 통일로서의 '현실성'이, 개념론에서는 '주관성'(협의의 논리학)과 '객관성'(자연철학)의 통일로서 '이념'(정신철학)이 논의된다. 헤겔 논리학(변증법)의 특징은 사유의 형식과 내용을 구별하는 종래의 형식논리학과는 달리 사유의 형식을 실재적 관계(현실형식)로서 취급하는 것이다. 헤겔의 논리학은 사유의 학이자 동시에 존재의 학(존재론)이기도 하다. 또 하나의 특징은 전통적 논리학과 달리 모순이야말로 "모든 운동과 생명의 근본이고, 모든 물체는 그 자신 속에 모순을 가지는 한에서만 운동한다"고 해서 모순의 논리에 의해 존재를 전체로서 파악하려고 한 데 있다.—『철학대사전』에서 요약.

수도 있습니다. 진보적인 「경향신문」과 「한겨레신문」은 물론이고, 미국의 「뉴욕타임스」와 일본의 「아사히신문」도 볼 수 있고, 각 나라의 대학교 입학요강도 볼 수 있습니다. 가끔은 쇼핑도 하고 카드나 게임도 할 때가 있습니다. 그래도 스트레스가 쌓일 때는 271번이나 1651번 버스를 타고 서울 시내 어느 곳이든지 나갑니다. 전철을 타면 더 멀리 갈 수도 있습니다. 물론 가까이에 지하철이 있기에 지하철을 탈 때도 있습니다. 또 고속버스나 KTX 기차를 타면 더 멀리 갈 수도 있습니다. 비행기를 타고 외국도 여러 번 다녀왔습니다. 그리고 자연에 흠뻑 젖어보기도 합니다. 나무 냄새를 맡기도 하고 풀 냄새도 맡습니다. 모든 것들을 내가 만들어 놓은 건 아니지만 편리하게 이용하면서 살고 있습니다. 사람은 이처럼 모든 세계와 연관 속에서 살고 있습니다. 자연적으로도 정신적으로도 연관되어 있고, 사회적으로도 연관되어 있습니다. 연관되어 있다는 것은 매개되어있다는 것을 의미합니다. 따라서 세계는 모두 연관되어 있습니다.

상식적으로 매개라든가 무매개(직접성)라든가 하는 말은 다음과 같은 예를 들어 설명할 수 있습니다. 어느 대학생이 아르바이트를 하고 싶어서 처음엔 아르바이트를 소개하는 인터넷 포털 사이트를 찾아보았지만 마음에 드는 것이 없었습니다. 그때 길을 걷다가 한 '24시간 편의점' 입구에 사람을 구한다는 글을 보고 편의점에서 일을 하게 되었습니다. 반대로 포털 사이트의 구인 광고를 보고 아르바이트를 구할 수도 있습니다. 요즘 어디서나 볼 수 있는 「결혼상

담소」 광고도 마찬가지입니다. 중간 소개업자를 통하여 일을 성사하기도 하지만 또 한편에서는 당사자와 직접 연애를 하기도 하기 때문에 무매개적 관계가 된 것입니다. 헤겔은 이처럼 직접 연애하는 것을 '직접성'이라고 말합니다.

그리고 세계는 매개되어 있으며 동시에 무매개(직접성)되어 있다고 말합니다. 바로 미국의 분석철학도 서양철학과 동양철학의 매게 속에서 탄생한 철학입니다. 그리고 제4차 혁명의 주도권은 분석철학과 심리철학이 발달한 미국이 오랜 동안 맹위를 떨칠 것으로 생각됩니다. 왜냐하면 이미 지적했듯이 자연과학과 밀접하게 관련이 있기 때문입니다. 인공지능과 같은 것도 철학이 이론을 세우고 자연과학이 실천하는 연관 속에 함께 발전하기 때문입니다.

지금까지 우리는 철학을 공부하였고 또 변증법이란 것을 맛보았습니다. 그럼 이제부터는 가장 과학적이고 우리를 지혜롭게 해주는 변증법에 대하여 본격적인 공부를 하겠습니다. 따라서 헤겔과 칼 맑스가 동시에 주장했던 변증법의 3가지 법칙에 대하여 차례차례 살펴보도록 하겠습니다.

헤겔에게서 발견된 세 가지 법칙

헤겔은 그의 철학 저서 중의 하나인 『대논리학』과 『소논리학』에서 변증법의 법칙에 대하여 말하고 있습니다. 우리나라에는 『대논리학』은 임석진 박사님이 번역한 바 있고, 『소논리학』은 전원배(田元培, 1903~1984) 교수님이 번역한 것이 있습니다. 그 책들에는 다음과 같이 기술하고 있습니다. 이것을 국내의 임석진 박사님이 번역한 책에서 발췌하여 옮겨 보겠습니다.

첫째 : 양(量)에서 질(質)로의 전화 및 질에서 양으로의 전화의 법칙.

둘째 : 대립물의 상호침투의 법칙.

셋째 : 부정(否定)의 부정(否定)의 법칙.

이 세 가지 법칙[74]은 모두 헤겔에 의해서 확립된 것입니다. 하지만 기독교의 영향 아래에 있었던 그는 줄곧 관념론적 입장에서 변증법을 이야기하였습니다. 그렇지만 헤겔 역시 그가 살고 있던 현실 속에서 발견한 것들이었습니다. 그의 첫째의 법칙은 『대논리학』 제1부 「존재론」(存在論)에서 전개되었고, 둘째의 법칙은 『대논리학』 제2부 「본질론」(本質論)에서 기술되고 있으며 「본질론」 전체를 차지하고 있습니다. 마지막으로 세 번째 법칙은 「개념론」(概念論)으로 전 세계에 대한 근본법칙을 설명하고 있습니다.

헤겔의 관념론적 입장에도 불구하고 그의 철학이 오늘날에도 칭송받고 있는 이유는 "존재하는 모든 것은 연관(매개)되어 있으며 변화한다"라는 점을 헤겔 이외에는 근대의 어떤 철학자도 주장한 적이 없기 때문입니다. 그러나 현대의 칼 맑스는 그의 유물 변증법에서 모든 사물이 서로 연관되어 있고, 서로 제약하며 매개에 의해서 상호침투하고 있다는 것에 대하여 설명하고 있습니다.

그럼 그토록 이야기해온 대립물의 상호침투라는 것을 이제는 구체적으로 살펴보겠습니다. 우리 『속담사전』을 찾아보면 "싸우는 중에 정이 든다"[75]라는 말이 있습니다. 두 사람은 서로 싸우기 때문에 대립하고 있지만 서로가 서로의 오해나 감정을 풀고 이해하게 된다는 뜻입니다. 축구시합을 하는데 우리와 한 번도 경기를 해보

---

74) ▶ 이 3가지 법칙은 F. 엥겔스도 한국어판 윤형식외 역, 『자연변증법』(중원문화, 2012) 213~245쪽에 걸쳐 언급하고 있다.— 저자 주.

75) ▶ 박태진 지음, 『조선속담사전』(평양과학백과사전출판사, 2012), 전2권 중 제2권, 280쪽.

지 않은 미국 팀이나 케냐 팀들의 전력을 우리는 알 수 없습니다. 하지만 숙적인 일본 팀의 전력은 전 국민이 잘 알고 있는 거와 같습니다. 또 북한의 실정에 대해서 남한만큼 관심을 가지고 있는 나라도 없습니다. 바로 우리와 대립하고 있기 때문에 우리는 북한의 실상을 오히려 더 잘 알고 있는 것입니다. 재일교포인 정대세 선수가 남한 프로 축구팀에서 활약하였지만 지난 2010년 월드컵 당시에는 남한 국적을 거부하고 북한 선수로 뛴 것이 화젯거리가 된 것도 바로 서로 관심이 많기 때문입니다.

그러나 에티오피아 국민이 굶어 죽는다 해도 우리는 왜 그들이 굶는지조차도 모를 수가 있습니다. 그리고 관심도 별로 없습니다. 하지만 북한 주민이 굶는 것에 대해서는 자세히 알고 있습니다. 바로 우리와 대립의 정도가 강한가, 미미한가에 따라 다릅니다.

우리는 항상 두 가지 격렬한 의견이 있을 때나 국내 프로 축구구단이 축구시합을 할 경우 두 팀 중 한 팀을 응원해야 할 경우 내가 응원하는 팀은 반드시 이겨야 되고 반대 팀은 져야 된다고 생각합니다. 논리상 한 팀은 져야 됩니다. 이는 어쩔 수 없이 나타나는 결과입니다. 하지만 두 가지 의견 모두 중요하고 그런 상황(대립)이 없어지고 두 팀을 통합하여 경기를 해야 할 경우 반대 팀에 있었던 선수가 더 필요할 때도 있습니다. 남북한이 단일팀을 구성하는 경우도 이런 논리가 적용됩니다. 또 북한 선수들이 앞으로 상대해야 할 외국 팀의 전력을 더 많이 알고 있을 수도 있기 때문에 의견이 더 필요할 수도 있습니다.

북한과 우리는 대립하고 있기 때문에 학생운동에서 '주사파'라고 하면 국가기관의 단속을 받습니다. 하지만 바로 주사파로 인하여 김일성 주체사상도 일견 알게 되었고, 또 북한사회가 내용적으로 문제가 있다는 것도 알게 되었습니다. 이와 같이 장점이 단점도 될 수 있고, 단점이 장점으로 될 수도 있습니다. 또 지는 것이 이기는 것도 될 수 있고 실패를 통하여 다음의 경기에서는 이길 수도 있습니다.

본질과 현상

본질과 현상은 철학에서 종종 논의되는 대립 형태의 하나입니다. 헤겔은 그의 「본질론」에서 본질은 현상에 대하여 항상 자기주장을 한다고 합니다. 예를 들어 물 컵 속에 꽂혀 있는 젓가락이 휘어져 보이는 모습은 분명 젓가락 본래의 모습이 아닙니다. 이때 본질은 현상에게 바르게 보이라고 주장합니다. 바르게 보여주지 않으면 본질은 현상에게 화를 내고 공격을 하게 됩니다.

우리가 사는 사회 현상도 본질과 달리 참된 것이 가상[76]으로

---

76) ▶ 가상(假象 ; 독 Schein) 다만 그렇게 보일 뿐인 것을 지칭하는 용어. 감각으로 직접 인지되어 사물의 본질이 나타나는 방식의 하나. 이것은 특히 사물의 본질이 부정확하게 왜곡되어 나타나는 것을 말한다. 예를 들면 태양이 지구를 중심으로 돌고 있다든지, 물속에 들어간 막대기가 굽어져 보인다든지 하는 현상이다. 철학적으로 볼 때 사고에 의해 실재가 포착된다는 입장에서는 감각에 나타난 것을 가상으로 간주하며(엘레아 학파

은폐되어 보이는 경우가 있습니다. 하지만 우리는 보이는 현상을 통해서만 본질을 파악할 수 있기 때문에 본질이고 싶어 하는 참된 것을 인식하려고 노력하여야 합니다. 박정희나 전두환 군사정권시절 김대중 전 대통령을 간첩이나 공산주의자라고 매도한 적이 있었습니다. 하지만 본질은 그렇지 않았기 때문에 거짓으로 나타나는 현상과 끊임없이 투쟁할 수밖에 없었습니다. 역시 군부독재시절 정부가 본질을 감추고 학생운동을 탄압하며 박종철 씨 등의 죽음을 은폐하려 하였지만 결국 본질인 박종철 씨 고문치사 사건이 세상에 밝혀지고 군부독재의 장기집권은 막을 내리게 되었습니다.

언젠가 「투캅스2」라는 영화에서 새로 발령받은 형사가 '빠칭코' 등지에서 돈을 뜯고 다니는데, 또 다른 형사가 돈을 뜯는 형사를 가짜 형사로 오인하고 체포하는 장면이 있습니다. 이때 잡힌 형사는 자신이 진짜 형사임을 주장하며 잡혀가는 것을 거부하는 장면이 나옵니다. 이처럼 진짜가 가짜로 잘못 보일 때는 자기의 본질을 본질 그대로 보여주고 싶어 하는 본질이 지닌 성질상 거짓된 현상과 투쟁하게 된다는 것입니다. 이와 같이 서로 반대되는 모든 대립관계는 상호 가장 밀접하게 관계되어 있으며 서로 연관되어 있습니다. 그리고 진실은 거짓으로 거짓은 진실로 상호작용하면서 참된 진실로 지양됩니다.

우리는 모든 일에서 현상보다는 본질을 탐구하려는 자세를 가져

의 경우), 불가지론의 입장에서는 참된 실재란 의식 밑에 있기 때문에 우리는 가상만을 인식할 수 있다고 생각한다.—『철학대사전』에서 요약.

야 합니다. 그것이 바로 우리가 철학 공부를 하는 또 하나의 이유이기도 합니다. 바로 근본적이고 기초적인 것에 의문을 던지고 현상보다는 더 1차적인 본질을 연구하는 자세가 철학하는 자세라고 말할 수 있습니다.

얼마 전 TV에서 「우리 아이가 달라졌어요」란 프로가 있었는데 필자가 곧잘 즐겨 보는 프로였습니다. 이 프로에는 어린아이가 이유도 없이 울고 있다고 판단하고 나무라기보다는 우는 본질적 이유를 알아보려고 노력하라는 메시지를 보냅니다.

또 본질을 알기 위해서는 현상을 통해서만 알 수 있듯이 본질과 현상 중에서 본질만 중요하니 현상은 중요치 않다고 생각하면 안 됩니다. 본질과 현상 두 가지 모두 중요한 것입니다. 이처럼 서로 상대에 대립하고 관계하면서도 독립되어 있는 경우를 철학에서는 '상대적 독립'이라고 부릅니다.

내용과 형식

내용과 형식 역시 사람들 사이에 가장 중요하게 논의되는 것 중의 하나입니다. 예를 들어 마음만 깨끗하면 되지 "빛 좋은 개살구"처럼 보기만 좋고 먹을 수도 없는 과일처럼 겉만 반질하면 안 된다는 주장이 있습니다. 이는 내용이 충실해야 하지 겉치장은 별로 중요하지 않다는 주장입니다. 속담의 "속 빈 강정"이란 말이나 "책이 내용이 없다"라는 말 역시 겉보기만 그럴듯하지 사실은 실익이 없다는 것을 의미합니다.

이에 대하여 말도 안 되는 소리라고 반박하는 사람도 있습니다. "보기에 좋은 떡이 먹기도 좋다"고 하듯이 항상 형식에 신경을 써야 한다고 주장합니다. 형식과 내용, 역시 형식이 내용과 달리 드러날 때는 내용이 형식에 대하여 내용 그대로를 반영하기를 바라고 형식에 대하여 투쟁합니다. 서로 가장 강력하게 대립하는 관계임에도 불구하고 서로는 연관되어 있기 때문에 상호작용하게 되는 것입니다. 현실에 객관적으로 존재하는 모든 것은 형식을 가지고 있습니다. 현실성은 내용과 형식을 동시에 지니고 있는 모습입니다. 이 둘은 항상 분리할 수 없고 한쪽만 존재할 수도 없습니다.

옛날 그리스철학자들 중 견유학파(犬儒學派)라고 불리는 사람들이 있었습니다. 이 사람들은 개와 같은 생활을 하면서 세상의 이치를 깨닫는다고 주장하며 지극히 검소한 생활을 주장하였습니다. 즉 강인한 정신만 있으면 욕망은 억제할 수 있다고 하였습니다.

특히 디오게네스(Diogenes, B.C 412~B.C 323)라는 사람은 걸식생활을 하다시피 하면서 검소하게 살았습니다. 그러나 오늘날 사람들에게 귀감이 되기보다는 미소를 짓게 합니다. 마음만 중요한 것은 아니라는 것입니다. 그들의 겉모습에서 좀 더 인텔리적인 멋을 풍기면서 사람을 계도(啓導)해 냈다면 더 효과가 컸을지도 모릅니다. 하지만 그들의 철학은 개처럼 낮은 자세로 살 때만이 세상의 많은 문제점을 볼 수 있다는 입장의 철학이었기에 그러한 형식을 취하였던 것입니다.

이처럼 내용과 형식 역시 둘 다 중요합니다. “보기에 좋으면 먹기도 좋다”라는 말처럼 사과의 모양이 먹음직스럽게 보였을 때(형식), 맛(내용) 역시 끝내주었기 때문에 ‘성주 사과’라는 명성을 얻게 된 것입니다. 맛이 없는 사과는 분명 ‘성주 사과’가 아닙니다. 물론 다른 곳의 사과도 맛있을 수 있습니다. ‘안성맞춤’도 같은 이치입니다.

디오게네스

형식 없는 내용은 없고, 내용 없는 형식 역시 없습니다. 내용과 형식은 항상 연관되어 있으면서도 서로 연관되어 있지 않은 것처럼 반대되어 있고 상대적으로 독립되어 있습니다.

옛말에 사람은 첫째 외모가 수려해야 하고 둘째는 말을 잘해야 하며 셋째는 글재주가 있어야 된다고 하였습니다. 이것 역시 형식과 내용의 관계를 보여주는 격언이라고 할 수 있습니다. 만약 **형식**

과 내용77)이 일치하지 않는다면 이것은 모순입니다. 이러한 경우 내용과 형식은 또다시 치열한 싸움을 하게 될 것입니다. 본질과 현상이 그랬듯이 형식은 내용을 정확하게 반영해야 합니다. 따라서 자본주의 내에 모순이 있다면 형식은 그 내적 모순을 형식으로 정확하게 보여 주어야할 것입니다.

이론과 실천

이론과 실천 역시 사람들 사이에 가장 중요하게 논의되는 것 중의 하나입니다. 1970년대와 1980년대 군부독재에 항거하던 학생운동 그룹에 학림(學林)파와 무림(武林)파라는 두 조류가

77) ▶ 형식과 내용(形式과 內容, Form und Inhalt) …… 논리적인 범주로서 명확하게 논한 인물은 헤겔이며 유물 변증법에 있어서도 그 기본적인 범주의 하나가 되고 있다. 일반적으로 형식이란 다양한 요소를 통일적인 연관이나 구조에 연결 짓는 것을 말하고, 형식은 내용에 의해서 규정되어지는 요소의 총체를 말한다. 형식과 내용은 서로 모순되고 대립되는 또 동시에 불가분의 관계로서 단지 추상적으로 구별될 뿐이다. 내용은 예컨대 어떠한 형식으로도 주어질 수 있는 조각의 재료와 같은 것으로서 소재나 질료와는 구별되며, 형식도 내용과 무관계한 외적형식과는 구별된다. 형식과 내용은 서로 모순되고 대립함과 동시에 상호규정하고 침투한다. 유물변증법에서는 이러한 상호 관계에 있는 내용을 결정적인 것이라고 생각한다. 발전하는 사물, 예로 생산력(내용)과 생산관계(형식)의 통일로서의 생산 양식의 경우에는 내용이 형식을 결정함과 동시에 형식은 내용에 반작용한다. 형식의 발전은 내용의 발전에 뒤떨어져 양자의 모순이 발전하지만 그 발전의 방식과 해결의 방식은 구체적인 조건에 따라 다르다. —『철학대사전』에서 요약.

있었습니다. 학림파는 문자 그대로 학문적 이론을 습득하여 군부독재와 싸우자는 주장이었고, 무림파는 지금 사람들이 죽어 가는데 그럴 시간이 없다며 군부독재를 타도하는 실천적 운동(데모)을 하면서 경험을 통하여 이론을 갖추면 된다고 주장하면서 학생운동을 주도하였습니다. 당연히 두 조류는 대립을 하게 되었고 무림파는 학림파에게 '겁쟁이'라고 비판하기 시작하였습니다. 이에 대하여 학림파는 무림파에게 "무식한 백정이 사람 잡는다"라고 비판하였습니다.

하지만 의사가 사람의 병을 고치는데 책을 통하여 습득한 대로 사람을 고칠 수 있다면 그보다 좋은 방법도 없을 것입니다. 그러나 이론은 습득했으나 주사바늘을 무서워하고 칼로 수술하는 것을 두려워한다면 의사라고 말할 수 없습니다. 반대로 용기는 있으나 이론 공부를 제대로 하지 못한 의사는 치료 도중 사람을 죽일 수도 있습니다. 훌륭한 의사는 이론과 실천을 고루 갖추어야 되는 것입니다. 그리고 이론과 실천은 서로 상대적으로 독립되어 있지만 종이의 양면과 같이 붙어 있기 때문에 찢으면 함께 찢어집니다. 하지만 이론은 이론대로 실천에 대하여 독립되어 있고 실천은 실천대로 독립되어 있습니다. 서로 상대적 독립 하에 존재합니다.

우리는 실천을 통하여 진리를 발견하고 또 실천을 통하여 진리의 올바름을 입증하고 있습니다. 거기에는 자기 스스로 실천을 통하여 깨닫고 진리를 발견하고 또 발견한 진리를 토대로 자기의 실천을 해나가는 경우도 있습니다. 이러한 실천을 통하여 얻어진 진리를 책으로 만들어 이론을 확립할 수도 있습니다.

또한 인간은 사회적인 활동을 하고 있기 때문에 실천도 사회 속에서 행하여집니다. 이때 타인의 실천과 자기의 실천 사이에 매개관계가 생길 수도 있습니다. 타인이 실천하는 모습을 보고 자신의 진리를 발견할 수도 있으며, 또한 타인이 발견했던 진리를 빌려 자기의 실천으로 확립할 수도 있습니다. 유치원이나 초등학교 아이들의 교육방법이나 교육을 보더라도 이러한 매개관계가 복잡하게 교차하고 있음을 발견할 수 있습니다.

나아가 과학자들은 앞선 사람의 실험 내용을 읽고 그분들의 내용을 소화한 후에 자기 스스로 세운 이론을 그곳에 삼투시켜 가면서 앞선 과학자의 이론을 부정(否定)하고 더 발전되어 나아가게 됩니다. 초등학교 학생이 중학교에 진학하였다고 하여 초등학교 때 배운 것을 버리는 것이 아니라, 초등학교 때의 지식을 기초로 하여 중학교에서 공부하도록 상호작용하는 것입니다. 그리고 초등학교에서 배운 것을 기초적 토대로 하여 계속 더 높은 단계로 올라가게 됩니다. 앞의 것을 부정(否定)하였으나 더욱 많은 지식을 갖추고 이제는 중·고등학교에 진학하고 또 더 많은 지식을 갖추고 이를 부정(否定)하고 대학교에 진학할 수 있는 것입니다. 그리고 대학교육을 통하여 질(質)적 향상을 통하여 양(量)적 팽창을 가져오게 되는 것입니다.

이러한 관계를 알아야 비로소 인식에서 사회적인 성격을 올바르게 파악했다고 말할 수 있을 것입니다. 내가 배운 이론을 정확히 이해하고 스스로 세운 계획을 실천할 때 내가 인식했던 것이 옳고 그른지를 명백하게 알 수 있는 것입니다. 바로 습득된 이론은 이러한 실천이라는 과정을 통해서만 참과 거짓을 알 수 있는 것이고, 이것의 결과에 따라 이 실천을 연구하는 다른 사람의 인식에도 영향을 미쳐서 그들에게 진리를 일깨워 주게 되는 것입니다.

이론과 실천의 통일이라는 것은 전혀 이질적인 것이거나 개별적인 것이 아닙니다. 우리가 이론을 통하여 또는 다른 실천을 통하여 무엇인가를 인식하였을 때 실천이라는 검증과정을 거친다는 것은 그 인식이 옳은가 그른가의 기준을 제시하는 것입니다. 예를 들어 인터넷의 홈페이지 만드는 법을 책을 통하여 배우고, 학원에서 이를 실습하여 이를 확실하게 인식하였다면, 집에 돌아와 다시 실천을 통하여 배운 것을 검증하는 단계로서 배운 것이 옳은지 그른지 실천해 보아야 할 것입니다. 때문에 인식은 바로 실천이고 실천은 바로 인식과 같은 일면을 가지고 있는 것으로 습관들여야 됩니다. 이처럼 인식과 실천의 상호침투 과정을 통하여 우리는 머릿속에 집을 설계하고 컴퓨터로 설계하는 것입니다. 머릿속에 뭔가를 생각하는 것은 바로 창조입니다. 우선 머릿속으로 자동차나 컴퓨터를 창조하여 설계도를 만들고 그 설계도에 따라서 자동차나 컴퓨터를 만들거나 집을 지을 수 있습니다.

그러나 아무것도 인식하지 못한 어린아이가 이러한 것을 창조할 수는 없습니다. 얼마 전 북한 사회과학출판사에서 전2권으로 펴낸 『조선속담사전』(2012)을 보게 되었는데 "하룻강아지가 범 무서운 줄 모르다"는 것을 속담으로 표기하고 있었습니다. 사실은 저자도 이 글이 속담인 줄 몰랐습니다. 그냥 성구(成句) 정도로 알고 있었습니다. 하여간 이 말은 "세상 물정도 모르고 햇강아지가 호랑이에게 달려든다"라는 뜻이라고 되어 있었습니다. 강아지는 태어난 지 하루밖에 안 되었으니 당연히 호랑이가 무엇인지 모르기 때문입니다. 역시 정치에 관심이 없는 사람은 정치가 무엇인지 정치에 왜 우리가 관심을 가져야 되는지를 모르기 때문입니다. 때문에 우리는 이론을 습득하는 것도 게을리 해서는 안 됩니다.

이론과 실천의 관계는 대립관계이자 모순관계입니다. 그 둘 사이에는 항상 '매개'를 통한 검증 과정이 있어야 합니다. 검증되지 않은 이론을 무조건 '좋다!'라거나 '맞다!'라고 해서는 안 되기 때문입니다.

개별 · 특수 · 보편

개별과 특수와 보편의 관계는 철학에서 특히 변증법에서 중요하게 다루어지는 카테고리입니다. 보편성, 특수성, 개별성은 하나하나 따로 떨어져 있는 것이 아닙니다. 실재하는 모든 사물에는 개별성도 있고 특수성도 있으며, 보편성도 함께 있는 것입니다. 예를 들어 나 황세연은 개별적으로 개인적인 '나'이지만 철학자라는 특수성을 가진 사람이며 대한민국 사람들과 함께 어울려 사는 보편성을 지닌 사람입니다. 이처럼 하나의 사물은 개별성과 특수성, 보편성을 함께 지니고 있습니다. 따라서 하나의 물체나 현상을 보고 이것이 보편적이다거나 특수적이라고 말할 수는 없습니다.

또 하나의 예를 들어보겠습니다. 우리나라에는 국무총리가 사는 총리 공관이라는 '집'도 있고 우리들이 살고 있는 아파트도 있으며, 또 부모님이 사시는 저택도 있습니다. 또 강아지가 사는 개집도 있습니다. 하나하나의 '집'은 저마다 존재양식이 다르지만 '집'이라는 점에서는 상식적으로도 납득할 수 있습니다. 이 집들은 개개의 '집'으로 존재하지만 그 중에서도 공통된 점이 있습니다. 우선은 '집'이라는 점에서 보편성을 찾을 수 있습니다. 또 각각 주인도 다르다는 점과 모양 및 개별적인 소유관계에서 개별성을 지니고 있습니다. 하지만 그 집의 용도에 따라서 특수성을 띠고 있습니다. 강아지 '집'은 개가 살고 국무총리 공관은 잠을 자기도 하지만 업무와 접견 등도 할 수 있는 커다란 집무실을 의미하는 국무총리가 사는 '집'입니다. 이처럼 개별성과 특수성과 보편성은 떼어 내려고 해도 뗄 수 없는 관계입니다.

가족이란 부부라는 각각의 개별성과 사람이라는 보편성의 직접적인 통일이고, 양자의 통일이 특수성으로 사회가 이룩된 것입니다. 이처럼 개별성과 특수성과 보편성은 항상 붙어 다닙니다.

대립물의 상호침투의 법칙[제1법칙]

대립과 인간관계

자연과학은 원인과 결과의 연관성, 소위 인과성에 해당하는 것을 문제로 삼습니다. 수소와 산소를 합치면 물이 됩니다. 이것은 누가 해도 그 결과는 똑같습니다. 또 물을 분해하면 수소와 산소를 얻어낼 수 있습니다. 이처럼 원인과 결과가 분명합니다. 원인이 없으면 결과도 없습니다. 또 결과를 분석하여 원인도 밝힐 수 있습니다.

요즘 과거에 민주화운동을 했던 민주화운동가들에 대하여 사회 한편에서는 과거 군부 독재자들의 잘못을 방기하고 있던 방관자 또는 이런 현실을 도피했던 사람들이 이런 분들에 대하여 '과격하다!'거나 '잘난 척한다!'고 하면서 비난하는 목소리가 있습니다. 일종의 대립관계입니다. 하지만 이것은 잘못된 생각입니다. 국민이 독재정부 때문에 고통을 받고 있다면 그 원인은 정부에 있는 것이 확실하지만 이에 대하여 국민이 용납하였다면 그 잘못은 국민에게도 있습니다. 그리고 못된 정부를 국민이 용납하여 그대로 둔다면 결국에는 정부와 국가가 동시에 몰락합니다. 원인과 결과는 이처럼 상호작용하는 관계입니다. 때문에 이를 용납하지 않고 싸운 그분들은 존경받아야 되고, 이에 참여하지 못한 사람은 그분들을 존경하며 자기의 잘못된 처신에 대하여 반성하여야 할 것입니다.

이에 대하여 예를 하나 제시하여 보겠습니다. 역시 우리 속담에 "부부는 닮는다"라는 말이 있습니다. 서로 대립되어 있는 관계인데 닮는다는 말은 어째서일까요? 철수와 민희는 서로 너무 사랑한 나머지 부모님의 의견까지 무시하며 동거를 하기 시작하였습니다. 이 두 사람은 서로 상대적 독립 하에 존재하고 있는 개별적인 각 개인입니다. 하지만 성관계라는 매개 관계를 통하여 서로 사랑을 확인하며 삽니다. 그러나 철수는 민희와 성관계를 너무 자주 요구합니다. 이에 대하여 민희는 남자가 너무나 Sex만 밝힌다고 핀잔을 줍니다. 철수는 그럴 때면 너무 난처해집니다. 혹시 자기가 병적이 아닌가 걱정도 해봅니다. 그러면서도 또 다른 여자를 찾게 됩니다. 그러다 보면 서로 이혼을 할 수도 있습니다.

하지만 조금만 깊이 생각해 보면 다른 해결점을 찾을 수도 있습니다. 즉 서로를 배려하고 상대방 입장에서 이해하려고 하는 마음을 갖게 되면 결과는 달라질 수도 있습니다. 그리고 서로 이해하려고 노력하는 와중에도 의견이 맞지 않으면 싸우기도 합니다. 철수는 365일 동안 성욕을 언제나 지닐 수 있습니다. 그러나 민희는 그럴 수도 있고 그렇지 않을 수도 있습니다. 한 달에 한 번씩 찾아오는 생리주기가 있기 때문에 항상 성욕을 가질 수가 없습니다. 거기다 항상 상쾌한 기분을 가지고 살아가고 있을 수만은 없습니다. 이 때문에 철수와 민희는 서로 불만이 많습니다.

그러면서 철수는 민희에게 영향을 받고, 민희는 철수에게 영향을 받으며 서로의 생각을 자기 것으로 하면서 상호작용하며 전화하게 됩니다. 철수는 민희화하고 민희는 철수화합니다. 그러면서 서로의 생각이 발전하게 됩니다. 철수가 몰랐던 것을 민희를 통하여 알게 되고 민희가 몰랐던 것은 철수를 통하여 알게 됩니다. 이와 같이 대립물이 매개관계로 존재하면서 또 각자가 직접적으로 상대방의 성질을 받게 되는 구조를 가지고 이러한 연관성이 심화되는 형태로 발전이 이루어져 가는 것을 변증법에서는 '대립물의 상호침투'라고 말합니다. 대립물은 대립되어 있으며 동시에 상호 연관되어 있습니다. 이외에도 교사와 학생 사이에 "가르치는 것이 배우는 것이다"라든지 이웃 사이에 "싸우면서 정든다." 등 우리의 격언이나 속담에는 참고할 만한 변증법적인 말들이 많습니다. 시간을 내어 『속담사전』을 훑어보는 것도 나쁘진 않을 것입니다.

견인과 반발

견인과 반발도 대립적인 것입니다. 견인이란 잡아 다닌다는 의미이고 반발이란 서로 밀어낸다는 의미입니다. 예를 들어 강에서 보트를 타고 나가려고 할 때 보트에 탄 사람은 일단 강으로 보트를 밀어내야합니다. 이때 보트에 탄 사람이 노를 가지고 강둑을 밀면 보트가 강으로 나가게 됩니다. 즉 밀어내는 역할과 보트가 강으로부터 떨어지지 않으려는 힘이 동시에 이루어집니다. 또한 연인이나 부부, 또는 경쟁 관계에 있는 두 사람이나 기관 사이에 벌어지는 미묘한 심리 싸움을 밀고 당기는 줄다리기에 해당하는 '밀당'이란 게 있습니다. 이처럼 존재하는 모든 것은 대립적이며 견인과 반발을 동시에 지니고 있습니다. 요즘 자주 등장하는 물리학의 '양자역학'이나 '양자 고정현상'도 견인과 반발이 존재합니다. 양자역학이란 우선 세계 내에 존재하는 모든 것은 모두 원자로

구성되어 있으며 운동하고 있다는 것입니다. 물론 사람도 원자로 구성되어 있습니다. 영어로 Quantum은 분량이나 크기를 나타내며 mechanics는 역학, 기계학 등을 의미합니다. 예로 이산화탄소(CO2)는 산소와 탄소 두 종류의 작은 원소로 이루어져 있으며, 이산화탄소 분자 1개는 탄소 원자 1개와 산소 원자 2개로 이루어져 있습니다. 그리고 이 원자는 한가운데 원자의 핵이 있고 그 핵은 양전하(⊕)를 띠고 있으며 그 주변을 전자(⊖)가 돌고 있습니다. 마치 연인관계처럼 전자와 양자는 '견인과 반발'의 성질을 지니면서 '머리말의 그림'처럼 또는 사진처럼 서로 상호작용하며 얽혀있습니다.

일반생활에서 상호침투

회사원 민주는 주택을 준비하기 위하여 주택은행에 얼마간의 돈을 저금하기 시작하였습니다. 그런데 몇 달 후 은행에 물었더니 얼마간의 이자가 붙는다는 이야기를 들었습니다. 왜 이자는 생긴 것일까요? 그리고 은행에서 이자를 이유 없이 준 것은 아닙니다. 은행은 그 돈을 어떤 기업에 빌려주고 이자를 받은 후 은행에서 얼마간의 이익금을 공제하고 민주에게 이자를 주었을 것입니다. 은행은 사회봉사를 하는 단체가 아니라 돈을 벌기 위해서 어떤 금융자본가가 운영하는 회사입니다. 이 자본가는 어떤 산업자본가나 상업자본가, 증권회사, 부동산회사 등에 돈을 빌려주고 이자를 받거나 이익을 남기는 것입니다. 돈을 빌려간 자본가는 이 돈을 산업에 투자하여 노동자를 고용하고 그 노동자는 노동을 통하여 자본가에게 잉여가치를 만들어 줍니다. 또 보험회사나 증권회사도 역시 직원을 고용하여 이익을 남기고 있습니다. 이 역시 노동자의 노동을 통하여 얻어진 이익금의 일부가 민주에게 이자로 지불된 것입니다.[78)]

물론 민주가 돈을 은행에 맡긴 이유는 집에 놔두면 도둑에 의하여 잃어버릴 수도 있고, 화재가 나면 타버릴 위험도 있기 때문입니다. 확실히 은행은 편리합니다. 그리고 그 편리함과 함께 자본가를 도와서 금융자본가에게 잉여가치를 낳게 하고 민주도 얼마간의 이자를 받았습니다. 이렇게 보면 예금자 민주도 자본가적 성질이 있는 것입니다. 이처럼 우리가 사는 바로 이곳에 노동자가 자본가화하고 있는 것을 발견할 수 있습니다. 이 우연성은 필연성을 동반합니다. 이처럼 노동자와 자본가는 대립하는 관계임에도 불구하고 간

78) ▶ 황세연 지음, 『변증법이란 무엇인가?』(중원문화, 2014), 118~119쪽.

접적으로 상호침투하고 있다는 사실을 알 수 있습니다.

동양 철학인 『주역』에서도 "음(陰)과 양(陽) 서로 분리되어 있다가 기계적으로 결합하는 것이 아니라 서로 내적인 침투관계에 있다"고 쓰고 있습니다. "아무리 적은 분량이라고 하더라도 음 없는 양이 없고, 양 없는 음이 없다"라고 말합니다. 또한 우리의 태극기의 4괘도 음과 양이 서로 변화·발전하는 모습을 나타냅니다.[79]

진리와 오류의 상호전화

진리와 오류의 상호전화란 게 있습니다. 진리와 오류는 서로 반대되는 개념이자 대립되는 관계에 있으며 분명 오류란 잘못된 것을 의미합니다. 상호작용은 양자역학에서도 중요합니다. 그런데 진리와 오류도 상호작용을 합니다. 예를 들어보겠습니다.

"황세연은 대한민국 사람입니다."

"1980년 5월 18일은 민주화운동이 일어난 날입니다."

바로 이처럼 영원한 진리를 '절대적 진리'라고 합니다. 하지만 상황에 따라서 진리가 오류로 되는 것도 있습니다. 3+4=7입니다. 7÷2=3.5입니다. 이것 역시 영원한 진리입니다. 3명의 사람에 4명의 사람이 더해지면 7명의 사람이 됩니다. 그러나 7명의 사람을 반으로 나누면 3.5사람이 되어야하지만 실제론 그렇지 못합니다.

---

79) ▶ 한국철학사상연구회 엮음, 『철학의 명저 20』(중원문화, 2017), 제1장 「주역」(周易), 19~20쪽. 동아출판사, 『두산백과』, '대한민국의 국기' 항목 참고.— 저자 주.

6.25전쟁 중에 있었던 '사사오입개헌'[80](四捨五入改憲)이 바로 이런 경우입니다. 이승만 정권을 연장하는 법안이 과반수인 0.5명에 걸려 과반수를 넘기지 못하고 법안이 폐기될 위기가 되자 자유당 정권은 '사사오입개헌'을 통하여 가결시켰던 것입니다.

이처럼 진리가 경우에 따라서만 진리일 수가 있습니다. 조선시대의 진리가 오늘날에도 진리일 수는 없습니다. 조선시대에는 아이를 많이 낳을수록 미덕이었으나 오늘날에는 절대 미덕이 될 수 없습니다. 하나님을 부정하면 죽음을 면치 못하였던 중세 기독교 시대의 모든 진리는 이제 진리가 되지 못합니다. 지구가 둥글다는 것은 이제 더 이상의 논란거리가 되지 못합니다.

노동자를 착취해서라도 돈을 버는 것이 당연하게 여겨지던 초기 자본주의 시대와 오늘날은 다릅니다. 이제는 노동자의 권리도 인정해야 합니다. 이처럼 상황에 따라서 진리가 변하는 경우를 '상대적 진리'라고 말합니다.

---

80) ▶ 1954년 5월 20일 제3대 민의원선거에서 자유당은 개헌 정족수 136석에 미달하였다. 그러나 이승만의 영구집권을 위하여 초대 대통령에 한하여 중임제한을 철폐한다는 헌법개정안을 국회에 제출한다. 그리고 11월 27일 국회의 표결 결과 재적 203명 중 찬성 135표, 반대 60표, 기권 7표로 헌법 개정에 필요한 3분의 2(135.333…)인 136표에서 1표가 부족하여 부결이 선언된다. 그러나 자유당은 이틀 후인 29일 사사오입이라는 기묘한 논리를 적용시켜 개헌안의 가결을 선포한다. 즉 재적의원 203명의 3분의 2는 135.333…이기 때문에 사사오입(四捨五入 : 반올림)하면 136명이 아니라 135명이면 된다고 하여 전날의 부결 선포를 번복하여, 개헌안의 가결(可決)을 선포한 것이다.— 정치학대사전편찬위원회 지음, 『21세기 정치학대사전』(한국사전연구사, 2002) 참조.

황세연은 대한민국 사람이다거나 4.19혁명은 1960년 4월 19일이고 5.18민주화운동은 1980년 5월 18일이라 것은 모두 진리입니다. 또 3+2=5라든가 하는 것은 절대적 진리로서 우리는 일상생활 속에서 유용하게 사용하고 있습니다.

그러나 하나님은 반드시 존재할 뿐만 아니라 변치 않는다든지 하는 생각은 형이상학적이고 관념론적인 것으로 "존재하는 모든 것은 변화한다"는 변증법적 방법을 정면으로 부정하는 것입니다. 하지만 이미 물리학의 양자역학에서도 원자에 대하여 최하급의 가장 단순한 단계에서 최고의 가장 복잡한 단계에 이르기까지 변증법적으로 발전한다라는 것이 17~18세기에 입증되었습니다.[81] 따라서 불변한다는 주장은 말도 안 되는 소리로 "소다리에 개다리를 붙인다"는 말처럼 철학에서는 궤변(詭辯)이라고 합니다.

헤겔은 "진리와 오류는 양극적인 대립을 이루며 운동하는 모든 사유규정과 마찬가지로 극히 한정된 영역에서만 타당성을 가진다"고 말하였습니다. 한정된 경우에 한에서만 진리인 경우를 상대적 진리라고 말합니다. 하지만 어느 경우든 "대립물의 양극은 그의 반대로 전화하며 진리는 오류가 되고 오류는 진리가 된다"라고 상호 침투 과정을 언급하였습니다.

여기서 말하는 상대적이라든가 절대적이라고 하는 것은 진리나 오류는 그 대립이 상대적이거나 절대적이라는 의미입니다. 과학의 발전을 가리켜 상대적 진리라고 하면 많은 경우 옳지만 또 반대로

81) ▶ 러시아과학아카데미연구소 엮음, 황세연 편역, 『세계철학사』(중원문화, 2023), 제4권, 470쪽.

그렇지 않을 수도 있습니다. 억지로 끼워 맞추면 오류가 될 수도 있습니다. 베트남 전쟁에서 미국 입장에서는 정의의 전쟁이었고 베트남의 입장에서는 정의롭지 못한 전쟁이었습니다. 하지만 이 경우 미국이 세계전략을 위해서 억지로 끼워 맞춘 정의를 위한 전쟁이었기에 미국은 그 전쟁에서 패배할 수밖에 없었습니다. 지금도 미국은 걸프전쟁에서 승리한 후 이라크를 지배하고 있고, 아프간에서도 전쟁을 하였습니다. 과연 이 전쟁들이 정의를 위한 전쟁인지 깊이 생각해 볼 필요가 있습니다. 걸핏하면 트집을 잡는 쪽은 항상 힘이 센 강국들이었습니다. 힘이 정의가 되는 사회가 있듯이 힘이 정의가 되는 국가도 현존합니다.

하지만 동티모르를 위하여 한국군을 파병한 평화유지군은 역사에서도 상대적 진리로서 확실한 의미가 주어질 것입니다. 다시 말해 '동티모르'를 위한다고 하면서 폭력을 행사하거나 살상을 한다면 이 또한 정의를 빙자한 전쟁으로 진리가 오류로 전화할 것입니다.

변증법은 꼭 상대적 진리만이 옳고 절대적 진리는 변화를 인정하지 않기 때문에 필요 없다고는 생각하지 않습니다. 저자 황세연이 남자라든지, 2+5=7이라든지 하는 것까지 부정하진 않습니다. 하지만 고정된 진리나 오류도 어떤 조건 아래에서는 진리이고 어떤 조건에서는 오류가 전화되어 진리로 바뀔 수도 있습니다.

얼마 전 텔레비전에서 여자는 남자의 이런 저런 부분을 좋아하고 남자는 여자의 이러이러한 부분을 좋아한다고 하면서 편지는 길게 쓰라거나 짧게 써야 된다는 형식논리적인 방법론을 제시한

적이 있었습니다. 그러나 바른 대답은 편지란 짧게 쓸 수도 있고 길게 쓸 수도 있는 것입니다. 진리란 것은 고정되어 있지 않습니다. 유리로 된 옥구슬이 진짜로 가장하고 진열장에 전시된다면 가짜가 됩니다. 그러나 진짜라고 가장하지 않고 유리구슬이라고 써놓으면 진짜 유리 옥구슬인 것입니다. 컵 속의 젓가락이 굽어보인다고 해서 굽어 있진 않지만 눈으로 보는 현상은 굽어보입니다. 이 점에 있어서는 진리입니다.

국회에서 '국가보안법'을 폐지한다는 소리가 오래전부터 있었습니다. 그리고 UN이나 국제적 시각에서 보면 반드시 폐지하는 것이 옳습니다. 하지만 우리나라에서는 국가보안법 폐지를 주장하면 이상한 사람으로 매도합니다. 그리고 오히려 이를 반대하는 사람은 애국자이고 찬성하는 사람은 반역자로 과장하여 오류로 만들어 버립니다. 이런 경우 주위의 조건과 연관을 무시하면 조건들로부터 단절되어 난센스가 될 수도 있습니다. 진리는 오류로 오류는 진리로 전화한다는 매개관계를 인정하는 것이 변증법입니다.

다시 말하여 변증법은 어떤 인식은 어떤 사물에 대해서는 진리인 동시에 다른 어떤 사물에 대해서는 오류라는 대립물의 직접적 동일성을 인정하고 '이것인가?' '저것인가?'가 아니라 이것도 되고 저것도 되는 것을 인정합니다. 국가보안법의 폐지가 국제적으로나 현실적으로 반드시 필요한데도 그걸 인정하지 않는 사회적 분위기라면 이를 위하여 차근차근 노력하여 진리가 진리로 보일 수 있도록 한 단계씩 풀어가는 지속적인 노력을 하여야 할 것입니다. 하지만 국가보안법은 우리나라에만 있는 악법이기에 언젠가는 반드시 폐지될 것입니다.

이처럼 진리가 오류로 된다거나 오류가 진리로 보이는 이유는 현실세계의 질적인 다양성과 객관적으로 존재하는 여러 가지 한계에 그 까닭이 있습니다. 현실세계는 시간적, 공간적으로 무한하며 또 무수히 많은 사물로 구성되어 있습니다. 인간이 이 무한한 세계를 유한하게만 인식할 수 있다는 것은 또 하나의 모순이자 문제입니다. 하지만 바로 이런 모순 때문에 모든 인식은 일정한 한계 내에서만 완전하며, 전체에 대해서는 불완전합니다. 따라서 완전과 불완전의 상호작용이 또다시 일어나게 되고 무지로부터 지식이 생기는 인식의 운동과 발전이 일어납니다. 인간은 항상 불안전한 인식 속에서 살아가며 이러한 모순 속에 있기에 오류는 인간이 지니고 있는 기본적인 것입니다. 그렇기 때문에 인간은 어떤 사람이라도 오류를 범하지 않을 수 없습니다. 아무리 이상적인 사회가 오더라도 오류가 소멸되는 것은 아닙니다.

진리에 대하여 절대적으로 생각하고 현명한 사람은 오류를 범하지 않을 거라는 생각을 가지는 지식 사대주의나 지식 보수주의에 빠지는 사람들이 있습니다. 헤겔이나 칼 맑스, 키르케고르, 사르트르 등은 인간이기 때문에 오류를 범할 수 있습니다. 그런데 이에 대한 반대파들은 이들의 작은 오류를 확대하여 유물론을 잘못된 철학으로 매도해 버립니다. 하지만 한편에서는 이들의 이론을 교조적으로 신봉하며 지나치게 과장하여 설파하는 사람도 있습니다. 오류를 너무 자주 범하여도 커다란 문제이겠지만 오류를 범하지 않는 사람이 현명한 것도 아닙니다. 그리고 사실 그런 사람은 없습니다. 그다지 중대하지 않은 오류를 범하거나 범한 오류를 쉽게 고칠 수 있는 사람이 훌륭하고 현명한 사람입니다.

인식(認識)은 거울과 같다

인식이 거울로서의 성격을 지니고 있다는 것은 그리스시대부터 논의되어 왔지만 인식뿐만 아니라 물질도 또한 거울과 같은 성질을 지닌다는 것, 즉 인식은 거울과 같은 성질을 갖기도 하지만 반대로 거울은 물질이라는 성질을 지니기도 한다는 것으로 상호침투의 존재를 상정한 것은 맑스주의자들이었습니다. 독자 여러분은 자신의 얼굴을 본 적이 있습니까? 아마 없을 것입니다. 하지만 거울을 통해서는 볼 수 있었을 것입니다. 하지만 그것은 여러분의 영상(映像)일 뿐 여러분 자신은 거울 밖에 있습니다. 자기의 얼굴을 옆의 친구가 바라보듯이 직접 바라보고 있진 않습니다. 그것은 얼굴→거울→눈이라는 과정을 통하여 보고 있는 것입니다. 하지만 거울을 보지 않으면 영상도 없어집니다.

우리의 두뇌도 거울과 같이 설명할 수 있습니다. 거울은 영상일 뿐이지 기억하지는 못합니다. 하지만 두뇌 속의 거울은 무언가가 눈을 통하여 뇌로 전달되었을 경우 이를 기억하여 저장하여 둘 수가 있습니다. 그리고 컴퓨터와 같이 저장된 내용을 꺼내어 쓸 수도 있습니다. 그러나 인간의 뇌는 컴퓨터와는 달리 저장된 것을 뇌 속에서 스스로 응용하여 창조할 수도 있습니다. 그리고 거울에도 여러 종류가 있습니다. 면이 고른 거울도 있고 볼록거울도 있습니다. 보이는 위치도 반대로 보이게 합니다. 그리고 우리는 거울을 참고하여 여러 가지를 생각하여 볼 수 있습니다.

우리나라 옛말에 훌륭한 사람은 후손에게 모범이 된다는 말이 있습니다. 인식이란 것은 방금 이야기하였던 것처럼 거울과 인간의 인식과의 관계를 명확히 해야 합니다. 우리는 자기 자신이 어떻게 태어나서 어떻게 자랐는지 볼 수가 없습니다. 또 기억된 것도 없습니다. 하지만 새로 태어나는 신생아의 모습을 보고 자신이 태어난 모습을 그려 볼 수는 있습니다. 또 자신이 죽은 모습도 상상하여 볼 수 있습니다. 이러한 것들은 다른 사람들의 모습을 보고 상상하는 것으로 타인이 자신의 거울이 되었다고 할 수 있겠습니다.

어떤 과학자가 어떤 이론을 만들어냈다고 하여도 그것을 다른 사람에게 알리지도 않고, 또 알렸다고 해서 다른 사람이 바로 받아들이는 것도 아닙니다. 그 내용을 말로 표현하거나 저술활동을 통하여 책으로 만들어 내거나 학술발표를 통해서 발표를 한다든지 했을 때 다른 사람들이 관심을 갖고 받아들이게 되는 것입니다.

사람들은 존재하는 모든 것을 인식하고 그것을 그림이나 무용, 영화, 음악, 연극, 건축, 도서 등을 통하여 우리들에게 보여 줍니다. 우리는 그것을 보고 작가의 섬세함과 심오함 등등 작가나 과학자의 정신세계를 투영하여 보는 것입니다. 바로 인간에 의하여 창조된 것들은 인간의 정신을 반영하는 물질로 거울이 되어 또다시 다른 물질로 창조될 수 있게 되는 것입니다. 이런 것들을 우리는 표현이라고 말합니다. 우리들이 생활에 필요한 물품을 만들 때에는 특별히 자기가 인식한 것을 다른 사람들에게 전하려는 의도는 아니라 해도 어떤 것을 설계하거나 디자인하는 것 자체가 결국은 인식의 실천의 하나이기 때문에 완성된 물품은 인식이 물질에 투영된 것입니다. 이를 유물론적 인식론이라고 말합니다.

거리를 다니는 많은 사람들이 가슴에다 명찰을 달고 다니듯이 나는 지식이 많은 사람이라고 써 붙이고 다니지 않아도, 또 나는 스펙(Specification)이 괜찮은 사람이라고 이력서를 달고 다니지 않아도 우리는 어떤 사람의 말투나 하는 모습을 보고 그 사람의 지식적 깊이나 사람 됨됨이를 확인할 수 있습니다. 이미 설명한 현상과 본질, 또는 형식과 내용 등을 다시 끄집어내어 살펴보면 더욱 뚜렷해집니다. 의복 역시 마찬가지입니다. 추위를 막거나 몸을 가리는 데에 목적이 있지만 그 형태나 색이나 무늬의 아름다움은 보는 이와 자신을 즐겁게 하고 있습니다. 때문에 예술철학에서는 이런 아름다움을 심리치료에 이용되기도 합니다. 과자나 빵도 그렇습니다. 우리의 의식주 생활에는 외국으로부터 수입된 것들도 있고, 전통적인 것도 있으며, 새로운 인식에 따라서 또 개인의 개성에 따라서 이것저것의 영향을 받으며 다양한 형태로 생활에 활용되고 있습니다. 다시 말하면 우리 인간은 여러 가지 방법으로 상호침투 속에 살아가고 있는 것입니다.

거울이란 얼굴만 볼 수 있는 것이 아니고 이중 삼중 장치를 통하여 뒷모습도 볼 수 있습니다. 마찬가지로 다른 사람에게서 들은 말을 또 다른 사람에게 다시 전하고 듣고 합니다. 그리고 속담에 "발 없는 말이 삼천리를 간다"라고 도중에 왜곡되는 과정을 거치면서 처음의 상태보다 다르게 전달되기도 합니다. 이처럼 물질 상호 사이에도 물질과 정신 사이에도 거울과 거울로서 인간관계가 실천활동을 통하여 서로 얽히고설키며 확대되어 간다는 사실이 있다는 것과, 또 왜곡된 현상이나 소문을 올바르게 파악해야 한다는 것을 잊어서는 안 됩니다. 인식에서 인식으로 거울의 새로운 형태를 창출하며 발전하여 가는 것, 이를 변증법적 상호침투라고 말합니다.[82]

82) ▶ 황세연 지음, 『변증법이란 무엇인가?』(중원문화, 2014), 138~141쪽.

질과 양의 상호전화의 법칙[제2법칙]

질과 양의 관계

모래가 자꾸 모이면 어느 순간부터는 언덕이나 섬이라고 부르게 된다든지, 머리카락이 자꾸 빠지다 보면 어느 순간부터는 대머리가 된다든지 하는 것을 질이 변하여 양적인 변화를 가져왔다고 말합니다. 물이 얼어 얼음이 되는 것도 질이 변하여 양적인 변화를 가져온 경우입니다. 화학이나 물리학을 전공으로 하고 있는 자연과학자들은 이러한 변화가 어디에서나 볼 수 있는 화학적 현상으로 평범한 진리에 불과하다고 간과할 수 있습니다. 그러나 질과 양의 변화는 자연뿐만이 아니라 세계에 존재하는 모든 곳에서 일어납니다. 더구나 우리가 걸어 다니면서 살고 있는 사회 속에서도 우리의 의식 활동에서도 일어납니다. 물론 의식의 변화는 자연과학처럼 양의 변화를 측정할 수는 없습니다. 하지만 자연현상에서는 흔히 발견할 수 있는 것입니다. 높은 산에서는 밥이 늦게 된다든지, 기압의 변화에 따라 비등점이 달라지기도 하는 것과 같습니다. 영하의 얼음물에서는 소금이 잘 녹지 않는 것을 알 수 있듯이 사회의 경우는 여러 가지 조건이 발생했다가 없어지기도 하고, 또 새로이 다른 문제가 떠오르기도 하기 때문에 비등점의 변화를 예측하기는 힘듭니다. 하지만 우리가 걸어 다니면서 살고 있는 이 사회는 질과 양의 변화 속에서 살아 움직이고 있습니다.

과거 군부독재시절 저자가 민주화운동과 관련하여 수배를 받고 여기저기 몸을 숨기고 다닐 때 주변 사람들 중에 민주화는 되지 않는다고 말하면서 저자를 아주 속없는 사람으로 간주하는 사람들이 더러 있었습니다. 그러나 시간이 갈수록 민주화운동을 지지하는 사람들이 많아지면서 결국은 군부독재가 막을 내렸습니다. 바로 질이 양적으로 증가하면서 끓는점을 맞은 것입니다. 물을 불에 끓이면 99℃에서도 끓지 않습니다. 반드시 100℃가 되어야 끓습니다. 이처럼 모든 질과 양은 결절점이 있습니다.

매개로 본 질의 변화

약이란 일정량까지는 별로 효과가 없다가도 그 이상이 되면 효과가 나타납니다. 그래서 감기약 같은 경우도 3일 이상을 처방합니다. 하지만 약 효과인 일정량을 넘어서면 치사량(致死量)이 됩니다. 즉 독약이 되는 겁니다. 이처럼 일정량까지는 괜찮다가도 점점 그 양을 초과하면 급격한 변화가 일어납니다.

물주전자가 100℃가 되면 끓게 되는 시점을 '비약'이라고 말합니다. 여기서 약이나 물이나 이러한 결과가 있기까지는 매개관계가 존재하였습니다. 약은 사람의 인체에 투여한다는 '매개'라는 과정이 있을 때만이 그 미치는 영향을 알 수 있으며, 물은 열이라는 '매개'를 가열했을 때만이 그 결과를 알 수 있습니다. 또 여기서 결절점은 고정된 것이 아닙니다. 조건에 따라서 변화할 수 있습니다.

의사가 우리들에게 처방전을 내줄 때 환자가 어른인가 어린인가, 여자인가 남자인가, 체중은 어느 정도인가 등에 따라서 약의 양을 조절해야 합니다. 역시 우리가 살고 있는 한국사회도 사건의 내용에 따라서, 또는 사회의 현상이나 조건에 따라서 큰 차이가 있습니다. 때문에 약의 효과만 생각해서도 안 됩니다. 세월호 사건이나 이태원 참사처럼 전 국민에게 상처를 준 경우는 최고 지도자가 전 국민의 마음을 치유할 수 있어야 합니다. 이때 질만 보아서도 안 되고 양만 보아서도 안 됩니다. 독립된 일면만을 보면 모든 일에서 낭패를 보기가 십상입니다.

한 회사의 사장이 신제품 개발에만 매달려 회사의 노동자의 분위기를 현실적으로 파악하지 못하고 있다면 노동운동이 일어나게 되고 현실은 질적인 변화에 의해서 '비등점'으로 다가가게 됩니다. 그리고 결국 그 회사는 문을 닫거나 현저하게 축소될 수도 있습니다. 하지만 이런 회사가 반대로 매개되는 쪽의 노동자들에게 좋은 환경을 조성해주고 충분히 조건을 만족시켜 주는데도 그다지 변화하지 않는 경우에도 회사는 문을 닫게 됩니다. 어느 경우나 리더가 올바른 판단을 해야 합니다. 정부도 국민의 마음을 모르면 에너지가 없어서 국력이 쇠퇴할 수도 있습니다. 갓난아이에게 많은 양의 약을 주던 적은 양의 약을 주던 그 효과를 알 수 없다면 커다란 위험이 따르게 되는 거와 같습니다.

자동차의 길이나 폭이 크기 이상이면 어떤 다리를 통과할 수 없는 곳에 표지판도 없다면 양질전화가 예상되는 것입니다. 그 다리가 견딜 수 없는 무거운 차량은 언젠가는 사고가 나게 되어 있습니다. 낙타에게 점점 짐을 많이 실어 나르게 하면 낙타는 결국 쓰러지게 됩니다. 적당량을 초과한 결과인 것입니다. 얼마 전 일어난 이태원 참사사건 역시 양질전화를 예상하지 못하고 관청이 관리를 허술했기 때문에 발생한 사건입니다. 사람의 숫자와 비상 탈출구나 통과시간 등을 계산하여 모인 사람 수를 통제했다면 그런 끔직한 사건이 발생했다하여도 인명피해를 없게 할 수도 있었을 것입니다.

질양의 상호전화의 법칙

양적인 변화가 질적인 변화를 초래하고 질적인 변화가 양적인 변화를 초래한다는 것이 질과 양의 상호전화의 법칙입니다. 물이 질적으로 변화하여 수증기가 되어 양적으로 팽창한다든지, 얼음이 물로 변한다든지 우리의 일상생활에는 많은 실례를 발견할 수 있습니다. 그러나 실제 생활에서 이것을 간과하고 생활하는 사람이 대부분입니다. 그리고 양면을 모두 보지 못하고 한 면에만 정신이 팔려 혼자서 독재를 일삼다가 이를 싫어하는 양적으로 늘어난 반대세력의 민중혁명에 몰락하는 정권이 우리 땅에는 실재하였습니다. 부동산 값이 어느 시점에서 폭등하거나 어느 시점에서 부턴가는 바닥을 치기도 하는 현상도 질량변화의 하나입니다.

누구나 어떤 문제에 부딪쳤을 때 마음대로 안 되면 이를 포기하

지 않고 집단을 만들어 조직적으로 해나가면 가능하다는 사실도 질양전화의 하나입니다. 전래동화책을 보면 한 개의 화살은 쉽게 부러뜨릴 수 있지만, 여러 개의 화살은 결코 쉽게 부러뜨릴 수 없

다는 내용이 있습니다. 말다툼을 해도 자기의 의견을 지지하는 사람을 한 명이라도 많이 확보해야 이길 수 있습니다.

직장에서도 상사와 어떤 문제에 맞닥뜨렸을 때 혼자서 이를 개혁해 보려는 것보다는 여러 사람을 모아서 한 개의 집단을 이루어 문제를 풀어 가면 쉽게 풀릴 수도 있습니다. 노동도 혼자서 해내는 것보다는 개별노동자의 분업과 협업을 통해서 대량생산을 해내고 있습니다. 작업을 공동으로 하는 경우에 전개되는 사회적 노동력은 근본적으로 다릅니다. 이 경우 단지 협업에 의해서만 생산력이 증대되는 것이 아니고 결집된 집단력(集団力) 그 자체 속에서 폭발적 생산력을 만들어 냅니다. 자본주의 사회에서 경영자는 개별노동자의 노동력에 대해서는 임금을 하나하나 따로 지불할 필요가 있지만 그 노동자를 조직하여 직장에서 공동 작업을 통하여 양적팽창이 일어나 창조되는 집단력에는 임금을 지불할 필요가 없기 때문에 경영자는 가능한 한 커다란 집단력이 생길 수 있는 작업형태를 연구하여 기계화하여 싼 노동력으로 가능한 한 많은 이윤을 얻으려고 노력합니다. 이러한 집단력은 과학이나 예술, 또는 노동운동이나 학생운동 및 사회활동에서도 이야기될 수 있습니다. 혼자 연구하면 불가능한 일도 연구소를 만들어 공동으로 일을 하면 쉽게 해낼 수도 있습니다. 이 역시 격언에 "여자가 셋만 모이면 수다"를 떤다는 말도 일종의 '집단력'을 의미합니다.

가게를 여럿이 합작하여 운영하다가 한 사람만 그만두어도 남은 사람들은 용기를 잃고 가게는 결국 문을 닫게 됩니다. 단결에 의한 집단력의 창조는 화살을 꺾어 보여주는 것이나, 과수원에 보물을 숨겨두었다고 아버지 유언을 듣고 형제들이 힘을 모아 과수원 바닥을 여기저기 파주는 역할을 함으로써 과일 풍년을 맞은 이야기 등은 좋은 예로 설명될 수 있습니다.

그렇지만 집단력을 무시하고 형제간이나 부모 자식 간에 대립만 한다면 그 가족은 무너지고 맙니다. 어느 가족은 전 집안이 잘되는 경우도 있고, 어느 집안은 그야말로 쑥밭이 되는 집안도 있습니다. 이는 집안의 부모님이 어떤 방법으로 집안을 이끌어 왔느냐에 따라서 그 결과는 커다란 차이가 납니다. 때문에 집단에서는 단결을 강화시키는 집단력 훈련도 해야 합니다. 훈련의 필요성을 모르면 그 집단은 결국 없어지거나 반대로 식물인간처럼 될 수도 있습니다. 회사의 경우는 다른 회사의 유혹에 의하여 직원을 빼앗길 수도 있고, 연구 결과를 넘겨줄 수도 있습니다.

군대도 역시 이러한 집단력 강화 훈련을 많이 해야만 사기가 높은 훌륭한 군대가 될 수 있습니다. 어떻게 하면 전투력을 증가시킬 수 있는가? 이는 군대에 있어서 생사가 걸린 문제입니다. 군대는 이 문제에 대하여 필사의 노력을 해야 합니다. 거기에는 지휘자를 길러내는 일도 중요하고 훈련소를 확보하는 것도 필요합니다. 그리고 분대, 소대, 중대, 대대 등의 조직도 갖추어야 합니다. 만약 충분한 훈련과 지식이 없는 사람이 지도자가 되면 많은 실수를 합니다. 대학을 졸업하고 사회과학 문헌을 알고 있어도 실전에 약하다면 적을 알고 나를 아는 전쟁에 임할 수 없습니다.

우리나라의 학생운동권들은 군사정권 당시 정의로운 일에 참여한다는 의식들은 높았으나 많은 오류를 낳기도 하였습니다. 그들은 처음 제1단계로 모험주의에 빠졌으며, 제2단계에는 보수주의로, 제3단계에는 도피주의로 변하였습니다. 처음에는 목숨을 걸고 성급하게 행동하지만 목적한 대로 되지 않자, 결국은 군사정권의 감시를 이겨내지 못하고 그들과 타협하였고 마지막에는 운동권에서 벗어나 어떤 조직에도 참여하지 않고 있는 사람이 많습니다. 이러한 현상은 집단력을 강화시키는 조직훈련이 없었기 때문이라는 점도 간과해서는 안 될 것입니다.

조직에서의 질양법칙

이런 이야기는 한 번쯤 들어서 알고 있을지도 모릅니다. 그리고 누구나 중요하다고 생각할 수도 있습니다. 자그마한 문화 서클을 만들어도 문제는 있기 마련입니다. 모인 사람이 많건 적건 우선적으로 질양변화가 있을 거라는 생각을 해야 합니다. 학교 수업에서도 그룹 사람이 6,7명 이하일 때는 토론도 잘되고 모임도 잘되지만 숫자가 10명이 넘어서면 개인의 발언기회도 적어지고 조직은 아무래도 느슨하게 되기 시작합니다. 그러다 보면 다른 사람의 불만도 쌓이게 됩니다. 사람이 증가하면 사무적인 일도 많아지는 대신에 소속감이 엷어져 회비 내는 수도 줄어듭니다. 또 지도자의 역량도 문제가 되기 시작합니다. 이렇게 되면 리더는 당황하게 되고 조직은 깨질 위험이 있게 됩니다. 이때 현명한 리더는 조직을 두 개로 나누어 부회장을 각각 두고 조직을 안정화시키게 될 것입니다. 군대 조직도 분대, 소대, 중대, 대대, 연대, 사단 등으로 분류해서 사다리꼴로 구성하는 것도 바로 이런 이유 때문입니다. 이것이 바로 질양변화의 법칙입니다.

임진왜란 당시 세계 해전 역사상 모두 큰 승리를 거둘 수 있었던 이유도 바로 이순신 장군이 양보다는 질을 중요하게 판단하였기에 얻어진 성과였습니다. 우리나라 수군은 숫자는 적어도 바다 물길에 능숙했으나 왜군은 그렇지 못했으며, 반대로 왜군은 숫자는 많았으나 조선 수군처럼 바다 물길도 잘 몰랐을 뿐만 아니라 여러 장수들이 서로 제각각이었기에 통솔력이 없었습니다. 바로 이순신 장군은 이점을 정확하게 보았고, 질적으로 우수한 우리나라의 장점을 잘 활용하여 모든 해전에서 대승을 거둔 것입니다.

요즘 여러 사이비 종교가 발달하는 것은 바로 군대처럼 조직하되 모두 점조직으로 분류되어 있기 때문에 이런 종교도 크게 번창

할 수 있는 것입니다. 남녀 간의 사랑도 마찬가지입니다. 시간이 지나면서 상대의 싫은 점이 점점 많이 발견되게 되고, 이는 뇌 속에 축적이 되고 축적량이 많아지면 질량변화에 의하여 결국 헤어지게 됩니다. 이 때문에 서로에게 좋아하는 점만 사랑할 수 있을 때 그 사랑은 지속될 수 있습니다.

질과 양의 전화는 하나만 따로 떨어져 존재하는 것이 아니라 상호의 연결이 존재하기 때문에 부분적인 비약이 느리기도 하고 빠르기도 합니다. 월드컵에 출전하는 국가대표팀은 그 발전이 느린 경우가 많습니다. 그리고 지도자가 누구냐에 따라서 그 팀의 실력이 판가름나기도 합니다. 바로 선수 사이의 상호연결이 잘 되도록 훈련하는 감독이 훌륭한 감독입니다.

부분적인 질양전화가 전체적인 질양전화를 이끌어 내기 위해서는 시간이 필요합니다. 작은 숫자로 큰 조직을 이길 수는 없는 것과 같습니다. 시간이 필요한 경우를 과도기라고 볼 수 있으며 과도기에는 이를 커다란 힘으로 갈 수 있도록 부단한 노력을 해야 합니다. 일이 잘 풀리지 않을 때는 고뇌하고 연구하는 시간이 필요합니다. 즉 준비를 해야 합니다. 기업이 아직 확장할 만한 자본금의 준비 없이 과도기를 무시하고 확장만 하였다면 기업의 적자가 어느 정도에 도달하면 빚을 변제할 만한 돈을 변통할 수 없게 되고 결국 파산이라는 질적 변화를 맞이하게 됩니다. 그리고 이 기업으로부터 지불받을 돈으로 충당하고 있던 다른 기업도 지불받지 못하고 돈을 변통할 수 없어 연쇄 파산하는 경우도 있습니다. 군사정권하의 모든 기업은 국민의 세금을 모두 이런 식으로 유용하였습니다. 거의 많은 회사가 빈껍데기만 있다시피 하여 우리는 IMF로부터 구제 금융을 받아 겨우 살아났습니다. 각각의 실패에는 연관된 매개가 존재합니다. 양질전화에는 회사가 성장하든 망하든 그 사이에는 얼마간의 과도기적 기간이 존재합니다. 전체의 변화가 완만하다고 하여 개별적인 변화가 작은 것도 아닙니다. 어느 곳에서는 빠르게 어느 곳에서는 느리게 변할 수도 있습니다. 양질전화는 하나만이 떨어져 존재하는 것이 아니라 양질전화 및 상호의 연결이 존재하기 때문에 부분적으로는 비약적이지만 전체적으로는 매우 느리게 전화될 수도 있습니다.

또한 이러한 질양변화는 우리들의 사고에서도 일어납니다. 처음에는 이해하지 못했던 사안들이 실력이 늘어나면 비약적으로 능력이 향상됩니다. 이는 운동선수가 매일 훈련하면 실력이 늘 듯이 사고력도 각종 독서 등을 통하여 양적변화를 맞이할 수 있습니다. 때문에 독서는 평생의 숙제가 됩니다.

부정의 부정의 법칙[제3법칙]

부정의 부정의 법칙은 변증법의 기본법칙

여기서 언급하고자 하는 '부정의 부정의 법칙'은 헤겔이 그의 『대논리학』 제3부 「개념론」 중 제일 마지막 장에서 주장하는 법칙입니다. 그리고 그의 『정신현상학』의 「서문」에서도 부정에 대하여 말하고 있습니다. 임석진 박사님이 번역한 그의 『정신현상학』 한국어판에서 그 부분을 발췌하여 보겠습니다.

"꽃봉오리가 활짝 피어나면 그것은 반드시 소멸되기 마련이고, 이때 그 봉우리는 새로 피어나는 꽃에 의해서 부정된다고 말할 수 있습니다. 이렇듯 만개한 꽃은 그 자신이 만들어 내는 열매에 의해서 부정된다고 할 수 있으며…… 마침내 그 열매는 꽃봉오리를 대신하여 식물의 진리로서 등장한다."[83]

1학년이 2학년이 된다는 것은 1학년을 부정하는 것이지만 2학년이 된다는 건 1학년의 지식을 버리는 게 아니라 1학년의 지식을 품고 한층 더 높은 단계로 발전한다는 것을 의미합니다. 2학년이 된다는 것은 1학년에서 배운 것을 토대로 하여 2학년이 되어서도 더 많은 것을 배울 수 있기 때문입니다. 꽃이 피지 않으면 열매가 생기지 않습니다. 또 꽃이 소멸하지 않으면 열매는 맺지 못합니다. 꽃의 희생에 의해서만 열매가 열릴 수 있는 것입니다. 씨앗이 땅 속에서 썩어 죽어야만 새싹은 씨앗을 부정하고 더 많은 열매를 생산하게 됩니다. 기독교의 『성경』에서도 "한 알의 밀알이 땅에 떨어져 썩지 아니하면 한 알 그대로 있으나 땅에 떨어져 썩으면 많은 열매를 맺느니라"[84]라고 쓰여져 있습니다. "파괴는 곧 건설이다"라든지 "사랑은 희생의 결과이다"라는 말들은 부정을 통하여 진리를 밝혀 주는 교훈들입니다.

제4장에서 이미 언급한 이야기로 어떤 사람들이 어느 목적지를 향하여 길을 가다가 커다란 강을 만났다고 한다면, 어떤 이는 모든 것을 포기하고 강물에 투신하여 자살하는 사람이 있는가 하면 어떤 이는 무릎을 꿇고 기도를 하면서 하나님께 의지하려는 모습을 보입니다. 하지만 마지막의 부류는 강을 만난 것을 현실로 받아들

---

83) ▶ G.W.F. 헤겔 지음, 임석진 옮김, 『정신현상학』(한길사, 2005), 제1권, 58쪽.

84) ▶ 요한복음 제12장 24~26절.

이고 연구를 거듭하여 뗏목을 만들어 목적지에 도달한다는 얘기는 바로 건널 수 없다는 '부정'을 건널 수 있다는 '긍정'으로 바꾸는 변증법적 자세입니다.

수원의 '한국민속촌'에 가면 물레방아가 있습니다. 옛날 화가들의 풍속도를 보면 그림 속 개울가의 언덕 위에도 허술한 방앗간이 있는 것을 볼 수 있습니다. 그것은 그만큼 우리 생활에 필요한 기구였기 때문일 것입니다. 그림 속에 나오는 물레방아에서는 쌀을 찧는 소리가 들렸을 것입니다. 우리의 선조(先祖)들은 이와 같은 식으로 자연의 힘을 이용하여 생활에 필요한 것들을 생산하여 왔던 것입니다. 그냥 흐르기만 할 뿐 필요 없는 물을 이용하여 기계적 에너지로 바꾸는 매개야말로 물의 성질을 적극적으로 이용한 것으로 부정을 긍정으로 바꾼(필요 없는 것을 필요한 것으로 바꾼) 변증법적 과정입니다. 이 기계적 에너지를 이용하여 더 많은 결과를 얻어내는 것이야말로 부정의 부정에 의한 발전과정으로, 처음으로 되돌아오는 것이 아니라 보다 높은 단계로의 지양입니다. 한 알의 씨앗이 썩어 다시 곡식으로 되돌아와도 그것은 앞의 씨앗과는 질적으로도 양적으로도 다른 양질변화가 있었습니다.

독일의 철학자 피히테는 헤겔과 동시대의 사람으로 헤겔의 친구이기도 했습니다. 그는 최초의 것을 정(正), 그리고 이것을 부정하고 생긴 것을 반(反), 두 번째 것을 부정하고 생긴 것을 합(合)이라고 하여 변증법을 **정 → 반 → 합**으로 표현하였습니다. 하지만 그가 주장한 것은 비약과 발전이 없는 것으로 여기서 이야기되고 있는 변증법과는 질적으로 다릅니다. 여기서 이야기되고 있는 부정의 의미가 단순하게 '아니다'라는 것이 아니기 때문에 부정을 반복한다는 것은 결코 처음으로 되돌아온다는 것을 의미하진 않습니다. 그러나 첫 번째 부정으로 부정된 어떤 본질적인 특징은 그 후의 부정에 의해 보다 높은 단계로 지양됩니다. 보다 높은 단계로 지양되는 발전과정에는 부정의 반복이 있었다는 것이 필연적임을 잊어서는 안 됩니다. 부정의 부정에 의한 발전과정은 단순히 처음으로 되돌아오는 것이 아니라 보다 높은 단계로의 지양이라고 할 수 있습니다.

일단 다른 형태로 바꾸어 진행시키고 후에 다시 원래의 형태로 되돌아가게 하는 방식이야말로 거대한 진보이며 막대한 이익을 가져오는 것입니다.

자연에 존재하는 매개나 인간이 하고 있는 일 속에 존재하는 변화는 그때까지의 존재형태가 부정되어 새롭게 변화된 존재형태로 이행하고 후에 이것이 다시 부정되어 최초의 존재형태로 되돌아오는 것이기 때문에 그 과정에서 보면 부정이 두 번 반복됨을 알 수 있습니다. 이와 같은 것을 변증법에서는 '부정의 부정의 법칙'이라고 부릅니다. 하지만 되돌아온 부정은 더 발전된 것으로 첫 번째 부정을 안고 돌아온 것입니다. 이상의 몇 가지 예에서도 알 수 있듯이 변증법은 자연과 사회를 꿰뚫는 일반적인 법칙이며 생활이나 연구에 유용한 중요한 법칙인 것입니다.

유물론자들은 헤겔이 주장한 '부정의 부정의 법칙'을 변증법의 주요법칙으로 받아들이고 있습니다. 하지만 이에 대하여 예부터 의문이 제기되고 있기도 합니다. 그리하여 여기서 이러한 것들을 계속해서 살펴보지 않을 수 없습니다.

역사는 부정의 부정이다

이와 같이 물질적인 생활에서나 정신적인 생활에서나 인간은 모든 형태의 매개를 만들어 생활을 영위하고 문화를 형성해 왔다고 볼 수 있습니다. '매개'라는 문제를 올바로 취급하지 않은 채 인간 생활을 연구하다가는 결국 벽에 부딪쳐 잘못된 결론에 이르리라는 것도 상상할 수 있을 것입니다. 인간 생활을 올바르게 살고 있다 하여도 실제로는 생각 없이 동물적으로 사는 실수도 저지르는 것입니다. 사실 매개나 우회, 부정 등을 인간생활에 올바로 적용함으로써 비로소 인간의 역사에 대한 연구가 과학으로까지 발전하는 것입니다.

인간의 역사는 계급이 존재하지 않은 **원시공산사회**에서 서로 투쟁하는 계급사회인 **노예사회**(노예와 주인)와 **자본주의사회**(자본가와 노동자)를 거쳐 다시 계급이 존재하지 않는 더 높은 공산사회로 이룩하여 가는 것도 역시 추론하여 볼 수 있습니다. 역사는 부정과 부정을 통하여 발전하는 것이며 이 거대한 인간사회는 인간의 꿈인 유토피아를 향하여 항상 더 높은 단계로 나아가고 있는 것입니다.

'벌거숭이 임금님'은 아이로부터 어떻게 배울 것인가 하는 점에 관하여 올바른 제시를 하고 있습니다. 가장 현명한 사람들이 내린 결론과 아이들이 내린 결론은 같았습니다. 하지만 그 내용은 차이가 있습니다. 그것은 서로 단계를 달리하고 있으며 아이가 현명한 사람과 지혜나 지식이 같다고 할 수는 없습니다. 앞의 제2장 「철학의 역사」에서 이미 살펴보았듯이 인간의 역사는 원래 인류가 '아이'였던 단계에서는 그 세계관이 자연적이고 현실적이고 유물론적이었으며 또 변증법적이었습니다. 그러나 국가의 권력과 종교의 이해관계가 맞물리면서 형이상학적이 되고 더 나아가 형이상학적 세계관이 유지될 수 없게 되는 프랑스혁명을 통하여 또 다시 변증법적 세계관이 출현하게 된 것입니다. 이제는 유아기적 단계가 아닌 한층 더 발전한 현실적 세계관으로 우뚝 자리하고 있는 것입니다. 이러한 예는 많습니다. 헤라클레이토스의 "만물은 유전한다"라고 견해는 현대 일반 물리학의 결론이나 같습니다. 하지만 옛날 철학자들은 유전과 원인의 과정을 논리적으로 설명해 내지 못하였습니다. 관념론 철학자들이 옛 유물론자들을 몰아세우듯이 세계를 거울과 같이 모사(模写)해 보는 것에 불과하였습니다. 유아기적 유물론으로는 정신이나 영혼에 대하여 명쾌한 해답을 내리지 못하였습니다. 그 때문에 관념론적 입장의 신(God)에 밀리게 되었고 현실이 정신에 지배되는 전도된 세계관으로 뒤덮이게 되었습니다. 하지만 19세기부터 헤겔이 비판되기 시작하였고 포이어바흐를 거쳐 칼 맑스와 엥겔스의 유물론이 출현하게 된 것입니다. 이 근대적 유물론은 '부정의 부정'을 통하여 한층 더 완벽한 세계적 이론으로 2,000여 년 세계사의 전(全)사상적 내용을 모두 총결산한 결과였습니다. 그것은 이제 철학이라기보다는 인류 전체의 세계관으로 과학 중 과학으로 자리 잡게 된 것입니다. 철학은 이처럼 지양되었고 극복됨과 동시에 계속 보존되어질 것입니다.

부정의 과학사

변증법의 역사에 있어서나 세계관의 역사에 있어서나 소박하면서도 올바른 유아기가 있고 이윽고 그것이 부정되고 발전하여 후에 다시 원래의 상태로 되돌아오는 발전된 형태를 취하였다는 것은 분명합니다. 그러면 그 밖의 역사에 있어서는 어떠했을까요?

지동설은 코페르니쿠스에 의해서 세계 최초로 주장된 것으로 알려져 있으며 이것은 천동설을 뒤엎은 위대한 과학자로 우리에게 알려져 있습니다. 그러나 지동설을 주장한 사람은 코페르니쿠스가 아니었습니다. 역시 우리가 사용하고 있는 한글도 세종대왕이 창제한 것으로 알려져 있지만 이는 꼭 그렇지 않습니다.

코페르니쿠스는 천동설이 더 이상 타당하지 않다는 것을 발견하고 고민하고 있던 중 고대의 지동설에 주목하게 됩니다. 그는 자신은 저서에서 천동설을 부정하게 된 당시의 상황을 상세하게 이야기하고 있습니다.

세종대왕 역시 백성들 사이에 몰래 상용되고 있는 한글에 대하여 본격적인 연구를 하기 시작합니다. 이는 세종대왕 스스로 하신 말씀입니다. 그러자 집현전 학자들은 한글 반포에 대하여 반대하는 상소를 올리기 시작하였습니다. 하지만 이미 백성들 사이에 일상적으로 사용되고 있는 한글을 좀 더 바로잡아 누구나 사용할 수 있도록 반포한 것은 세종대왕의 결단이었습니다.

이것은 군부정권 시절 민정당의 노태우 후보가 6.29선언을 하면서 민주화 물결을 거부하지 못한 것과 같은 이치입니다. 고대 그리스 천문학자들 역시 천동설이 아닌 지동설을 이미 알고 있었습니다. 특히 기원전 히파르코스(Hipparchos, B.C 190~B.C 120년경)는 태양의 주위를 지구가 돌고 있다는 것과 태양과 달의 운행표를 만들어 일식과 월식을 예보하기도 하였습니다. 고대인들에게도 4계절이 바뀌는 것과 날짜가 하루하루 변하여 1년이 되면 또 그 계절이

히파르코스

다시 오는 것에 대하여 천체의 관찰이 절대로 필요할 수밖에 없었던 것입니다. 농사를 지을 때도 바다에 나아가 항해를 할 때도 계절에 의한 천체 관찰은 필수였습니다. 멀리 있는 화성이나 금성의 별 크기가 달라지고 달의 크기에 따라서 바닷물이 밀물과 썰물로 변하는 것은 고대 사람들에게서는 연구의 대상이 될 수밖에 없었습니다. 이러한 사실은 전문적인 학자로 하여금 지동설로 이끌어 가게 하였던 것입니다. 이것이 결국 천동설로 바뀐 종교적 입장에서의 압박이나 정치적 입장의 박해 등등으로 인하여 밖으로 말할 수야 없었지만 이미 현실세계의 사람들은 그들의 생활 속에 지동설을 토대로 생활하고 있었던 것입니다. 다만 지적 수준이 낮았고 아직은 유아기적 사고에 머물러 있던 그들은 이를 가지고 거대한 사회조직에 맞서 싸울 필요를 느끼지 못했던 것뿐입니다. 또 지구가 매우 빠른 속도로 움직이고 있어도 지구상의 물체가 그 영향을 받지 않는 것에 대하여 이론적으로 합리적으로 지구의 중력을 설명할 수도 없었습니다.

폴란드 사람 코페르니쿠스에 의하여 부활된 지동설(地動說)은 천동설(天動說)만을 고집하던 시대에 개개의 부분에 대하여 연구한 것을 종합적으로 연구한 후 역학적으로 합리적인 설명을 부여하여 전 체계를 확립한 것입니다. 천문학은 지동설에서 시작하여 천동설로 이어가다 다시 지동설로 부정의 부정을 통하여 그 끝을 맺은 것입니다. 태양이 지구를 돌고 있다고 믿고 오류에 빠져 있었지만 그래도 지각을 갖고 있었던 천동설 시대의 이론은 태양과 지구의 관계를 명확하게 이해하는 데 있어서 소홀히 해서는 안 될 부분입니다. 모든 오류는 진실된 이해를 돕는 것입니다. 오류는 추리하는 데 있어서 소홀히 해서는 안 될 부분인 것이며, 진실된 이해를 도와주고 있는 것입니다. 이것도 "실패는 성공의 어머니"의 하나의 예라고 말할 수 있을 것입니다.

경제학에서도 유아기적 시대가 있었습니다. 17세기에 물건의 가치를 물건의 필요 여부를 따지는 효용(效用) 가치에 따른다는 것에 반대하여 경제학자 페티(William Petty, 1623~1687)는 처음으로 노동의 투하가치가 가격을 결정해야 된다는 노동가치론을 주장하였습니다. 그러나 백년 후에 애덤 스미스는 『국부론』에서 다시 이를 반대하고 상품의 가치는 수요와 공급에 따라서 가격이 형성된다는 효용가치를 주장합니다. 그리고 이는 다시 리카도의 노동가치설과 함께 쌍벽을 이루게 됩니다. 그러나 100여 년 가까이 노동가치설은 인정을 받지 못하고 이단으로 취급받기도 합니다.

이에 대하여 칼 맑스는 많은 진보적 경제학자들의 지지를 받으며 노동가치설을, 그 유명한 잉여가치를 예로 들며 다시 주장하기 시작하였습니다. 하지만 보수주의자들의 공격으로 코페르니쿠스의 지동설과 같이 이단으로 취급되게 됩니다. 우리나라에서도 노동가치설을 주장하는 학자는 북한의 이론에 동조하고 그들이 주장하는 이론을 찬양, 고무하였다는 빨갱이라고 낙인찍힐 수도 있습니다. 하지만 노동 가치설 또한 인공지능이 발달되면서, 고급 지식을 가진 기술 노동자사람들이 등장하면서 일부 선진국에서는 이 논리가 도전을 받고 있습니다.

코페르니쿠스나 갈릴레이 역시 단지 지동설을 주장하였다는 이유만으로 당시의 법에 따라서 감옥에 가거나 죽음을 당해야 했습니다. 하지만 종교재판을 받고 나오면서 "그래도 지구는 돈다"라고 중얼거렸다는 갈릴레이의 말은 오늘날 우리들의 입가에 미소를 짓게 하고 있습니다. 그리고 신학에 대해 가장 통렬한 타격을 가했다고 하여 종교개혁자로 알려진 루터는 코페르니쿠스의 지동설을 완전히 거부하고 코페르니쿠스를 '천문학 전체를 붕괴시키고자 하는' 사람이라고 격렬하게 비판하였고, 교회세력은 지동설이 오류라는 '증명'으로서 태양을 멈추게 해달라고 기도했다[85]는 이야기는 오늘날 우리를 실소케 합니다.

그러나 리카도학파의 좌절을 연구해 보면 칼 맑스 이전의 노동가치설이 가지고 있던 결함이 노동가치설의 부정을 초래한 큰 이유였음이 이해될 수 있습니다. 코페르니쿠스의 진보적 관찰 결과는 이를 지지하는 사람들의 수적 증가와 함께 여론의 질양변화에 의하여 박해를 견디고 과학으로서 확립되고 학계를 지배하기에 이르렀던 것처럼, 노동가치설도 모든 비난과 박해를 받으며 그 올바름이 현실의 경제발전에 의해서 증명되고 있고 세계 모든 학자들로부터 지지받고 있습니다. 경제학의 흐름을 볼 때 처음에는 노동가치설에서 다음은 효용가치설로 그리고 이제는 다시 노동가치설로 변화되어 왔습니다. 그러나 오늘날 노동가치설이 타당함에도 불구하고 일부 사회주의권의 몰락과 지식프롤레타리아의 출현으로 효용가치설이 다시 전면에 등장하였습니다. 이 또한 부정의 부정의 법칙에 의하고 있음을 알 수 있습니다.

역시 세종대왕도 한글을 정리하여 반포하기까지 많은 고민을 하셨을 겁니다. 왜냐하면 쿠데타를 통하여 수립한 조선 초기 상황은 녹록치 않았기 때문입니다. 그리하여 조상과 태조를 칭송하는 『용비어천가』를 짓게 되었으나 중국글로 쓰여진 글이 평민들에게 읽혀진다는 것은 불가능하다는 것을 알고 이를 한글로 쓰고 쉽게 읽혀질 수 있도록 이해를 돕고자 한자를 부정하고 한글 반포를 결정

85) ▶ 러시아과학아카데미연구소 엮음, 황세연 편역, 『세계철학사』(중원문화, 2023), 제1권, 354쪽.

했다고 보아야 합니다.

자연과학과 변증법

부정의 과학사는 현대에도 계속되고 있습니다. 보통 양자물리학은 데모크리토스가 원자론을 애기한 이후, 19세기부터 20세기에 걸쳐 헤겔의 변증법, 그리고 헤겔을 비판적으로 계승한 칼 맑스와 엥겔스가 사회과학 및 자연과학에 끼친 영향력은 자연과학에서도 찾아볼 수 있습니다. 물론 현상학자 하이데거도 후설도 대상과 인간과의 상호작용은 인정하면서도 변증법에서 중요하게 다루는 '매개'나 '부정의 부정'에 대해서는 중요하게 생각하지 않았습니다. 변증법에 대해서 영·미철학에서는 더욱 무시하고 있습니다. 하지만 철학자도 인정하지 않던 변증법을 독일출신의 자연과학자 중 화학자겸 물리학자인 쇼를레머(Carl Schorlemmer, 1834~1892)와 일본의 양자물리학자 유카와 히데키(湯川秀樹, 1907~1981), 그리고 프랑스의 자크 모노(Jacques L. Monod, 1910~1976)는 이를 인정하였습니다. 칼 맑스와 엥겔스는 1860년대 초에 쇼를레머와 알게 되었습니다. 그는 물질의 화학변화에서 변증법적 과정을 발견함으로써 특히 커다란 성과를 거두었습니다. 쇼를레머는 맑스주의 창시자들과 친분을 맺게 된 것을 계기로 그 후 변증법적 유물론을 깊이 연구하여 변증법적 유물론을 자연과학에 적용하려고 노력했습니다. 이를 지켜본 엥겔스는 쇼를레머에 대해 다음과 같이 쓰고 있습니다.

"쇼를레머는 그의 시대의 단 하나의 뛰어난 자연과학자입니다. 그는 그 당시 모두로부터 경멸당했던 헤겔에 대한 연구를 경시하지 않고 반대로 헤겔의 변증법을 높이 평가했었습니다. 이것은 분명히 정당한 것이었습니다. 일반적으로 이론적인 자연과학의 영역에서 무엇을 이루고자 한다면, 대다수의 연구자가 그랬던 것처럼 자연현상을 불변의 양으로 간주할 것이 아니라 더 나아가 가변적·유동적인 양으로 봐야만 합니다. 그리고 이것은 역시 지금까지도 헤겔 변증법으로부터 가장 용이하게 배울 수 있는 것입니다."86)

쇼를레머는 헤겔, 맑스, 엥겔스의 변증법을 연구한 뒤, 그것을 유기화학 분야에서의 자신의 이론적·실험적 연구에 적용했습니다. 그는 유기물의 상호전화의 객관적 변증법을 밝히고, 유기물의 발전 과정을 확인했습니다. 그는 이에 기초하여 낮은 것으로부터 높은 것으로, 단순한 것으로부터 복잡한 것으로, 가장 간단한 탄수화물로부터 보다 복잡한 파생물로, 나아가서는 단백질로 이어지는 유기물의 변증법적 발전, 즉 부정과 지양(止揚)을 반영한 과학적인 유기화학 체계를 수립했습니다. 그는 또한 어떻게 해서 가장 간단한 유기화합물(탄수화물)로부터 아주 다양한 유기물이 어떻게 발생하는가, 즉 유기화합물의 발전이 어떻게 일어나는가를 밝혔습니다. 그리고 수소를 다른 원자 또는 원자의 집단과 바꿔놓으면 파라핀으로부터 매우 다양한 유기물이 얻어진다는 것을 알아내었습니다. 쇼를레머는 익히 알고 있는 파라핀 족(族)을 정밀하게 연구하여 그

---

86) ▶ 앞의 책, 제3권, 454쪽.

중의 많은 것이 동일하다는 것을 처음으로 알아낸 것입니다. 이처럼 존재하고는 있었으나 아직 알지 못했던 물질을 우선 이론적으로 변증법적 유물론을 확신하고 이를 예언한 다음 실험을 통하여 그것을 증명해낸 것입니다.

또 한 사람 일본의 유카와 히데키도 쇼를레머와 같은 경우에 해당합니다. 그는 이론물리학, 특히 원자핵론 및 양자역학을 연구하였으며, 1940년 교토대학 교수가 되었습니다. 1948년 도미하여 프린스턴대학 객원교수로 있었고, 1953년 귀국하여「교토대학교」에 '기초물리학연구소장'으로 재직하였습니다. 이론물리학자인 그는 변증법을 통하여 원자핵 내부에 양성자와 중성자가 서로 상호작용 중에 강한 '견인과 반발'을 하는 '중간자'가 존재한다는 것을 1935년에 이론적으로 먼저 예측했었습니다. 그리고 이 이론은 1947년 세실 프랭크 파월(Cecil Frank Powell, 1903~1969)에 의해서 '쿼크'(Quark)라는 매개물이 있다는 것이 증명되어 1949년 일본 최초의 노벨상물리학상 수상자가 되었습니다. 그리고 유카와 히데키는 노벨상을 수상한 후 기자가 수상소감을 묻자 "변증법을 몰랐다면, 특히 대립물 사이의 '매개'와 '부정'을 알지 못했다면 '쿼크'를 발견하지 못했을 것"이라고 수상소감을 밝혔습니다. 그는 변증법적 대립물의 상호작용과 상호침투 사이에 어떤 '매개물'이 있다고 확신한 물리학자 중 한명입니다.

이와 같이 자연과학에서도 존재하는 모든 것은 상호 연관되어 있고, 쉬지 않고 운동하며 '견인과 반발' 및 '부정의 부정'을 지속하며 하나의 원자들이 구성되어 있다는 것을 이론적으로 먼저 사고하고, 즉 모든 물질은 변증법적으로 존재하고 있음을 먼저 예측하고 이를 실험을 통하여 확인할 수 있었습니다.

현대의 우리들도 매일 컴퓨터와 스마트폰을 사용하며 이 기구들과 상호작용을 하고 있습니다. 또 컴퓨터와 스마트폰 그리고 우리 인간 사이에는 '편리함'과 '친밀함'이 중심에 있다는 것을 알 수 있음에도 무엇이 컴퓨터와 인간이 상호작용을 하게 했는지를 모른다면 변증법을 모르는 것입니다. 도구와 인간 사이의 친밀함과 편리함은 곧 '매개'입니다. 그리고 기계와 인간 사이에 친밀함이 없는 제품은 3D TV와 구글 글래스[87]처럼 모두 실패하였습니다. 첨단 산업이라고 해서 곧 성공하는 것이 아니고 도구와 인간 사이의 상호작용을 위한 '매개'를 무시하면 회사가 폐업하게 됩니다.

3D TV와 구글 글래스

87) ▶ 구글이 글래스(Google glass)를 쓴 채 안경의 화면을 보고 춤동작을 따라 배울 수 있게 해주는 기술에 대해 특허를 받은 것으로 2015년에 출시했으나 침몰한 사업이다.— 저자 주.

그렇다면 보이지 않는 '친밀함'은 무엇일까요? 아이패드에는 많은 것이 보이지 않지만 그 가상공간에는 무수히 많은 앱들과 무수히 많은 흥미를 창출하는 것들이 존재합니다. 아이패드와 인간 사이에 보이지 않는 '친밀함'과 바로 '편리함' 그리고 '흥미'가 있습니다. 이 편리함이 상호작용하면서 무한한 현실과 가상을 뛰어넘어 지금 이 순간에도 지양되고 있습니다. 그러나 3D TV와 구글 글래스는 '매개'를 무시했기에 상호작용에 실패하였습니다. 또한 인간과 도구가 함께 발전해야 하는데 이 도구들은 함께 발전하는 도구들이 아니었습니다. 친밀함이라는 매개를 생각하지 못하고 일방적으로 개발자 입장만을 구상한 도구들이었습니다. 다시 말해 모순을 해결해 나갈 수 있는 변증법적 매개와 통로가 없었습니다. 도구와 인간은 서로 상호작용하면서 상호 필요에 의해서 상호 침투해야 합니다. 남자와 여자 사이에는 '사랑'과 '섹스'라는 매개물이 있습니다. 때문에 상호작용하고, 침투하고, 질량변화를 겪으며 퇴보하거나 발전합니다. 아이패드는 인터넷을 통하여 상호작용하면서 지양하고 있는 도구이지만 3D TV와 구글 글래스는 상호작용하지 못하면서 변증법적으로 퇴보한 점에 주목해야 합니다.

지금 전 세계적으로 화두가 되고 있는 양자물리학 역시 인간과 상호 관계에 있어서 필요가 없는 학문이라면 발전할 수 없습니다. 하지만 양자물리학에 의하여 우리가 사용하는 스마트폰이나 아이패드와 같은 물건을 만들어 유용하게 사용될 수 있지만, 존재하는 모든 것은 변증법적 양면성이 있습니다. "양자기술 때문에 문명에 위기가 찾아온다." "양자기술의 군사적 이용이 초읽기에 들어갔다"란 말이 현재 나오고 있는 말입니다. 바로 양자역학을 이용하여 핵무기나 중성자무기 등 가공할 만한 무기를 만들어 낸다는 점에 대해서도 잊지 말아야합니다. 따라서 양자물리학 내부에 또 하나의 '공포'라는 모순도 존재하게 되고 이 모순을 극복하기 위하여 UN과 같은 국제기구가 있고, 그러한 기구도 바로 우리 인간이 만들었기에 인류 평화를 위하여 국가 간 밀접한 관계를 유지하며 상호작용하도록 노력하는 국제기관입니다. 다시 말해 UN은 세계 평화를 위해 아주 중요한 '매개' 기관으로 반드시 필요한 국제기구입니다.

아이패드를 발명한 스티브 잡스에 대한 책을 읽어 보면 "아이패드의 장점은 사라지는 데 있다!" "동양철학에 심취하다"라는 내용이 나옵니다. 그리고 "나는 「리드대학교」에 입학하여 동양의 신비주의철학에 빠졌다"라는 내용도 언급되고 있습니다. 뿐만 아니라 그는 암수술을 끝내고 「스탠포드대학교」 졸업식 축사에 참석하여 "아무도 죽음을 원하지 않습니다.…… 누구도 죽음에서 자유롭지 못합니다. 죽음은 삶이 고안해 낸 가장 훌륭한 작품입니다. 죽음은 삶을 변화시킵니다"라고 말했습니다.[88] 이처럼 인간은 원자로 태어나 다시 원자로 돌아간다는 말을 멋지게 남겼습니다. 어디선가 들어본, 하이데거가 세상에 던져진 실존된 현존재들에게 하는 말처럼 들립니다. 따라서 잡스가 하이데거를 알고 있

88) ▶ 짐 코리건 저, 권오열 옮김, 『스티브 잡스 이야기』(명진출판사, 2009), 67쪽. 287쪽. 참조.

었다고 단언합니다. 이런 점에서 그는 어느 한편으로는 철학자였다고 필자는 보고 있습니다. 특히 "사라지는 데 있다"란 말은 변증법에서 '**존재**란 **있다**와 **없다**'의 '**통일**'이라고 주장한 헤겔의 「존재론」에 나오는 글을 듣는 것 같습니다.

방법에는 여러 가지가 있다

저자가 청년시절 사회의 모순을 직접 몸에 느낀 나머지 군부독재를 타도하고 민주국가를 수립해야 한다는 일념으로 민주화운동에 가담하게 되었습니다. 당시 젊은 마음의 소박한 직관일 수도 있었습니다. 그러나 저자는 반드시 민주화는 이루어진다는 확신에 찬 자신감이 있었습니다. 하지만 주변 사람들로부터 유치하고 어리석은 생각이라고 비난도 받았습니다. 저자의 주변에는 이때 당시의 사회운동의 주역들이 무척 많습니다. 그러나 결혼을 하고 가정을 갖게 되고 자식이 생기게 됨으로써 이에 대하여 제약되어 흐리멍덩한 인간이 되어버린 사람들도 무척 많습니다. 그리고 변절해버린 사람들도 많습니다. 하지만 지금까지도 변하지 않고 현장에서 열심히 사회운동에 종사하고 있는 사람들도 많습니다. 뭔가 흐지부지된 사람들은 원만한 가정생활을 유지하며 살고 있는 편이지만 아직까지 사회운동을 계속하고 있는 사람들은 이혼하였거나 교도소를 아직까지도 들락날락하고 있는 경우도 많습니다. 어떤 때는 어느 것이 인생에서 올바른가를 판가름하기 쉽지 않을 때도 많습니다. 정말로 사상과 철학을 버리고 변절해버린 사람들도 적지 않기 때문입니다. 저자가 잘 아는 H라는 후배는 심한 고문 후유증으로 정신병원에 들락날락하며 힘겹게 살고 있지만 변절하지 않았습니다. 하지만 부인에게 이혼을 당하였습니다.

노동자가 자기들의 임금 인상을 위하여 정권타도를 외치는 경우와 사회운동가들이 정권타도를 외치는 경우는 결론이 일치하지만 그 주장하는 내용은 일치하지 않습니다. 그러나 많은 사람들이 노동자는 투쟁하기 때문에 항상 옳은 주장을 할 것이라고 생각하는 경우가 있습니다. 그러나 그것은 아직 유아기적 사고이고 형식논리학적 사고이자 형이상학적 사고입니다.

청년시절 순박한 사회운동이 유아기적 사고였다면 노동자의 임금투쟁 역시 유아기적 사고인 것입니다. 이를 '좌익소아병'이라고 말합니다. 여기서 청년시절의 거칠고 소박한 생각으로 사회운동에 참여하였던 청년은 부정의 부정을 통하여 이제 가정을 갖고도 좀 더 발전된 의식으로 계속적인 정치투쟁을 해나가야 할 것입니다. 또 노동자도 임금투쟁만을 통하여 경제주의나 조합의 이익만 따지는 조합주의 운동을 버리고 이제 처음의 부정을 준비하고 제2의 부정을 통하여 정치적 투쟁을 해나갈 때 정말 옳은 주장을 해낼 수 있을 것입니다. 사회운동도 낡은 사회를 부정하고 새로운 사회를 수립한다는 사명으로 변절하지 않고 나아갈 때 더 높은 수준의 사회를 건설할 수 있는 것입니다. 그렇지 않으면 그야말로 좌익 소아병에 빠져 버리고 맙니다.

저자가 아는 후배 중에 S라는 사람이 있습니다. 그는 지방에서 신문사를 운영하고 있고 교육 사업에도 투자를 하고 있습니다. 그는 IMF 당시 회사가 힘들어지자 회사의 노동조합을 해체시켰습니다. 다시 말하여 노동자를 탄압한 악덕기업주인 것입니다. 그러나 그것은 일면만을 바라본 유아기적 사고입니다. 바로 노동조합이 경영이 어려운 회사에 대하여 임금인상과 같은 경제주의나 조합주의에 빠졌기 때문입니다. 언론사는 신문을 만드는 곳이고 그곳이 없어지면 노동조합도 없어집니다. 그런데 그들은 그 지역의 약자를 위하여 반드시 존재해야 하는 언론의 사명을 저버리고 자신들의 이익만을 위하여 싸웠던 것입니다. 결과적으로 노동조합이 없어지게 되었고 이제 회사는 IMF를 빠져 나와 겨우 지탱할 수 있었습니다. 이처럼 노동운동이나 학생운동이라 해서 모두 옳을 수는 없습니다. 세상을 사는 방법은 이처럼 여러 가지가 있지만 항상 옳고 그름은 축적된 지식 속에 부정의 부정을 통하여 정도를 가야 하는 것이 우리의 인생입니다. 그러기 위해서는 어떻게 제1의 부정과 제2의 부정으로 이끌어 갈 것인가 하는 것들을 생각하고 실행하는 것이 우리들의 임무입니다.

전체를 분석하는 부정의 법칙

세계내(世界內)에 존재하는 모든 사물을 매개가 없는 대립으로만 고찰하는 것은 관념론자와 형이상학자들의 특징이라는 점은 누차 얘기한 바 있습니다. 부정의 부정은 최초의 단계에서 다음 단계로 부정이 진행되고 제2의 부정의 단계가 발전하여 그로부터 또한 그 다음의 단계로 부정이 진행하는 것이기 때문에 처음부터 각 단계의 매개관계가 전제되고 이 매개관계를 파악함으로써 세 번째 단계의 의의도 이해될 수 있는 것입니다. 처음부터 마지막까지 매개되어 발전하는 것은 변증법의 기본입니다. 매개, 즉 중간 단계를 거치지 않고 발전하는 것은 이 세계 어느 곳에도 없습니다. 따라서 관념론 철학자는 매개를 무시해도 자연과학자나 기술자는 매개를 무시하지 못합니다. 세계는 완성되어 있는 것이 아니라 완성되어 가고 있는 것입니다.

부정의 부정은 처음의 부정으로부터 두 번째 부정에로의 전 과정을 파악하는 것이 중요합니다. 그 전체의 구조를 분석하여 확고히 파악하지 않으면 이해될 수도 평가될 수도 없습니다. 현실 세계에서 진행되고 있는 구체적인 부정을 분석하지 않고 추상적으로 머릿속에 무엇을 그리며 나열하는 방식으로는 이해나 평가가 불가능합니다. 해석하는 것만이 아니라 실천하는 것이 변증법의 근본인 만큼 처음 것을 분석하고 부정하고 또 2차적인 부정을 통하여 어떠한 성과가 있는가가 발견이 되어야하고 파악되어야합니다.

부정의 부정이란 이를 실천하는 속에서만 원래의 문제를 해결할 수 있고 또 이해될 수 있습니다. 이제 철학은 세계를 해석할 뿐만 아니라 실천해야 합니다. 여기에 부정의 부정의 법칙이 갖는 중요성이 있는 것입니다. 어떤 문제에 부딪쳤을 때 쉬거나 포기하지 말고 전력을 다하여 다른 방법을 모색하는 부정을 통해서만이 문제를 해결할 수 있는 길이 발견될 수 있을 것입니다. 바로 부정의 부정의 법칙이 그 해결방법을 가르쳐 주고 있는 것입니다.

해방 전이나 해방 후에나 오늘날까지도 유물론자이면서도 민족독립운동이라는 큰 문제와 씨름하며 일생을 바친 우리 운동가들은 항상 실천을 중시하며 부정의 부정을 실천하여 왔던 것입니다.

변증법의 3법칙은 서로 분리될 수 없다

변증법을 공부하면서 우리들은 머릿속에 **대립물의 상호침투의 법칙**과 **질양변화의 법칙**, 그리고 **부정의 부정의 법칙**을 서로 다른 것으로 취급하고 있지만 현실의 법칙 속에서는 어느 것도 서로 분리될 수 없는 것으로 따로따로 존재하지 않습니다. 부정의 법칙은 현실에서 전 과정을 놓고 논한다면 당연하게 그 속에는 양질변화와 부정의 부정, 그리고 대립물의 상호침투작용이 함께 이루어지고 있는 것입니다.[89)]

부정의 부정의 법칙에 있어서 처음의 부정은 지금까지의 것을 실제로 부정하는 것이지 머릿속에서 이루어지는 것이 아닙니다. 관념론적 입장에서 부정하는 것이든 유물자의 입장에서 부정하는 것이든 지금까지의 것을 부정하고 새로운 것으로의 발전된 진행을 의미하는 것으로 처음의 존재로 되돌아올 수 없는 부정입니다. 그

---

89) ▶ 162쪽 그림 참조— 저자 주.

리고 처음의 부정은 올바르게 이루어졌다고 해도 두 번째에 이르는 부정이 결함이 있다면 결국 그 결과는 나쁠 수밖에 없습니다. 우리는 생활 속에서 매일 매일 부정과 부정을 통하여 살고 있으며 서로 얽혀 상호작용하고 있다는 점을 잊어서는 안 됩니다. 양자물리학의 **양자 얽힘**으로 노벨상을 받은 것도 변증법적 현상으로 이제야 그것이 증명되었을 뿐 원자는 과거나 지금이나 항상 서로 상호작용하며 얽혀 있었던 것입니다.

변증법이란 예부터 철학자의 전유물이었으나 이제는 그렇지 않습니다. 이제는 모든 과학에서 현실과 씨름하며 그 존재 형태를 따지고 그 존재를 올바로 파악하는 것은 오래전부터 그 모습을 드러내고 있습니다. 우리가 알고 있는 성구(聖句) 중에 '전화위복'(轉禍爲福)이라거나 '음지가 양지된다'든지 '지는 것이 이기는 것,' '실패는 성공의 어머니'라든지 하는 말들은 바로 부정을 통해 세계를 살아가는 우리들의 방법입니다. 속담이나 성구는 변증법적인 요소로 지니고 있으며 속담과 성구를 요소요소에서 활용하는 것도 생활의 지혜가 될 수 있습니다.

실제 생활 속에서 일어나는 문제를 분석하고 자신이 당면하는 문제들을 해결하여 가지 않으면 안 되는 입장에 있는 사람들은 과학자든 기자나 경찰이든 기업가든 문제를 푸는 것에 관심을 갖지 않을 수 없습니다. 때문에 진보적 사고를 가진 사람이라면 이제 이 땅의 보수적 강단 철학과 투쟁하여 실천 철학이 대학 강단에서 강의될 수 있도록 끊임없는 노력을 해야 합니다. 요즘 인공지능과 함께 부각되고 있는 양자역학 역시 생성과 소멸, 견인과 반발, 질량 변화, 가능성과 현실성, 우연성과 필연성, 원자의 파장 등등 동적 활동을 발견하면서 변증법적으로 비약적 발전을 거듭하고 있습니다.

프로크루스테스[90](Procrustes)는 『그리스 · 로마 신화』에 등장하는 강도로 사람을 잡아서 죽이는 자입니다. 그런데 그가 쇠로 만든 침대에 사람을 눕혀놓고 침대보다 길면 그 길이와 맞게 사람을 자르고 키가 작으면 키를 억지로 늘려 침대와 같은 길이로 만들어 죽였다는 고정된 형식논리적인 사고를 지닌 괴물이었습니다. 그러나 우리는 이제 이러한 정적(靜的)인 세계관에서 벗어나 동적(動的)이고 변증법적인 세계관으로 세계를 바라보고 실천하는 자세를 갖추어야 합니다. 매일 우유를 마시고, 매일 운동을 해야 건강하듯이 항상 고민하고 사유하며 사는 것이 멋진 삶인 것입니다. 고진감래(苦盡甘來)는 변증법의 기본입니다.

---

90) ▶ 프로크루스테스는 테세우스가 아버지를 찾아 아테네로 가는 길에 등장하는 인물이다. 테세우스는 열여섯 살 때 아버지를 찾아 집을 떠났다. 테세우스는 야심을 품고 손쉬운 바닷길 대신 온갖 괴물과 악당들이 들끓는 육로를 선택했다. 프로크루스테스는 테세우스가 이 모험에서 마지막으로 만난 악당이다.— 저자 주.

6. 인간과 사회

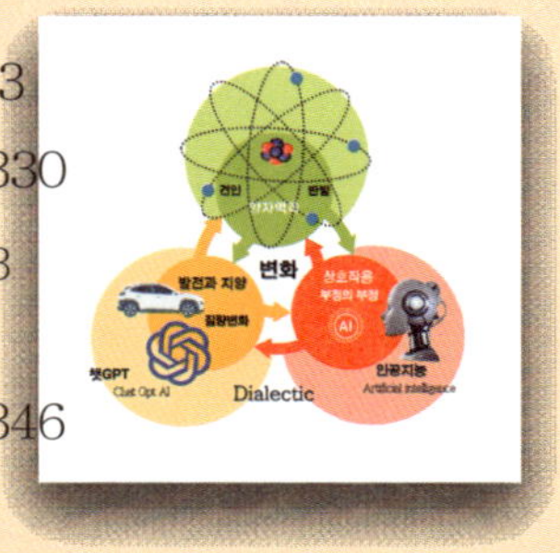
변화
발전과 지양
상호작용
부정의 부정
AI
챗GPT
Dialectic
인공지능

사회란 무엇인가?

이제부터는 지금까지 공부한 변증법을 토대로 하면서 현실을 살펴보는 순서를 갖겠습니다. 우리 인간이 사회를 살아가면서 자신이 배운 학문을 현실에서 실천하지 않는다면 이 또한 의미 없는 일이 될 것입니다. 이는 우리 인간은 항상 좀 더 나은 삶을 살고, 현재보다 더 나은 사회를 이룩하기 위하여 살아가고 있기 때문입니다.

북한에서 탈북하여 남쪽으로 온 이탈주민들은 북한을 지옥, 남한을 천당이라고 부르곤 합니다. 하지만 남한 국민들은 헬(Hell)조선이라는 말을 하며 대한민국을 떠나려 합니다. 여기서 헬(Hell)이란 지옥(地獄)을 의미합니다. 다시 말하여 북유럽국가나 선진 민주주의국가보다 부정과 부패, 정의보다는 옳지 못한 사건들이 많아서 대한민국을 떠나 더 나은 사회에 살겠다는 의지입니다. 이처럼 인간은 더 좋은 삶을 살아가고 싶은 욕망이 있습니다.

인간이 욕망을 실현하여 가면서 가장 밀접하게 대립하며 살아가고 있는 것이 자연입니다. 그런데 자연과 투쟁 관계지만 인간은 자연 속에서 나왔기 때문에 다시 자연으로 돌아갑니다. 물리학의 양자역학에서는 사람은 '원자'로 태어나 죽으면 다시 '원래의 원자'로 돌아가는 것이라고 말합니다. 인간은 죽음으로서 자연으로 영원히 존재하게 되는 것이라고 이야기합니다. 넓은 의미로 본다면 인간 역시 자연의 일부입니다. 인간은 자연 속에서 자연과 관계(대립)하며 변증법적 관계로 살아갑니다. 결국은 자연과 인간의 투쟁 속에서 매개 관계가 성립되고 있는 것입니다. 즉 서로 상호작용하면서 또는 서로 교류하면서 살아갑니다. 그리고 살아있는 생물은 외부로부터 생활에 필요한 물건을 공급받지 못하면 생명을 유지할 수 없습니다. 사람도 의식주가 해결되어야 살아갈 수 있습니다.

동물은 필요한 생활재료를 자연으로부터 얻고 자연에 순응하며 수동적으로 살아가고 있다면, 사람은 능동적으로 자연에 노동을 가하여 필요한 물건을 창조하며 살아갑니다. 즉 의식주를 위한 생산물을 만들어 내면서 살아갑니다. 다시 말하여 인간은 노동을 통하여 필요한 물건들을 창조할 수 있다는 점입니다.

그런데 또 한편에서는 유아나 학생, 노인, 병자들은 노동을 할 수 없기 때문에 스스로 생활재료를 생산할 수 없습니다. 그리하여 주변사람들이 만들어 놓은 것을 일정한 비용을 지불하고 그 생산물을 사서 사용하는 사람들도 있습니다. 이 사람들은 일방적으로 사용과 소비만 하는 사람들로 노동을 통하여 무엇인가를 생산할 수는 없습니다. 그래서 국가가 국민의 행복을 위해 복지제도가 확대되고 있습니다.

반면 기업에 종사하는 노동자들은 스스로 노동하면서도 노동자 자신은 사용할 수도 없고 소비할 수도 없는 것들도 있습니다. 비싼 자동차나 냉장고, TV 또는 의약품도 시장의 상품으로 만들어 내기는 해도 돈이 모자라거나 필요가 없어서 '사용'이나 '소비'라는 말이 어울리지 않을 수도 있습니다. 이른바 이 사람들은 일방적으로 생산만 하는 사람들입니다.

한편에서는 남이 생산한 물건을 소비만 하는 사람이 있고, 다른 한편에서는 생산만 하는 사람이 있는 것, 이것이 사회의 한 형태입니다. 생산물은 인간이 사용하여 소비되어 소멸하지만 동시에 인간이 노동함으로써 잃은 에너지를 보충해주고 생명을 유지하고 육체와 정신을 건강하게 하는 역할을 합니다. 그뿐만 아니라 이는 또다시 생산을 할 수 있는 에너지를 축적하는 것이기도 합니다.

인간과 자연 사이에 성립하는 생활의 생산에는 우선 생활재료가 생산된 후에 소비된다는 '매개 관계'만이 아니라 생활재료의 생산이 원료의 소비임과 동시에 생활재료의 소비가 곧 생산이라는 '직접적 관계'에 있습니다.

사람은 사람으로부터 태어납니다. 남편과 아내가 있고 거기서 아들과 딸이 태어납니다. 그리고 부자지간이 형성되고 형제가 됩니다. 부모는 아들들에게 먹을 것을, 즉 생활재료를 주고 아이들의 성장을 위하여 생산 활동을 합니다. 바로 부모는 자기가 노동하여 자신의 생활도 하지만 자식들의 생활도 하게 하는 두 가지 역할을 합니다. 하나의 사회적 역할을 하는 것입니다. 여기서 사회적이라는 것은 어떤 조건하에 있든 어떤 양식을 취하든 그리고 어떤 목적을 위한 것이든 상관하지 않고 다수 개인의 협동을 의미하는 것입니다. 소위 사회란 생산을 위하여 모인 다양한 협동체라고 말할 수 있습니다. 그래서 일찍이 이를 가리켜 아리스토텔레스는 "인간은 사람끼리 모여 사는 사회적 동물"이라고 말한 바 있습니다. 즉 인간은 든든한 이웃을 만들고 지역사회와 더불어 산다면 더욱 빠르게 정착할 수 있습니다.

한 남성과 한 여성의 결혼은 생산하기 위한 결합으로 사회적 결

합의 가장 간단하고 기초적인 형태라고 볼 수 있습니다. 부부의 분업과 협동으로 자식들을 키우게 되는 것 자체가 사회의 시작으로 모든 인간은 태어나면서부터 혼자는 살 수 없고 이처럼 사회적 형태를 띠면서 살아갑니다. 또 아이들과 같이 살면서 문화적 즐거움도 가져야 합니다. 적적함을 달래기 위하여 고양이나 강아지 같은 애완동물을 키울 수도 있습니다. 이러한 것이 서로 필요에 의해서 구성되는 가족 구성체입니다.

그리고 국제 사회도 서로 필요에 의해서 구성되어진 국제 공동체입니다. 값싼 물건은 중국이나 동남아에서 석유는 중동에서 수입합니다. 밀가루는 북미에서 포도주는 남미나 유럽에서, 바나나는 열대지역에서 분업과 협동을 통하여 사회적 관계에서 국제적 관계를 형성하며 서로 교환하면서 살고 있습니다. 그런데 북한은 국제적 관계를 우호적이거나 '비적대적 관계'가 아닌 '적대적 관계'로 만들어 가고 있습니다. 서로 연관되어 있다는 변증법적 논리를 거부하는 것입니다. 이런 홀로서기는 개인이라면 스스로 죽을 것이며, 국가라면 소비에트연방처럼 스스로 곧 멸망할 것입니다.

다양한 개인은 육체적으로나 정신적으로나 나만이 아니라 상대를 위해서도 창조를 해야 하는 사회적 매개 관계에 있습니다. 인간은 자기 스스로 자신을 생산할 수는 없는 것입니다. 서로 필요에 의해서 함께 살아야 하는 존재입니다. 즉 인간은 사회적 동물이며 상호 대립하는 변증법적 관계입니다. 이것이 바로 우리가 살고 있는 사회입니다. 그럼에도 이를 부인하려는 사람도 있고, 이를 거부하는 세력도 있습니다. 바로 종교를 가진 사람들입니다. 또 북한과 같은 나라도 여기에 속합니다. 이는 비변증법적이고 비사회적인 사람이나 세력으로 곧 종말을 맞이하게 될 것입니다. 종교에는 무조건 믿어야 되는 진리가 이미 확정되어 있기 때문입니다. 종교가 믿음을 강조한다면 철학은 이성적인 사고를 강조합니다. 철학에서는 절대적으로 타당한 고정된 진리는 존재하지 않습니다. 무수한 철학자들이 나름대로 진리를 주장했지만 모두 후세 사람들에 의하여 비판되고 극복되었습니다. 그리고 과학의 발전에 따라 철학의 내용도 변해 왔습니다.[91] 하지만 종교는 불변합니다. 북한의 주체사상도 종교와 같은 것입니다. 그런데도 북한을 신봉하는 사람이 있고, 신흥종교도 탄생하고 사이비 종교도 있습니다. 이처럼 절대적으로 불변하는 것을 신봉하는 사람들은 창조적이며 변화하는 변증법적 사고를 지닐 수가 없습니다.

---

91) ▶ 강대석 지음, 『정보화시대의 철학-AlphaGo』(중원문화, 2016), 172쪽.

인류란 무엇인가?

우리는 중학교나 고등학교 생물시간에 **다윈**의 진화론에 대하여 배웁니다. 물론 **린네**나 **멘델**(Gregor J. Mendel, 1866~1884)에 대해서도 배웁니다. 하지만 이들은 자신이 주장했던 모든 이론들이 변증법이란 법칙 안에 모두 수용된다는 걸 알지 못했습니다. 특히 다윈은 하나의 '우연성'만 제시할 뿐 '필연성'에 대해서는 미처 생각하지 못한 것으로 보입니다. 아직 필자가 다윈의 학설을 통달하지 못했기에 이렇게 말할 수도 있습니다. 하지만 헤겔이나 엥겔스는 **우연성과 필연성**, 또는 **가능성과 현실성**에 대하여 매우 중요하게 취급합니다. 가능성과 현실성, 우연성과 필연성은 변증법적 관계입니다. 20세기 후반 노벨 생물학상을 수상한 프랑스의 생물학자 **자크 모노**라는 사람이 "모든 것은 우연의 원리가 지배한다"고 주장한 바 있습니다. 하지만 변증법에서는 우연과 필연, 가능과 현실은 상호작용하며, **질량변화**와 함께 **부정의 부정**을 통해 **동일성의 원리**에 따라 발전해 왔다고 보는 것이 필자의 주장입니다. 즉, 나뉘어서 취급되더라도 상호 전화된다는 점입니다. 하지만 모노는 모든 것을 우연성의 지배로만 생각하였습니다. 그러나 그는 존재하는 모든 것은 우연에서 시작된다는 점은 정확하게 보았으나 변증법에서 제일 중요한 상호작용과 그 반대의 법칙, 그리고 **대립물의 투쟁의 법칙**에 대해서는 한발 뒤에 있었던 것으로 보입니다.

엥겔스는 그의 『자연 변증법』에서 「인류의 원숭이의 인간화와 있어서 노동의 역할」이라는 곳과 「변증법」이란 곳에서 변증법의 중요성과 헤겔의 위대함, 그리고 우연성과 필연성에 대하여 자세하게 설명하고 있습니다. 물론 우연성과 필연성이란 말은 데모크리토스가 가장 먼저 사용하였고, 이후 2천년 후인 18세기에 헤겔이 사용하였습니다. 그리고 엥겔스에 의하여 자연과학에도 적용되게 되었습니다. 하지만 이러한 엥겔스의 노력에도 불구하고 그의 '자연 변증법'은 당시 크게 빛을 보지 못하였습니다. 엥겔스는 다음과 같이 말합니다. 본서 47쪽의 "인간은 그가 일으키는 변화를 통해 자연을 자신의 목적에 맞게 변형시키며, 자연을 **지배**한다"92)라는 말을 상기할 필요가 있습니다. 그리고 우연성과 필연성에 대하여 이렇게 쓰고 있습니다. "형이상학93)이 사로잡혀 있는 또 하나의 대립은

92) ▶ F. 엥겔스 저, 윤형식외 역, 『자연변증법』(중원문화, 2012) 176쪽. — 저자 주.

93) ▶ 이는 세상을 고정불변으로 보는 형식논리학을 지칭한다.— 저자 주.

우연성과 필연성의 대립이다. 이 두 개의 사유규정보다도 더 첨예하게 모순[대립]되는 것이 있을까? 이 두 가지가 동일하다는 것, 우연적인 것이 필연적이고 필연적인 것이 역시 우연적이라는 것이 어떻게 가능한가? 평범한 인간의 상식과 그와 함께 대다수의 자연과학자들은 필연성과 우연성을 서로 단연코 배제하는 규정으로 취급한다.…(중략)…즉, 양자는 자연 속에서 서로 나란히 존재한다. 자연은 온갖 대상들과 과정들을 포함하며 그것들 중 한 부분은 우연적이고 다른 한 부분은 필연적이며, 이때 중요한 것은 오직 이 두 종류를 혼동하지 않는 것이다.…(중략)…그런 다음 필연적인 것은 과학적 관심의 대상이 되는 유일한 것이 되고, 우연적인 것은 과학에 있어서 그다지 의미가 없는 것이라고 설명된다. 즉, 그들이 법칙들 아래로 포섭할 수 있는 것, 즉 그들이 아는 것이나 관심을 끌지 않는 것, 그들이 법칙들 아래로 포섭할 수 없는 것, 즉 그들이 모르는 것은 별로 중요한 것이 아니라고, 등한시해 버린다. 이로써 모든 과학은 끝이 나는데, [하지만 우리는 여기에서 멈추면 안 된다.[94]] 왜냐하면 과학은 바로 우리가 모르는 것을 탐구해야 하는 것[학문]이기 때문이다. 다시 말해서 일반적 법칙들 아래로 포섭될 수 있는 것은 필연적인 것으로 간주되고, 그럴 수 없는 것은 우연적인 것으로 간주된다. 이것은 자신이 설명할 수 있는 것은 자연적인 것이라 하고, 그 자신에게 있어 설명되지 않는 것은 초자연적인

94) ▶ [ ]은 본 저자가 이해를 위해 첨삭했음.— 저자 주.

원인으로 돌려 버리는 그러한 종류의 과학과 동일한 것이라는 것은 누구나 다 알 수 있다. 내가 설명할 수 없는 것의 원인을 우연이라 부르든 혹은 신(God)이라 부르든 그것은 그 사상(事象, 관찰할 수 있는 형태를 취하여 나타나는 여러 가지 사물과 현상) 자체에게는 전혀 중요한 일이 아니다."[95]

엥겔스는 이처럼 우연성을 중요하게 생각하였으며, 바로 프랑스의 모노 역시 우연성은 필연성을 동반한다는 논리로 필연성만을 강조해 왔던 목적론을 비판하고 생물학의 거두로 자리 잡게 됩니다. 하지만 엥겔스는 헤겔의 말을 인용하여 "우연적인 것은 필연적이며, **필연성은 자기 자신을 우연성**으로 규정하고, 그리고 다른 한편, 이 **우연성은 오히려 절대적 필연성**이라는 명제를 제시하면서 등장했다"[96] 라고 주장합니다. 그렇다면 우연성과 필연성은 상호작용한다고 할 수 있습니다. 다시 말해 다윈의 진화론을 좀 더 확대한다면 물고기에서 인간이 되는 것은 자연의 우연적 섭리로 인간이 탄생될 수밖에 없었다고 설명될 수 있습니다. 여기까지는 모노가 말한 우연성이 필연성을 지배한다는 논리입니다. 그러나 앞에서 엥겔스의 말대로라면 원숭이나 침팬지에서 인간으로 되는 과정 또한 수백만 년에 걸쳐서 인간이 되기까지는 우연적으로 인류적 DNA나 유전자가 생겼다가 린네의 말대로 교잡(交雜)을 통해 인간의 유전자가 있는 침팬지와 인간의 유전자가 없는 침팬지 사이의 교접이 있었을 수

95) ▶ F. 엥겔스 저, 윤형식외 역, 『자연변증법』(중원문화, 2012) 220~221쪽.— 저자 주.

96) ▶ 앞의 책, 222쪽.— 저자 주.

도 있고, 반대로 인간의 유전자가 있는 침팬지끼리 교잡도 있었을 것이란 걸 추론해 볼 수 있습니다. 지금까지 인류의 기원은 **아프리카 기원설**과 **다(多)지역 기원설** 두 가지로 분류된다고 본서 46쪽에서 이미 언급한 바 있으며, 또한 앞장 「변증법이란 무엇인가」에서 살폈듯이, 인류는 때론 변증법적으로 후퇴하거나 멸망한 인류도 있었을 것이고, 반대로 인간적 유전자가 별로 없는 침팬지끼리의 교잡이 이루어지면서 어떤 인간류는 멸종하고, 어떤 침팬지는 우연하게 인간류의 DNA나 유전자가 많은 침팬지끼리 교잡이 이루

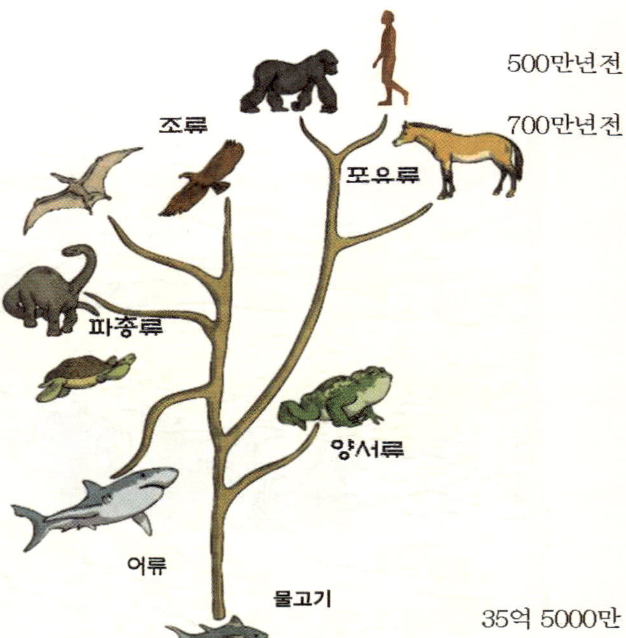

어졌을 거라고 생각합니다. 그리고 필연성은 다시 우연성을 품고 필연성을 야기하며 발전하여 왔고 지금도 발전하고 있는 것입니다. 우연이 필연을 지배하는 것이 아니라 서로는 상호작용하며 발전한다고 할 수 있습니다. 하지만 지금까지도 많은 학자들은 변증법의 명제들을 무시하거나 헛소리로 보고 업신여기고 있습니다.

우리가 살고 있는 지구에 수많은 생물이 발생하고, 물고기에서 원숭이나 침팬지의 과정을 거치면서 탄생한 인류는 오늘날 자연세계를 지배하고 살고 있는 호모 사피엔스, 곧 우리들은 이렇게 40억 년을 거치면서 탄생된 것입니다. 바로 우연성에 의해서 인류는 탄생했으며 필연성과 상호작용하면서 오늘날의 인류가 존재하게 된 것입니다. 그리고 이 인류는 아프리카에서 기원되었다는 것보다는 다(多)지역에서 인간의 유전자가 많은 인간끼리 교잡함으로서 같은 염색체를 지닐 수 있다는 가능성을 배제할 수 없습니다. 그리고 그 가능성이 변증법적으로 현실성이 되어 인류는 척추동물로 포유류에 속하는 동물이 되었다고 볼 수 있습니다. 때문에 아프리카 기원설은 다(多)지역 기원으로 다시 수정되어야할 것입니다. 그리고 오늘날 모든 인간은 흑인이나 백인이나 동양인이나 모두 같은 DNA와 같은 염색체를 가진 종에 속하며, 생각하는 사람으로 분류됩니다. 따라서 지금까지 탐구한 **변증법**에 대하여 헛소리가 아니고 과학임을 인식하고 인류의 행복을 위하여 모든 과학 분야에서 활용되고 적용되어야할 것입니다.

질서란 무엇인가?

국어사전을 찾아보면 **질서**란 "혼란 없이 순조롭게 이루어지게 하는 사물의 순서나 차례"라고 되어 있습니다. 그리고 **규범**이란 "인간이 행동하거나 판단할 때에 마땅히 따르고 지켜야 할 가치 판단의 기준"이라고 나와 있습니다.

우리는 사회생활을 하면서 여러 행동에서 질서를 유지해야만 합니다. 가족, 학교, 공장, 단체, 교통기관, 집회 등등이 모두 질서를 필요로 합니다. 질서에는 만인의 이익이 관련된 것도 있고 일부의 특수한 사람들에게는 이익이지만 다른 대다수 사람들에게는 피해를 입히는 경우도 있습니다.

하지만 질서를 유지하는 방법은 공통적입니다. 하나의 단체나 회사의 조직원이 되면 사람들은 '이렇게 한다'거나 '저렇게 하면 안 된다'라는 그 행동에 제약이 따르고 또 도덕이라든가 규칙, 규약이라는 이름으로 조직에 참가하는 개인의 의지를 종속시키는 형태를 취합니다. 즉 따라야 하는 '규범'을 만들어 냅니다. 이것을 위반하는 사람들에게는 힘으로 제재를 가하는 경우도 있고 여론에 밀려 추방되기도 합니다.

한 가정의 질서를 지키지 않고 딴 남자와 바람을 피운 엄마나 아빠는 이혼당하고 추방되기도 합니다. 지하철 안에서 술에 취하여 다른 승객들을 괴롭혔다면 지하철 경찰관에게 붙잡혀 하차 당하게 됩니다. 모임과 같은 조직에서는 회원으로서 자격을 박탈당합니다. 회사에서는 해고를 당합니다.

규범이란 것은 처벌 방식은 달라도 모든 조직이 적용하고 있다는 점과 공통된 성격을 띤다는 점에서 독립된 성격을 지니고 있습니다. 이러한 것은 국가라는 커다란 조직에서도 예외는 없습니다. 비행기와 KTX열차는 도착 시간을 지켜야 하는 규칙도 있기 때문에 예정된 시간에 목적지에 도착하지 못하면 요금을 환불하고 손해배상까지 해주어야 합니다.

그리고 대부분 이러한 내용들은 규칙으로 명시되어 있습니다. 회사도 고용계약을 어기면 법의 제재를 받습니다. 교통요금도 올리거나 내리려면 해당 시의회나 국무회의 승인을 얻어야 합니다. 최고의 규범은 국가가 제정하는 것이고 이것이 다른 규범을 뒷받침하여 전체의 질서를 유지하게 됩니다.

그런데 이러한 규범을 스스로 어기는 사람들이 있었습니다. 우리나라 초대 대통령 이승만이 규칙을 어기고 부정선거를 했기 때문에 미국으로 망명하였습니다. 말이 망명이지 민중들에게 쫓겨난 것입니다. 그리고 군사 쿠데타를 일으키고 대통령이 된 박정희도 민주주의라는 규칙을 파괴하고 유신독재를 하다가 결국 부하의 손에 총을 맞고 죽었습니다. 이뿐만 아니라 5.18민주화운동 당시 민주주의를 외친 국민을 향하여 나라를 지키라고 양성한 군대가 국민이 사준 총으로 국민을 쏘아죽이고 대통령이 된 전두환과 노태우도 사형선고를 받았습니다.

이처럼 민주주의를 무시하고 질서를 파괴하는 사람들은 항상 저항을 받게 되어 있습니다. 질서와 규범은 우리를 옥죄기도 하지만 반대로 우리를 지켜주기도 하는 변증법적 관계입니다. 철학자 베르그손은 습관이나 가족관계 속에서 자연스럽게 발생한 규범은 일반적인 도덕이라 말하고, 영웅들이나 선지자들의 말과 행동을 따라서 생긴 도덕은 감동을 주고, 이러한 도덕은 한 차원 높은 도덕이기에 인류평화를 이룩할 수 있다고 주장합니다.[97)]

---

97) ▶ Henri Bergson, *Les deux sources de la Morale et de la Religion*, 1932. 한국어판 『종교와 도덕의 두 원천』(2021), 박종원 옮김(아카넷출판사), 44쪽.

자연이란 무엇인가?

자연이란 무엇인가? 인간의 생활에는 정신적인 면과 육체적인 면이 있습니다. 인간은 모두 자연과 관계하며 살고 있습니다. 자연, 즉 산 또는 바다, 동물이나 식물, 공기, 빛 등등이 자연과학의 대상으로 또 일부는 인문·사회과학 및 예술의 대상으로 이론적으로든 실천적으로든 인간생활과 함께 하고 있다는 점은, 곧 변증법적 관계라는 점은 누구도 부인하지 못할 것입니다.

처음에 인간의 자연에 대한 지식은 두려움에서 시작하여 생활의 발전과 함께 지식의 풍부함을 통하여 자연의 신비를 하나하나 파헤쳐 내고 있습니다. 이와 함께 인간의 생활은 더욱 더 향상되고 인간생활에 많은 변화가 일어나고 있습니다. 자연과학은 산업을 발전시키고 산업은 또 자연과학을 발전시키면서 하루하루의 생활 모습이 바뀌어 가고 있습니다. 비행기, 자동차, 전차, 컴퓨터, 휴대폰, 인공지능, 챗GPT, Bard 등 모든 분야에서 정신적으로나 육체적으로나 자연과 거리를 취하는 것이 아니라 더욱더 밀접하게 관계되어 인간 깊숙이 삼투하여 오고 있습니다.

이것은 인간과 자연의 대립관계이자 곧 자연과 인간의 상호 변증법적 관계라고 말합니다. 또 대립관계는 상호전화하기 때문에 인간이 자연화하고 자연이 인간화합니다. 자동차를 만들려면 인간은 자동차를 설계하고 만드는 법을 글로 써서 책자를 만들어 자동차를 만드는 현장의 기술자들에게 그것을 토대로 자동차를 만들도록 합니다. 아무리 설계가 잘 되었다 하여도 자연의 의한 재료가 없거나 실천을 통하여 입증되지 않으면 그 이론은 쓸모가 없게 됩니다. 이 때문에 이론과 실천은 종이의 양면과 같은 것으로 찢으면 같이 찢어지는 것입니다. 그리고 그것을 만드는 실천적 활동에는 정신노동과 육체노동이 동시에 따라야 하는 것입니다. 노동이란 인간과 짐승을 구별 짓는 창조 활동입니다. 그리고 이제 자동차는 정신노동과 육체노동의 결과물인 것입니다.

처음에는 증기 자동차를 이용했으나 그것의 불편함을 생활 속에서 발견하고 다시 정신적 고뇌를 통하여 내연기관 자동차를 발명하였습니다. 그리고 현대에는 전기자동차나 수소자동차가 나오고 있습니다. 정신노동과 육체노동의 변증법적 상호관계 속에서 이처럼 인간의 노동을 통하여 자동차는 인간의 분신으로 탄생된 것입니다. 인간이 도구를 가지고 자연에 노동을 가하여 많은 것을 창조해 낸다는 것을 '자연의 인간화'라고 말합니다. 그리고 자연의 인간화를 통하여 '인간의 자연화'도 진행되는 것입니다. 자연과 인간의 관계는 우선 한편에 자연이 있고 다른 한편에 인간이 있어서 서로 고립해 있다가 서로 관계하게 되는 것은 아닙니다. 인간은 지구가 탄생될 때부터 자연의 일부이고 자연과 동일한 성질을 가지고 있습니다. 바로 자연이라는 무생물에서 인간이라는 생물이 나오게 되었고, 또 죽음을 통하여 자연으로 되돌아갑니다. 이는 바로 앞에서 말한 물리학자들의 양자역학으로도 설명될 수 있습니다. 그리고 인간이 실천을 통하여 양자를 매개함으로써 한편으로는 자연의 인간화가 진행되고, 다른 한편으로는 인간의 자연화가 진행되는 것입니다. 이렇게 인간과 자연은 서로 연관되어 있고 서로 상호침투하며 상호 제약하며 살아가고 있습니다.

자연이란 인간과 서로 상호작용하면서 함께 존재하는 대립관계이자 모순관계입니다. 좁은 의미에서는 이렇게 자연은 인간과 대립하는 것으로 보이지만 넓게 생각해보면 자연이란 무한한 다양성을 가지고 우리 인간을 둘러싸고 있는 사물의 세계이며, 시작도 끝도 없이 영원하게 존재하고 운동하는 객관적 실재입니다. 자연은 우리 사회가 존재할 수 있는 근거를 제공해 주고 인류에게 물자와 힘을 제공해 주는 한없는 저장소이자 인간 활동의 대상입니다. 그래서 자연은 소중한 것이며, 자연보호는 인간을 보호하는 것과 같습니다.

신이란 무엇인가?

우리는 신(神 ; 하나님, God)이 무한한 능력을 가진 것으로 알고 있습니다. 신에는 질병을 치료하는 신도 있고 복을 가득히 가져다주는 신도 있습니다. 사랑과 생명을 주는 신도 있습니다. 그러나 신이 우리의 생활영역에 영향을 미치면 미칠수록 그만큼 우리 인간의 존재는 무기력해 보이게 됩니다.

그렇다면 여기서 신을 대표적 존재로 만든 종교와 예술에 대하여 이야기해 보겠습니다. 종교에서 말하는 하나님, 즉 신은 인간이 만들어낸 공상물로서 두뇌의 사고로만 상상하는 관념적 대상입니다. 즉 신이라는 공상물은 인간이 만들어 낸 것입니다.[98] 관념적

98) ▶ 본서 84쪽 또는 본서 357쪽 '주요 철학도서 요약' 포이어바흐의 『기독교의 본질』을 참조하기 바람.— 저자 주.

인 대상화에는 의식하고 행동하는 경우와 의식하지 못하고 행동하는 경우가 있습니다. 신을 믿거나 미신을 믿는 사람들은 신을 인간이 만들어 내었다는 것을 의식하지 못하고 자신들의 외부에 처음부터 객관적으로 존재한 것으로 생각합니다.

소설가나 TV의 PD는 역시 공상을 하면서 소설을 쓰거나 드라

마를 만들어 냅니다. 인간이 종교를 만들어 낸 거와 같이 마음속에 있는 내용을 글로 쓰거나 드라마로 만들고 있지만(관념적인 것을 대상화하고 있지만) 종교와는 달리 공상의 세계가 현실의 세계라고는 말하진 않습니다. 공상과 현실을 분명하게 구분합니다. 하지만 드라마와 같은 예술은 공상에 의한 상상력이 크면 클수록 뛰어난 등장인물을 만들어 내어 훌륭한 작품으로 창조되게 됩니다. 그러나 종교는 공상에 의한 상상력이 크면 클수록 신의 능력은 거대해지

고 인간은 더욱 작아져 무력한 존재로 전락하게 만들어 버립니다. 신에 대한 믿음이 강하면 강할수록 인간의 능력이 왜소해지지만 반대로 인간의 능력과 인간의 노력을 인정하면 인정할수록 신의 힘은 무력해집니다. 따라서 **인간의 능력**과 **신의 능력**은 서로 적대적 대립관계로 변증법적인 관계입니다. 예술에서는 상상의 세계와 현실의 세계가 적대적 대립관계가 아니지만 종교에서는 적대적 관계가 성립하고 있습니다. 예술은 우리 삶을 즐겁게 해주기 때문에 적대적 관계가 될 수 없습니다. 그러나 종교는 우리의 삶을 혼란에 빠뜨리거나 어느 경우에는 목숨을 잃게도 만드는 적대적 관계이며 투쟁의 관계입니다. 이처럼 같은 대립관계라고 해도 피해를 주는 관계도 있고, 즐거움을 선사해주는 관계도 있지만 어느 경우든 변증법적 대립관계임은 분명합니다.

예술은 인간의 최대한의 정신적 노력을 현실적인 산물로 만들어 내지만 종교는 인간의 능력을 무기력하게 만들어 버립니다. 때문에 인간이 현실세계에서 좌절하고 힘들고 비참해지면 신에게 의지하고 싶어지고 매달리고 싶어집니다. 지금까지 팔팔했던 무신론자도 사업에 실패하거나 직장에서 쫓겨나고 어려워지면 종교를 찾고 싶어 합니다. 그리하여 옛날부터 이런 사람을 가리켜 신이란 괴로울 때만 필요로 한다고 종교인으로부터 비난받아 왔습니다.

요즘 자본주의가 발전하면 할수록 물질에 대한 소외감이 늘어나면서 미래가 힘든 사람이 많아지고 있습니다. 그러다보니 이상한 사이비 종교에 현혹되어 빠지는 종교인이 늘어나고, 또한 자신을 운명에 맡겨보려는 사람들이 늘어나 점(占)집이나 사주팔자(四柱八字)를 보는 집에도 손님이 늘어납니다.

그리고 지금까지 역사에서 동서양을 막론하고 인간의 상상에 의해서 만들어진 신(God)은 인간을 지배하는 위치에 군림하여 왔으며 많은 도덕과 윤리를 만들어 내기도 하였습니다. 하지만 동서양을 막론하고 신이 존재하느냐의 문제는 과거나 지금이나 항상 해결되지 않고 있는 문제입니다. 신이 존재한다는 이론도, 신이 없다는 주장도 도전을 받고 서로 대립하고 있습니다. 그리고 이러한 종교전쟁은 지금도 계속되고 있습니다. 그래서 이미 하버마스의 말을 빌려 기술한 바 있지만 종교는 지구가 종말 되는 그날까지 서로 다른 종교와 투쟁하며 존속하게 될 것으로 보입니다.

역사란 무엇인가?

역사란 과거의 기록이지만 그 과거를 반성적으로 부정하고 현재를 새롭게 만들어 가는 일입니다. 때문에 역사란 과거와 현재의 대화이며 미래라고 말합니다. 3.1운동은 역사적 사실입니다. 이러한 투쟁의 흔적이 곧 다시 해방을 맞는 근거가 되었습니다. 3.1운동이 졌다고 하나 만약 그런 역사가 없었다면 우린 독립할 근거가 없었을 것입니다. 그래서 역사는 우리에게 매우 중요한 것입니다. 실패를 했든 성공을 했든 그런 일이 있었다는 건 매우 중요한 일인 것이며 이를 반성적으로 부정하고 우리는 독립을 쟁취한 것입니다. 인간은 누구나 자기 자신이 품은 계획을 실현하기 위하여 의지라는 실천적이고 능동적인 인식으로 외부세계(사회)에 대하여 작용을 가하게 됩니다. 세상의 일은 개인과 개인 사이에는 협력관계도 생기지만 이해관계에 의한 적대관계도 생기게 됩니다. 그리하여 사람들은 강력한 힘을 집단적으로 필요하게 되고 이러한 집단은 물리력을 동원할 수 있게도 됩니다. 또한 집단을 이용한 물리력은 국가 간 전쟁도 불사할 수 있습니다. 미국이 전 세계의 전쟁을 마다하지 않고 간섭하고 뛰어드는 것은 세계 최강의 군사력을 보유하고 있기 때문입니다. 첨예한 이해관계에는 반드시 미국이 끼어듭니다. 몇 년 전 우크라이나 동부에서 발생한 말레이시아항공 피격사건에서 확실한 고삐를 쥐고 러시아를 압박한 결과는 갈등으로 번지며 러시아와 우크라이나 전쟁까지 일어났습니다.

과거 16세기 영국 역시 스페인이나 포르투갈 사람들이 남아메리카에서 들여오는 은(銀, Silver)을 빼앗기 위하여 해적을 시켜 스페인 함대를 강탈하였습니다. 결국 이로 인하여 영국과 스페인은 1588년 전쟁이 일어나게 됩니다. 이 전쟁에서 예상을 뒤엎고 승리한 영국은 세계 1등 강국이 되었고 스페인은 몰락하였습니다. 바로 영국 엘리자베스 1세(Elizabeth I, 재위 1558~1603) 여왕이 이런 노략전쟁을 일으킨 것입니다. 그러나 그 배후에는 영국 국민들의 정신적 지지가 있었기 때문에 이런 악랄한 짓을 할 수가 있었습니다. 이러한 복잡한 이해관계 속에서 인간의 역사가 만들어지게 됩니다.

그러나 이와는 반대로 나쁜 일이든 좋은 일이든 사람에 따라서 여러 사람이 공유할 수 없는 주장을 하는 사람도 있습니다. 옆집 강아지가 밤이면 짖어대어 잠을 잘 수 없기 때문에 법을 만들자는 주장을 하는 사람도 있습니다. 그러나 그런 법을 만들어도 지키지 않는 사람들이 있습니다. 전철이나 버스에서 노약자나 임산부, 어린이만 앉을 수 있는 자리만 골라 앉는 고약한 청년들도 많습니다. 장애인만 주차할 수 있는 곳에 아무 거리낌 없이 자동차를 주차하는 사람도 있습니다. 음주운전은 자기 자신의 생명뿐만 아니라 남의 생명도 앗아가는 무서운 것인데도 술만 먹으면 핸들을 잡는 사람도 있습니다. 이런 사람들은 지키라는 법을 어기고 사회질서를 문란하게 하는 것에 흥미를 느끼는 사람들로 강력한 처벌이 뒤따라야합니다. 그리고 우리 사회는 이런 사람들에 대하여 철퇴를 가하는 것에 찬성하고 있습니다.

따라서 역사를 생각하는 경우에는 당연히 역사에 인간의 의지가 잘못되었건 잘되었건 작용하고 있다고 말할 수 있습니다. 하지만 그 의지가 왜 생기게 되었는지를 더듬어 보아야 합니다. 개인의 의지는 사회 전체에 있어서 결정적인 것이 아니므로 예외적인 부차적인 것으로 볼 수도 있습니다. 문제는 사회의 압도적인 대다수의 인간을 끊임없이 지속적으로 광범위하게 움직이는 결정적인 역할을 담당하고 있는 존재는 과연 무엇인가를 살펴보아야만 합니다.

현실 사회에서 대다수의 인간을 광범위하게 움직이면서 사회의 형태를 변화시켜 역사를 만들어 가는 주체는 국가입니다. 그리고 국민들은 이를 따라주고 있습니다. 세종특별시를 만든다거나 일산이나 분당, 청라, 용인, 시흥 등에 고밀도아파트 단지를 조성하여 많은 사람들이 대이동을 하고 사회를 구성하여 또 새로운 역사를 만듭니다.

오래전「현대 상선」이 정부의 허락을 받아 북한 땅인 금강산을 관광하게도 한 바 있습니다. 또 김대중, 노무현, 전 대통령과 문재인 전 대통령은 북한을 다녀오기도 했습니다. 그리고 남북대화의 시작과 진행이라는 또 하나의 역사가 만들어졌고, 개성공단도 만들어 진적도 있었습니다. 그런데 그러한 것이 국가라는 힘만으로 과연 이루어졌을까요? 그렇지 않습니다. 그 밑바닥에 바로 그러한 것을 찬성하는 국민들이 있었다는 것을 지적해야 합니다. 일산에 주택단지를 조성하였다 하여도 사람들이 한 명도 옮겨가지 않았다면 어떻게 되었을까요? 대통령이 북한에 가는 것을 모든 국민들이 반대했다면 어떻게 되었을까요? 모두 실패하였을 것입니다. 민심이 천심이라는 말은 바로 백성의 마음이 곧 하늘의 마음과 같다는 것으로 이런 경우를 일컫는 것입니다. 그 밑바탕에는 우리 자신의 정신이 깔려 있습니다. 그리고 새로운 역사는 이렇게 창조되어 가는 것입니다. 역사의 창조자는 국가가 아닌 바로 우리 자신, 곧 인간인 것입니다. 그런데도 민심을 거르고 박근혜 정권은 개성공단을 폐쇄하였습니다. 결국 박근혜 정부는 촛불 민심으로 몰락하였습니다. 질적 변화는 양적 혁명을 촉발한다는 변증법적 관계를 무시했기 때문입니다. 역사란 과거를 딛고 현재를 발전시켜 가는 부정의 부정입니다.

역사의 원동력은 무엇인가?

그렇다면 역사의 원동력은 무엇일까요? 2002년도에 월드컵 준비를 위하여 전국에 커다란 경기장들을 만들었습니다. 그리고 그 옆에 아파트도 지었습니다. 6.25 전쟁 당시 이승만 정권의 반대로 김일성과 휴전협정이 조인되지 않아 전쟁은 장기간 끌게 되었고 한반도는 정말 커다란 질곡을 맞기도 하였습니다. 또한 이명박 정부는 4대강 건설을 강행하였습니다.

역사의 원동력을 국가의 힘이나 개인주의적 이상, 또는 종교를 역사의 궁극적인 원동력으로 파악하는 사람들도 있습니다. 이처럼 국가 또는 국가에서 만든 법률과 정책의 형태가 사회를 지배한다고 보는 사람들이 주장하는 것은 정신적인 생활의 측면을 중요시하는 사람들로 철학에서는 **관념론적 역사관**이라고 말합니다. 소위 **유심사**

관(唯心史觀) 또는 **관념사관**(觀念史觀)이라고도 말합니다. 영어로는 Historical idealism 또는 Idealistic understanding of history라고 씁니다. 바로 이런 세계관을 가진 근대 철학자는 헤겔입니다. 헤겔은 이성(Reason)이 세계사를 창조한다고 보았습니다.[99]

이와는 반대로 한글은 원래부터 민초들 사이에 있었던 것이고 그것을 세종대왕이 필요로 했고, 민중들도 필요로 했기 때문에 세종대왕이 한글을 정리하여 써도 좋다고 허락한 것이라고 주장하는 사람들도 있습니다. 이뿐만 아니라 2002년 월드컵 축구경기를 한국의 민중들이 좋아하기 때문에 그것을 한국에서 개최하게 되면 돈도 벌고 국위선양도 된다는 취지에서 월드컵 경기를 유치하게 된 것이라고 주장하는 사람들도 있습니다.

여기서 세종대왕이 한글을 반포하였다고 해도 민중들이 사용하던 것이 아니었다면 한글을 배우는 시간이나 한문을 배우는 시간이나 별 큰 차이가 없었을 것입니다. 하지만 이미 민중들 사이에 정리되진 않았지만 어떤 방법으로든 의사소통과 전달방법으로 글자가 존재하였기에, 곧 한글이 있었기에 세종대왕은 이를 잘 정리할 수 있었고, 한글 반포와 함께 민중들 사이에 한글이 점점 더 많은 사람들 속으로 자리 잡게 된 것입니다.

월드컵 경기장 역시 만약 한국의 민중들이 축구를 좋아하지 않는데도 월드컵 경기장을 짓고 돈을 낭비하여 축구경기를 유치했다

---

99) ▶ G. W. F. Hegel, translated by Leo Rauch, *Introduction to the Philosophy of History*, Hackett Publishing, 1988. p.12.

면 민중의 저항을 이겨내지 못하고 그건 분명히 실패하게 되었을 것입니다. 이는 잠실 운동장에 '럭비' 경기장을 짓게 되는 것처럼 의미가 없는 일이 되었을 것입니다.

위의 이런 두 가지 예를 보면 알 수 있듯이 역사의 주체가 민중들이라고 보는 이런 경우를 유물론적 역사관이라고 말합니다. 또는 **유물사관**(唯物史觀)이라거나 **경제사관**(經濟史觀)이라고도 부릅니다. 영어로는 Historical materialism 또는 Economic interpretation of history 이라고 씁니다. 자연에서 정신보다 물질이 먼저라고 하듯이 사회에서도 정신적인 면보다 물질적인, 즉 실천적인 면이 1차적이라고 보는 견해입니다. 오늘날 우리가 살고 있는 자본주의 사회는 유물론적인 견해의 사회입니다. 많은 사람들은 실생활에서 돈 많은 자본가를 그 대표적인 희망의 대상으로 삼고 있기 때문입니다.

반대로 가난을 미덕으로 주장하고 물질적인 것을 거부해야 한다고 주장하는 관념론적 견해를 지닌 사람들도 많습니다. 돈이 행복의 기준이 아니라고 설파하는 종교지도자의 책이 베스트셀러가 되기도 합니다. 그러면서도 다른 한편에서는 대형교회나 대형사찰을 지으며 물질적인 면을 추구하는 것을 보면 참으로 알쏭달쏭합니다. 바로 자본주의의 이러한 이중성에 대하여 유물론적 견해를 토대로 하는 맑스주의자들은 현실 그대로를 바로 파악하고 실천을 중시합니다. 먹고 마시고 입고 서서 걸어 다니는 모든 경우는 인간이 경험하는 실천적인 행위로부터 출발하여 거기서부터 모든 해답을 구하고 있는 것입니다. 그리하여 국가나 법률, 또는 신(神)도 모두 인간이 만들어낸 것임을 우선 강조합니다. 이러한 역사관의 근원은 현실의 생활과정을 '직접적인 생활의 물질적인 생산'에서 출발하여 전개하며 생활양식과 연관하여 그로부터 산출된 매개형태, 즉 각 단계에 있어서의 민중들이 만든 시민사회를 역사 전체의 기초로 파악합니다. 그리고 시민사회를 '국가의 기초'로 하여 의식의 여러 가지 이론적인 산출물과 형태의 합인 종교, 철학, 도덕 등을 시민사회로부터 파악하여 설명합니다.

우리 사회의 물질적인 생산을 보면 한편으로는 매일 잔업까지 하며 일해도 자가용을 손에 넣을 수 없는 사람도 있고, 반대로 몇 억 원씩 벌어서 자식에게 부모님 덕으로 평생 한 달에도 몇 천만 원씩 쓰게 하면서 사는 사람도 있다는 것이 현실입니다. 없는 사람과 있는 사람의 차이를 칼 맑스는 계급이라고 말하였습니다. 이 소득이 적은 계급층에 있는 사람들은 이러한 물질 위주로 구성되어 계급형태를 띠는 사회제도에 불만을 갖고 반항하려고 합니다. 그리고 이러한 반항적인 움직임을 보고 국가는 이러한 반항을 억누르려고 합니다. 역사에는 바로 반항하려는 세력과 이를 억누르려고 하는 세력이 존재하여 왔습니다. 주인과 노예사회, 봉건영주와 농노사회, 양반과 상놈 등이 있었고, 이제는 자본가와 노동자가 존재하는 사회가 되었습니다. 자본가와 노동자가 대립하며 서로 관계하고 투쟁하며 살아가는 변증법적 관계의 사회가 오늘날 우리가 살고 있는 자본주의 사회라고 말합니다. 그러나 자본주의 사회는 불평등이라는 모순이 존재합니다. 그래서 칼 맑스는 자본주의가 멸망할 것이라고 예언했지만 빈곤의 불평등 때문에 붕괴되는 것이 아니라 풍요의 불합리한, 반(反)인간적 관리로 말미암아 무너진다고 보았습니다.[100] 다시 말해 자본가와 노동자의 투쟁이나 대립은 인간적 처우를 받지 못하는 차별 때문에 일어난다고 보았습니다.

위에서 언급한 반인간적 관리란 뒤의 「인공지능이란 무엇인가」에서 다시 언급하겠지만 칼 맑스가 살았던 시대는 노동자에게 주어진 임금이 너무 형편없었기에 많은 사람들이 굶어죽는 일이 다반사였습니다. 칼 맑스 가족이나 칼 맑스 자신도 굶어 죽었다고 보아도 틀린 말은 아닙니다. 지금처럼 자본주의가 수정되어 사회복지제도가 존재하지도 않았고, 그야말로 노동자를 착취하는 자본가들의 행태는 살인적이었습니다. 하지만 1917년 러시아혁명 이후 서구사회는 변하기 시작하였습니다. 미국도 1930년 대공황을 맞으며 자본주의가 수정되기 시작하였고, 먹고 사는 문제에 국가가 개입하게 되는 제도로 변하기 시작하였습니다. 뿐만 아니라 반인간적 취급을 받던 노동자들은 기술과학과 특허제도의 출현으로 소득이 분배되는 현상이 일어나기 시작하면서 인간대접을 받는 수정자본주의로 진입하였습니다. 오늘날에는 빈곤문제를 국가가 책임지는 경우가 많아지고 있습니다. 때문에 계급투쟁도 약화되고 있는 것은 사실입니다.

---

100) ▶ 황태연 지음, 『21세기와 자본론』(중원문화, 2014), 277쪽.

관념론적 역사관과
유물론적 역사관이란 무엇인가?

역사의 근본적인 원동력은 무엇일까요? 앞에서 우리는 소위 '관념사관'과 '유물사관'에 대하여 간단하게 살펴보았습니다. 그렇다면 그동안 우리가 학교에서 대충 배웠던 위의 관념론적 역사관과 유물론적 역사관이 무엇인지 좀 더 자세히 살펴보도록 하겠습니다. 앞에서 우리는 계급투쟁이 약화되고 있다는 걸 살펴보았습니다. 그리고 그 계급투쟁에 대하여 두 가지 세계관을 살펴보겠습니다. 누가 **역사의 원동력**에 대하여 묻는다면 이 물음에 대하여 관념론적 입장의 역사관에 서 있는 사람은 국가나 종교, 정치, 법률, 정책, 도덕 등을 이야기하며 정신이 만들어 낸 산물이라고 주장하면서 역사의 원동력은 **정신**이라고 주장할 것입니다. 이와는 반대로 유물론적인 역사관(유물사관)을 가지고 있는 사람들은 물질적인 생활의 예를 들며 역사의 원동력은 물질이라고 주장할 것입니다. 하지만 유물론적 역사관을 지녔다고 해서 정신적인 면을 방기하지는 않습니다. 다만 이러한 정신적 원동력을 만들어 주는 것이 물질에 기초하고 있다는 주장이 유물론입니다.

물론 인간이 살아오거나 살아가는 과정을 방법론적으로 여러 가지 생각이 있을 수도 있습니다. 하지만 우리가 공부하는 철학적 입장에서의 방법은 자연[유물론]과 정신[관념론]은 서로 어떠한 관계에 있는가 하는 것입니다. 지금까지 살펴본 것처럼 자연 속에서 정신의 근원을 찾고 정신을 우선시하는 주장을 하는 사람들을 관념론자라고 부릅니다. 반대로 자연을 세계의 창조 근본이라고 주장하는 사람들을 유물론자라고 말합니다.

철학상의 이와 같은 두 가지 학설은 그대로 사회관과 역사관에 적용되고 있습니다. "유물론에서는 인간의 의식은 물질적 존재의 반영이라고 간주하지만, 관념론적 입장에서는 모든 인간의 생활은 오직 사상이나 관념에 의해서 규정된다고 주장합니다. 따라서 노예제, 봉건제, 그리고 현재의 자본제의 변화는 정신적 사고가 사회적 형태를 변화시켰다고 보는 것입니다. 하지만 유물론적 역사관에서는 경제를 예로 들면서 모든 역사는 물질적 생활의 생산양식이 사회뿐만 아니라 정치 등 정신적 생활과정 전반을 제약한다고 말하며 '인간의 의식이 그들의 존재를 규정하는 것이 아니라 그들의 사회적 존재가 그들의 의식을 규정하는 것'101)이라고 봅니다. 즉 유물

101) ▶ 칼 맑스 지음, 김호균 옮김 『정치경제학비판을 위하여』(중원문화,

사관은 인류 역사를 그 사회의 경제구조 및 생산력의 분석에서부터 파악하는 것입니다."[102]

역사는 지극히 유아적인 유물론적 형태를 띠고 작은 충돌로부터 시작되었습니다. 원시공동사회에서 A라는 가족과 B라는 가족이 처음에는 물이나 음식, 또는 농작물을 중심으로 하는 작은 충돌에서 시작하여 이것이 결국에는 이해관계를 함께 하는 집단들과 집단들의 충돌로 이어지게 되었습니다. 이제는 A라는 공동집단과 B라는 공동집단 사이의 전쟁이 시작되게 됩니다. 여기서 지는 집단은 노예로 전락하고 이기는 집단은 주인이 되는 형태로부터 사회구성체가 최초로 발생되기 시작하였습니다. 이는 곧 국가라는 형식을 갖게 되었고 노예국가라는 거대한 집단이 탄생되게 되었습니다.

노예국가는 당연히 노예가 주인에게 만족하는 법을 만들고 조직을 만들었을 것입니다. 이러한 형태의 국가는 자연스럽게 주인과 노예의 투쟁을 불러일으킬 수밖에 없었습니다. 이는 어찌할 수 없는 계급투쟁이었습니다. 이러한 계급사회는 1,500년을 계속하다가 노예들의 투쟁이나 반란으로 결국 봉건주의라는 형태의 또 다른 계급사회의 출현을 낳게 합니다.

그러나 봉건주의가 노예주의보다는 삶의 터전이 나았을지 모르지만 주로 왕과 봉건영주만을 위한 구성체였습니다. 농노를 위한 법률도 이를 지배하는 계급이 만들었기 때문에 농노에게 유리할 수

2017), 9쪽.

102) ▶ 황세연 편저, 『걸어 다니는 경제사』(중원문화, 2012), 13~14쪽.

는 없었습니다. 양반과 상놈의 관계도 그렇습니다. 상놈은 양반에게 반드시 존댓말을 써야 했고, 양반은 상놈에게 함부로 말해도 되었습니다. 조선시대 상놈이 양반에게 덤비면 강상죄[103](綱常罪)로 처벌받았습니다. 때문에 생활재료를 수탈하는 봉건영주와 이를 만들어 내는 농노, 또는 양반과 상놈의 반란이 계속되었습니다. 하지만 노예사회보다는 훨씬 나은 제도였습니다. 그럼에도 불구하고 가진 자와 갖지 못한 자의 불만은 계속될 수밖에 없었습니다. 결국 1789년 프랑스 대혁명은 봉건주의라는 낡은 사회를 부정하고 자유 민주주의라는 깃발 아래 자본주의라는 새로운 사회구성체를 만들어 내었습니다. 이 역시 봉건사회에 대한 경제활동의 격차 때문에 일어난 대혁명이었습니다. 바로 부정의 부정의 법칙으로 변증법적 유물사관입니다.

하지만 자본주의 사회 역시 자본가에게는 좋은 사회지만 노동자에게는 그렇지 않습니다. 지금도 자본가와 노동자라는 두 계급의 밀고 당김이 계속되고 있습니다. 바로 자본주의 사회는 자본가가 만들었기 때문입니다. 자본가들은 정치를 하고 법을 만들고 하나의 거대한 국가를 만들고 있습니다. 그러나 자본주의 사회는 봉건주의 사회보다는 진일보한 훌륭한 사회임에는 틀림이 없습니다.

지금까지처럼 처음에는 경제적 이유[유물론적 이유] 때문에 전쟁이 일어나고 사회가 구성되었지만, 후에는 다시 정신적 이유[관념

---

103) ▶ 삼강과 오륜을 어긴 죄. 노비가 그 주인을 함부로 대하거나 구타 또는 살해하는 경우 처해지는 조선시대 형벌로 사형까지 주어졌으며 고종말기 갑오개혁 당시에 없어지게 된다.— 저자 주.

론적 이유] 때문에 정치, 정책, 법률 등이 만들어졌습니다.

요즘 우리가 살고 있는 자본주의 사회의 뒷골목에는 마약, 술, 성매매 등 상업적 악마성도 있다는 것은 부인할 수 없는 사실입니다. 또한 자본가들은 돈을 벌기 위하여 불법과 탈법을 저지르고 있습니다. 하지만 이를 바라보는 시민들의 입장은 여러 가지가 있습니다. 다시 봉건시대로 되돌아가야 함을 외치는 사람도 있고, 강력한 단속을 통하여 막아야 한다는 의견도 있습니다. 그러나 어느 경우든 불가능한 것도 현실입니다. 봉건주의 사회로 되돌아가자는 소리는 노예사회가 봉건주의 사회보다 더 좋은 사회라고 말하는 것이나 다름없기 때문입니다. 또 강력하게 단속해서 이를 막아야 한다는 것도 역시 불가능합니다. 그런 단속반을 조직하려면 또 국가권력이 너무 강해질 수도 있고 막대한 혈세가 낭비될 수도 있습니다. 요즘 새로운 대안이 여기저기서 나오기 시작하고 있으나 별로 신통하게 보이지는 않습니다.

다만 분명한 건 법률과 윤리로 지켜야 한다는 관념론적 입장의 사람들104)과 부(副)의 소득이 분배되면 단속하지 않아도 범죄는 자동으로 없어지게 된다는 유물론적 입장의 사람들로 양분되어 있다는 건 확실합니다. 그러나 보수적 입장의 관념론적 사고를 가진 사람과 진보적 입장의 유물론적 사고를 가진 사람과의 대립은 서로 상호 전화하는 변증법적 성격을 띠고 있습니다.

자본주의 국가들이 서로 식민지를 차지하기 위한 제1차 세계대

---

104) ▶ 프랑스의 베르그손도 그 대표자의 한명이다.— 저자 주.

전이 한창이던 제국주의 시대에 레닌은 자본주의의 악마성을 치료하기 위한 방법은 맑스주의를 토대로 한 사회주의밖에 없다고 하면서 1917년 러시아 혁명에 성공하였습니다.

그리고 그 후 4년 뒤 미국 경제가 추락하면서 전 세계 경제도 동반하락하게 됩니다. 이때 다시 세계대전이 발발합니다. 바로 제2차 세계대전입니다. 제2차 세계대전 중 독일과 일본이 항복한 후 남한에는 미군이 진주하고, 북한에는 소련군이 진주하면서 남북분단이라는 뼈아픈 결과를 가져오기도 하였습니다.

독자 여러분들도 알고 있었겠지만 현재 전 세계를 위협하는 미사일은 원래 2차 대전 중에 독일에서 개발된 것이었습니다. 폰 브라운(Wernher von Braun, 1911~1977)을 비롯한 수백 명의 과학자자가 동원되어 장거리 탄도 미사일을 만들어 낸 것입니다. 그것이 바로 V1과 V2라는 초음속대공 미사일입니다. 2차 대전 말기 독일은 영국 런던상공에 미사일을 퍼부어 전 세계를 공포에 떨게 하였습니다. 비행기로도 막을 수 없었고, 대공포로도 막을 수 없는 정말 위력적인 무기였습니다. 이후 소련과 미국, 영국 등은 이 미사일 공장을 가장 빨리 접수하였습니다. 그리하여 먼저 점령한 미국이 폰 브라운을 비롯한 과학들 수십 명, 그리고 미사일 설계도 등을 미국으로 가져갔습니다. 즉 인간의 두뇌에 있는 지식(정신)과 설계도를 가장 중요하게 생각하였기 때문입니다. 반면 소련은 늦게 도착하였지만 대신에 보고 배우는 유물론적 시청각학습을 중요하게 보았기에 공장을 그대로 뜯어 소련으로 옮겼습니다. 물론 우리 땅에 있던 일본군의 각종 공장도 모두 뜯어서 소련으로 옮겼습니다. 당시 소련은 독일이나 영국, 미국, 일본에 비하여 기술 후진국이었으며 모든 것이 이제 개발되는 개발도상국이었습니다. 1945년 현재 소련은 이제 건국 된지 25년밖에 안 된 나라로 아주 형편없는 기술을 보유한 나라였기에 전쟁의 승자로서 선진문물을 배우기 위해 점령국에 있던 공장은 모두 옮겨 갔습니다.

그리고 전쟁 후 소련은 미국과 우주경쟁에 뛰어 들었습니다. 미사일 공장을 뜯어간 소련과, 과학자와 설계 이론을 가져간 미국 두 나라는 그야말로 소리 없는 경쟁이 시작된 것입니다. 그리고 소련이 가장 먼저 해결한 것은 핵폭탄이었습니다. 한국전쟁 당시 미국이 북한으로 밀고 올라가지 못한 이유는 1947년에 개발한 소련의 핵무기 때문이었습니다. 그리고 한국전쟁이 휴전으로 끝나고 3년이 지나자 소련은 1957년에 스푸트닉(Sputnik)을 우주공간에 쏘아 올리는데 성공합니다. 이 소식은 그야말로 미국을 패닉에 빠뜨렸습니다. 만약 인공위성에 핵을 장착하여 미국에 떨어뜨린다면 이건 상상할 수도 없는 일이었기 때문입니다. 여기서 우리가 상기할 것은 이러한 결과가 시청각교육을 중요시한 유물론적 교육과 주 입식 교육을 강조한 관념론적 교육 둘 중에서 유물론이 승리한 쾌거라는 점입니다. 이후 전 세계의 교육은 현장학

스푸트닉

습을 중요시하는 시청각교육으로 전환하기 시작합니다. 1991년 소련이 무너질 때까지 유물적 교육은 세계화되었습니다.

소련이 멸망한 이후 사회주의에 대한 강력한 냉전은 종식되었습니다. 그리고 세계는 과학기술의 빠른 발전에 의해서 자본주의가 지니고 있는 모순을 넘기며 지금까지 지속되고 있습니다. 소련 멸망이후 오늘날 남한은 왕성한 자본주의 꽃을 피우고 있고, 북한은 정권유지에만 급급한 나머지 사회주의를 포기하고 봉건주의로 후퇴하는 후진국이 되어버렸습니다. 여기에 대한 21세기 밀레니엄시대의 대안은 이제 우리의 몫입니다. 이는 남한과 북한이 안고 있는 통일문제도 포함되는 것입니다. 남한과 북한은 대립하는 변증법적 관계입니다. 이제는 남한이 북한을 닮기도 하겠지만 북한도 더 많이 남한을 닮을 수도 있습니다. 과거나 현재나 모든 사람의 의식은 존재(상황)가 결정합니다. 언제나 맛있는 것만 먹고 사는 남한 사람들은 북한 사람들과 그 생각이 같을 수가 없습니다. 또 배고플 때 먹는 식사와 배부를 때 먹는 식사는 그 맛이 다릅니다. 화장실 갈 때와 다녀왔을 때 그 마음이 다르듯이 말입니다. 누구나 처해진 상황에 따라서 의식(정신)이 변하는 것입니다. 하지만 이러한 유아기적 유물론에 의해서 인간의 마음이 변해서는 곤란합니다. 지금까지 살아온 방법이나 형태가 이런 것이었다면 앞으론 화장실 가기 전이나 갔다 와서나 똑같은 의식을 지니도록 노력할 것을 주장하는 사람들은 다름 아닌 지금까지 유물론적 역사관을 지지했던 사람들입니다.

물질적 상황에 따라서 의식이 변하는 것이 지금까지의 역사였다면 이제는 한층 발전된 인간의 의식이 역사의 원동력이 되어야 한다는 주장입니다. 그들의 주장은 한결같습니다. 전쟁이 없는 평화, 핵무기 반대, 이웃 사랑 공동체, 신에 의존하지 않는 휴머니즘 등의 원칙을 내세웁니다. 이러한 것은 우리의 의식이 한 단계 높아졌을 때만이 이루어질 수 있다는 것입니다.

지금까지 인간생활이 존재가 의식을 결정했다면, 이제는 의식이 존재를 규정하는 사회를 만들어 가야 한다는 이러한 주장은, 즉 관념론적 입장이 유물론으로 전화하고, 유물론적 입장의 사람이 관념론으로 전화한 것입니다. 다시 말하여 지금까지 자본주의 사회는 유물론적으로 살아왔으니 좀 더 높은 의식을 가지고 물질을 배척하는 높은 의식으로 세계를 만들어 가야 한다는 주장입니다.

역사는 관념론적 사관과 유물론적 사관이 상호전화하면서 발전해 가고 있습니다. 다만 서로를 불신하며 적대적 관계를 설정하고 학문적 자유까지 박탈하며 진행되어 왔던 우리 남북한은 이제 함께해야하는 새로운 시대를 맞고 있다는 건 확실합니다.

소유란 무엇인가?

생활에서 생산관계를 잘 살펴보면 생활재료의 생산이나 인간의 생산에서 인간과 사물의 결합은 법률에서 '소유'라고 말하고 있습니다. 미국 유타대학교 교수 E. K. 헌트가 쓴 『소유의 위기』(*Property and prophets*, 1979)를 보면 인간이 어떻게 소유하여 왔는가가 잘 나타나 있습니다.

소유란 예를 들면 우리의 집이나 가재도구는 우리의 소유물이고 회사의 공장이나 기계, 원자재, 금고 속의 자본금은 사장님의 소유입니다. 우리가 밭에서 채소를 키울 때는 땅도 씨앗도 또 노동수단(농기구)도 노동하는 바로 자신의 소유이기 때문에 생산된 채소는 당연히 자기 자신의 소유물이 됩니다. 그렇지만 자기가 다니고 있는 회사의 공장에서 생산된 생산물이나 남에게 품을 팔아서 생산된 농수산물은 바로 회사 주인이나 밭 임자 것이 됩니다. 하지만 공장에 고용되어 있는 노동자는 자기 자신이 노동하였음에도 불구하고 공장생산 결과물을 소유하지 못합니다. 왜냐하면 건물, 원자재, 노동수단, 또 자신의 노동력까지도 모두 자본가의 소유물이기 때문입니다. 자신의 노동력도 한 달에 얼마, 또는 연봉 얼마라는 급여로 계약하고 이미 팔았기 때문입니다.

그런데 앞에서 말한 노동력을 팔기 전까진 이 또한 자기 소유입니다. 그리고 소유에는 공동으로 소유하는 것도 있습니다. 다시 말해 공유재산으로 강이나 바다 또는 산 등에서 얻는 물고기나 나무 등은 공유재산에 해당합니다. 그리고 공동의 재산도 있습니다. 바닷가의 등대라든지, 지하철의 화장실, 고속도로, 교통신호 등은 공유재산과 달리 누군가가 재화를 투자하여 만들어진 것입니다. 공유재산이나 공동재산은 공유물로 국가가 관리하는 경우가 대부분입니다. 우리나라는 집을 짓는 땅이 대부분 개인의 소유로 되어 있지만 유럽이나 중국, 베트남 등은 국가의 소유로 되어 있습니다. 물론 원시시대나 봉건시대에는 바다처럼 육지의 땅도 누구도 소유하지 않은 공유재산으로 개인이 소유하지 않았습니다. 물론 이러한 바다나 육지는 아무도 관리를 하지 않았기 때문에 오늘날이나 과거나 환경공해가 극심하였습니다.

자본주의 초기인 14세기에서 18세기 중엽까지 영국에서는 양털의 수요가 급증하면서 양을 키우는 농가가 늘어나기 시작하였습니다. 이때만 해도 들판은 농경지를 제외하고는 공유재산이었습니다.

다시 말해 영주들의 영지는 있었지만 농경지 이외는 거의 임자가 없던 시대였습니다. 이때 양털은 모직물을 만드는 재료였기에 상공업의 발달로 인하여 양털수요가 급증한 것입니다. 처음에 농민들은 들판에서 자유롭게 양을 키우며 풀을 뜯게 하였으나 양의 숫자가 무한대로 늘어나면서 들판의 풀들이 없어지게 되는 사태가 일어났습니다. 그러자 영주들은 땅에 말뚝을 박고 다른 양들의 침범을 막기 시작하였습니다. 소위 인클로우저 운동이 시작된 것입니다. 그러자 돈 많은 영주들이 대량의 농민을 토지로부터 분리시키고 그들을 무산자로 전락시켜버렸습니다. 인클우저운동을 통하여 우리가 알 수 있는 것은, 공유재산은 사적 소유가 아니기에 양들이 들판에서 풀을 뜯어 먹는 것에 대하여 아무도 간섭하지 않았고, 땅은 피폐하고 풀도 메말라버리는 그야말로 양도 사람도 살 수 없는 황폐한 지경에 이르러서야 자기 땅임을 알리는 선긋기가 시작된 것입니다. 아리스토텔레스는 이러한 공유재산에 대하여 "여러 사람이 공유하는 것은 잘 관리하려 하지 않는다. 누구나 다른 사람과 공유하는 물건보다 자기 자신의 물건에 더 관심을 갖는다"[105]라고 말한 바 있습니다. 이처럼 공유재산도 관리가 안 되면 재생산할 수 있는 여건을 파괴하고 공해를 만들어 냅니다. 그리고 우리 인간까지도 파괴시켜버립니다. 따라서 오늘날에는 UN에 환경기구도 만들어지고, 나라마다 사적 소유에 대하여 간섭하는 법률이 새로이

105) ▶ N. Gregory Mankiw, *Principles of economics*,(19th edition), Cengage Learning, 2021, p.218. 한국어판, 김경환·김종석 옮김, 257쪽.

만들어 지고 있는 것입니다. 공유재산이나 공동재산은 관리자가 없으면 필연적으로 문제가 발생합니다. 공유재산이 아닌 공동재산인 지하철의 공중화장실을 보면 분명 자신들이 집에서 사용하는 화장실보다 훨씬 깨끗하지가 않습니다. 아마도 이러한 생각은 필자만의 생각이 아닐 것입니다. 과거 소련 공산주의의 몰락도 이러한 경우가 확대되면서 발생한 경우에 해당합니다.

오늘날 우리가 살고 있는 자본주의적 생산양식이란 바로 자본가가 모든 것을 소유하는 것을 말합니다. 즉 공유재산이 아니라 사유재산을 원칙으로 하는 사회가 우리가 살고 있는 사회로 자본주의 사회라고 말합니다. 자본주의에 대해서는 바로 뒤에서 상세하게 다시 살펴볼 것입니다. 그러기 전에 몇 가지 경제학적인 고찰임에도 불구하고 설명하여 보겠습니다.

우리가 시장에서 채소를 살 때나 백화점에서 옷을 살 때 우리는 그 품질만 보게 됩니다. 그 채소를 생산하는 데 어떤 흙에서 어떤 생산도구를 사용했는지는 알 필요가 없습니다. 또 어떤 사람들이 노동을 하였는지도 알 필요가 없습니다. 여자가 일했는지 할아버지가 일하였는지 청년 또는 외국인 노동자가 일했는지도 알 필요가 없습니다. 또 백화점의 신발도 누가 만들었는지 어떤 기계로 만들었는지는 별로 따지지 않습니다. 우리는 생산물의 메이커와 품질만 따지면 됩니다. 또 그것을 생산하면서 농부나 노동자가 잠을 많이 잤는지 무엇을 먹고 만들었는지도 알 필요가 없습니다. 단지 값싸고 품질만 좋으면 됩니다.

때문에 자본주는 공장도 원자재 값도 싸게 구입해야 하고 노동력도 값싸게 구입해야 합니다. 공장을 하는 사람도 생산된 물건을 비싸게 팔고 싶어 하듯이 노동자도 자기의 노동력을 비싸게 팔고 싶어 합니다. 때문에 양자는 이해관계의 대립이 생깁니다. 사는 사람보다 파는 사람이 많으면 그 값은 떨어지지만 그 반대이면 값은 올라갑니다. 설령 노동자의 심정을 이해하고 노동자에게 급여를 많이 주고 싶은 사장도 있지만 그것도 마음대로 할 수 없습니다. 만약 높은 급여를 주게 되면 생산된 상품 값이 올라가기 때문에 타 회사에서 생산된 상품과 가격경쟁에서 밀릴 수밖에 없습니다. 또한 같은 자본가들끼리 눈치도 보아야 합니다. 이것이 오늘날 우리가 살고 있는 자본주의 사회의 한계입니다. 할 수 없이 노동력을 싸게 구입할 수밖에 없는 것이 자본주의의 문제점인 것입니다. 이처럼 소유권이란 소수를 위한 특권인 동시에 민중의 권리를 제약하는 수단입니다. 그렇기 때문에 소유권을 확립하고 지속적으로 이 소유권을 지켜내기 위해서 항상 탄압이라는 폭력이 필연적으로 동반되고 있습니다. 따라서 소유란 국가의 기본적인 보호 아래 소수의 사람만이 누릴 수 있는 특권입니다.[106)]

좀 전에는 공유재산의 문제점을 살펴보았다면 이제는 사유재산을 근간으로 하는 자본주의사회에서도 지금까지 설명한 것처럼 많은 문제가 발생함을 살펴보고자 합니다. 필자의 회사에서도 노동운

---

106) ▶ E.K. 헌트 지음, 최완구 옮김, 『소유의 위기』(중원문화, 2012), 128~129쪽.

동이 발생한 적이 있었습니다. 그러나 진보적 입장의 노동운동이 아닌 조합주의적 성격이 강했고 정치적 목적을 둔 노동운동도 아니었기에 노동자의 손을 들어 줄 수가 없었습니다. 거기다 다른 사업장의 눈치도 살펴야 했습니다. 자본가가 아무리 노동자를 돕고 싶어도 도울 수 없는 사례였습니다. 노동자들은 진보적인 사람이 왜 보수적 방법으로 대응하느냐고 인신공격까지 하였습니다. 또 집단적으로 행동했기 때문에 누구만 특별하게 취급할 수도 없었습니다. 이것이 자본주의 사회의 한계입니다. 자본가가 노동자를 돕고 싶어도 다른 회사와 경쟁하기 위해서는 질 좋고 값싼 노동력을 구하지 않으면 안 되기도 하지만 거대한 자본주의라는 틀 속에서 함께 굴러가지 않으면 그 회사는 문을 닫고 맙니다. 바로 소유란 민중을 탄압하는 근원이기도 하지만 그것은 곧 경제적 불평등의 근원이기도 합니다. 소모된 노동량이 자본주의 사회의 생산량을 결정했다면 소유란 생산된 것을 누군가 소수가 갖는 방식을 결정해버렸습니다. 오늘날 우리가 살고 있는 자본주의 사회에서는 생산물이 그것을 생산하는 노동자들에게는 전혀 돌아가지 않는 반면 재산을 소유한 자들은 사유재산법이란 걸 만들어 노동자들의 노동력까지 합법적으로 빼앗아가고 있는 것입니다.107) 이처럼 소유주와 노동자의 관계는 누구도 부인할 수 없는 변증법적 관계입니다.

---

107) ▶ E.K. 헌트 지음, 최완구 옮김 『소유의 위기』(중원문화, 2012), 130~131쪽.

자본주의란 무엇인가

그럼 이제부터 자본주의란 무엇인지, 그리고 어떻게 하여 시작되었는지 살펴보도록 하겠습니다. 앞의 '소유란 무엇인가'에서 독자들은 이미 자본주의란 구조는 알게 되었을 것입니다. 그래서 이곳에서는 자본주의의 시작부터 살펴보도록 하겠습니다. 독자여러분들도 아시겠지만 원래 자본주의 혁명이 발생하기 이전부터 중세시대에 이미 서구유럽에서는 길드(Guild)라는 '상업' 조직이 발생하고 있었습니다. 길드는 일종의 조합으로 11~16세기에 유럽에서 번성하여 당시 경제와 사회 구조의 중요한 일부를 이루었습니다. 중세의 길드는 상인 길드와 수공업 길드가 있었습니다. 상인 길드는 특정 마을이나 도시에서 영업하는 상인들의 전부 또는 대다수가 참여하는 경우가 많았습니다. 반면 수공업 길드는 특정 산업의 모든 기술자와 장인을 포함하는 직업 조합들이 대부분이었습니다. 그러다보니 수공업 길드는 결국 상업 길드에게 밀리어 망하게 됩니다. 반면 상업 길드는 번창하게 됩니다. 그리고 이렇게 성장한 자본가들은 왕권과 이해다툼이 발생할 수밖에 없었습니다. 당시 봉건영주들은 병사들의 급여가 아까워 군대를 줄이고 있었습니다. 세르반테스[108]의 장편소설 『돈키호테』란 소설은 바로 이러한 사회현상을 묘사한 것입니다.

네덜란드에서 처음 일어난 혁명은 1642~1660년 영국에서 **청교도혁명**의 도화선이 됩니다. 이때부터 왕권은 크게 후퇴하기 시작하였습니다. 그리고 1688년 **명예혁명**이 발생하면서 봉건왕조는 그 힘을 상실해버리고 맙니다. 계속해서 1775~1783에 걸쳐서 일어난 미국의 **독립전쟁**과 1789년의 **프랑스대혁명**[109]을 정점으로 세습적 봉건왕조가 무너지고, 소위 자본가계급이 정권을 장악한 이후 본격적으로 자본주의가 시작되었다고 말할 수 있겠습니다. 정치적으로는 선출직 대의민주주의가 시작되었으며, 영국에서는 의회민주주의란 내각책임제가 탄생하고, 미국에서는 막강한 권한을 가진 대통령중심제란 정치제도가 탄생합니다. 여하튼 이때부터 세계는 자본주

---

108) ▶ M. de Cervantes(1547~1616), 스페인의 소설가로 가난하게 살았다고 전해진다.— 저자 주.

109) ▶ 보통 시민혁명이라고 말하는데 그 이유는 부르주아혁명(계급으로서의 시민혁명)만을 의미하지 않기 때문이다. 프랑스혁명은 사상혁명으로서 시민과 부르주아가 공동으로 주축이 된 혁명이다.— 저자 주.

미국의 독립전쟁

의로 전환하기 시작합니다. 우리나라에서는 조선 말기 봉건적 세습 제도를 놓아두고 갑오개혁과 동시에 개화파에 의해서 자본주의제도를 받아들이고 의회민주주의를 시도하려 했으나 실패한 바 있다고 앞의 '현대 우리나라의 철학'에서 이미 기술한 바 있습니다.

자본주의이란 뜻은 사전적의미로는 자본주가 생산방법을 지배하고 있는 사회로 칼 맑스에 의하면 자본가와 노동자의 대립관계가 심화되면서 사회주의로 진행하는 앞 단계 사회를 자본주의사회라고 말합니다. 『철학대사전』을 보면 생산수단이 사유화되고, 노동력이 상품화되고 있으며, 생산은 주로 근대적인 기계공업으로 영위되고 있는 사회입니다.110) 원래 자본주의 사회의 개념은 사회주의자에 의한 근대 경제의 분석 과정에서 만들어졌으며 자본주의 사회는 노예제 사회와 봉건제 사회라는 두 계급 사회 이후에 발생하는 계급사회로 사회 발전의 한 단계 높은 단계라고 정의합니다. 자본주의 사회를 이해하려면 철학적으로 자본주의의 본질 파악이 앞서야 합니다. 사회 및 경제학적인 입장에서 규정한 독일 경제학자 좀바르트(W. Sombart, 1863~1941)의 견해에 의하면 자본주의라 하는 것은 "지휘권을 가진 생산수단의 소유자와 경제의 객체인 무(無)소유(Non-possession)의 노동자가 시장을 통하여 결합해서 협동하는 하나의 유통 경제조직이며, 거기에서는 이익을 원칙으로 하는 영리주의와 경제적 합리주의가 지배한다"고 설명합니다.111) 그 후 여러 학자에 의하여 여러 가지 정의가 시도되었습니다. 일반적인 사전류를 보면 이정도 선에서 그칩니다.

그러나 자본주의 사회의 본질적인 특징은 첫째로 물질에 대한 생산수단의 사유제도에 입각한 상품교환 사회, 즉 시장경제 체제이며, 두 번째로 자유로운 노동자가, 즉 법적으로 자기의 노동력을 시장에 자유롭게 팔 수 있을 뿐만 아니라 경제적으로 생산수단을 가지지 못했기 때문에 노동력을 팔지 않으면 안 되는 노동자들이 존재하며, 세 번째로 생산수단의 소유자인 소유주는 이익원칙 및 합리적 경제 계산에 의하여 이윤을 목적으로 생산을 유지합니다.

---

110) ▶ —『철학대사전』의 '자본주의' 항목에서 참조.

111) ▶ 앞의 책 같은 쪽.

경제학에서는 이러한 자본주의가 일반적으로 상업자본주의 → 산업자본주의 → 금융자본주의 단계를 거치며 발전되었다고 말합니다. 상업자본주의 시기는 지리상의 발견과 국제 무역이 확대되는 시기로 16세기 전후의 유럽의 모습입니다. 그리고 상업자본주의가 한창 활발할 때 영국의 산업혁명을 계기로 18세기 중반부터 제조업 발전이 비약적으로 일어납니다. 그리고 산업자본가들에 의해 20세기 초반 독점자본주의의 한 형태로 금융자본주의가 등장했습니다. 그리고 금본위제도에서 화폐본위제도로 전환하게 되는데 이는 금을 화폐로 사용하기에는 금의 절대적 부족으로 더 이상 금을 화폐로 사용하기에는 역부족이었기 때문입니다. 하지만 이 시기만 해도 국가가 자본가를 통제하지 않은 자유방임주의 체제이었기에 금융자본과 산업자본이 결탁하고 거대 자본화하면서 소수의 은행자본이 상업자본과 산업자본 전반을 지배하는 상태가 되었습니다. 이는 결국 화폐의 대량발행과 과잉생산으로 '세계대공황'을 초래하게 되었습니다. 이후 강력한 국가개입으로 금융자본주의가 국가의 통제 아래로 들어가게 되었으며 지금까지 자본주의국가든 사회주의국가든 강력한 국가의 통제아래에 모두 화폐본위를 사용하고 있으며 이는 신용이 전체가 되는 사회로 변하게 됩니다. 따라서 금융자본주의는 쇠퇴했으나 오히려 화폐의 신용도가 강화되면서 우리 일상생활까지 파고들어 신용을 잘 지키는 사람이 돈도 벌 수 있고, 신용이 없는 사람은 사회로부터 퇴출됩니다. 이는 오늘날 신용카드가 화폐를 대신하는 사회에서 개인의 약속이나 시간개념은 바로 돈으로 귀결되게 됩니다.

사회주의자들은 이처럼 자본주의가 고도로 발전함에 따라 노동 착취에 의한 소득 분배의 불평등(계급 간 갈등), 계획 없는 과잉생산, 자유경쟁의 심화에 의한 자본의 집중(독점자본주의), 생산된 상품의 판로의 부족으로 인한 국제간의 대립(제1,2차 대전) 등으로 사회주의 혁명을 야기하여, 자본주의 사회는 필연적으로 붕괴한다고 말합니다. 그리고 이것은 1980년대까지 현실이었습니다. 그러나 두 차례의 세계대전을 겪음과 동시에 노동자들의 거센 노동운동으로 인하여 선진 자본주의 국가들은 국민들의 경제생활에 대하여 국가가 직접 간섭하기 시작했으며, 더구나 노동자들이 사회주의 혁명보다는 대의민주주의 방법인 정당제에 참여하면서 노동자들의 정당들이 집권당으로 변하기 시작하였습니다. 이러한 노동자 정당들은 사회복지제도의 강화를 가져오게 하였고, 기업의 불황과 실업을 극복하기 위하여 소비수요의 확대정책이 실시되게 됩니다. 따라서 오늘날의 자본주의 사회는 소위 수정된 자본주의 형태를 띠며 소득분배 방향으로 진전하고 있음을 알 수 있습니다.

또한 국제경제면에서도 나라간 경제 협력이 강조되기 시작하면서 자본에 대한 국가의 간섭은 더욱 늘어나기 시작하였으며 결국 초기 순수 형태의 자유방임주의적인 자본주의 사회는 이제 더 이상 지구상에 존재하지 않습니다. 특히 칼 맑스가 자본주의 사회는 불평등 때문에 멸망하는 것이 아니라 인간적 대접을 하지 않는 자본주의의 악마성 때문에 망한다고 했던 19세기 『자본론』을 쓸 때와는 달리 오늘날 후기 자본주의 시대에 들어와 있는 선진 자본주의 국가에서는 중앙으로부터의 통제가 더욱 더 강화되고 있습니다. 결국 여러 가지 내부 조정과 정책개편에 의하여 순수한 자본주의 사회에서 오래전에 벗어나기 시작했으며 사회주의적 복지사회의 방향으로 점진적 발전을 꾀하고 있습니다. 또한 자본가들의 사상도 변화되고 있으며 노동자들의 사고도 역시 보편적 노동운동으로 합리화되고 있습니다.

다시 말하자면 자본주의에서 사회주의로의 진척은 칼 맑스가 살았던 19세기에 예상했던 것과는 아주 다른 방법으로 변하고 있다고 말할 수 있습니다. 배고픈 어린아이에게 울음을 멈추게 하기 위해 아편 물방울을 먹였고, 하루 두 끼도 먹기 힘들었던 19세기의 극악한 자본주의는 이제 역사의 뒤안길로 사라지고 있는 것처럼 보입니다. 오늘날 이처럼 자본주의가 지속될 수 있는 힘은 자연과학의 발전에 따른 성장 동력 때문입니다. 하지만 아직도 세습적 봉건제도를 채택하고 있는 중동이나 아프리카의 신생 국가들에서는 칼 맑스가 살았던 19세기 유럽처럼 악마적 자본주의적 착취가 계속되고 있습니다.

사회주의란 무엇인가?

공상적 사회주의(Utopian Socialism)란 말이 있습니다. 일반적으로 맑스주의의 과학적 사회주의에 대비되어 사용되는 말입니다. 그러므로 그것은 맑스주의 이전의 사회주의나 공산주의 이론을 포괄적으로 지칭합니다. 자유·평등·박애를 기치로 내건 자본주의를 위한 '시민혁명'이 진행되면서 최고 이상으로 생각하는 자본주의 사회가 자유와 평등이 사유재산제를 기초로 하는 정치적 평등만으로는 실현될 수 없다는 사실이 점차 드러나기 시작하였습니다. 왜냐하면 경제적 불평등이 존재하는 한 참된 인간의 자유는 실현될 수 없었기 때문입니다. 농민, 노동자 등 경제적 부를 소유하지 못한 계층의 고뇌를 해결하려는 노력은 인류의 양심이 살아 있는 한 모든 곳에서 드러나기 시작하였습니다.112) 이에 대하여 새로운 사회구성체를 찾아 나선 이들이 있었습니다. 그들이 구상한 새로운 사회구성체가 바로 **사회주의**였습니다.

그래서 우선 '사회주의'란 말을 사전에서 찾아보기로 하겠습니다. **사회주의**란 생산수단이 소수 지배계급의 사적 소유(私有)에 속하는 것이 아니라 사회 전체의 공유(共有)로 귀속되는 사회구성체를 말합니다. 칼 맑스의 말을 빌리면 자본주의 다음단계를 사회주의라고 이야기할 수 있겠습니다. 사회주의와 공산주의는 최종적인 계급사회인 자본주의 사회를 극복하고(또는 혁명으로 무너뜨리고) 변증법적으로 더 지양한 사회체제로서, 그 단계에 따라 제1단계로 사회주의, 제2단계로 완성단계인 공산주의로 나뉘고 있습니다. 또한 18세기에 사회주의 이론이 주창된 이래로 그 이론의 발전 정도에 따라 다시 공상적 사회주의와 과학적 사회주의로 나누어집니다. 물론 여기에는 단순한 이론의 발전뿐만이 아니라 그것의 물질적 토대가 되는 당시의 사회적 환경에 따른 역사적, 시간적, 철학적 차이가 있기 때문입니다.113)

사회주의란 말은 새로운 사회 구성체를 찾기 시작한 이래 공상적 사회주의 이후에 나온 술어입니다. 그래서 이를 가리켜 **맑스주의 이전의 사회주의**, 또는 **공상적 사회주의**라고 말합니다. 그것은 자본주의의 생산양식이 형성되고 발전되기 이전이었던 봉건주의시대에 나온 말이기에 그렇게 부릅니다. 조선중기 선조시대 허균(許

112) ▶ 강대석 지음, 『서양철학사 입문』(중원문화, 2023), 258쪽.

113) ▶ —『철학대사전』의 '사회주의' 항목에서 참조.

筠, 1569~1618)이 『홍길동전』을 소설로 써서 각광을 받았던 이 시기에 약속이라도 했듯이 서양에서도 같은 시기에 허균의 '홍길동 이야기'와 같은 생각을 가진 사람들이 있었습니다. 다름 아닌 바로 영국의 토머스 모어(Thomas More, 1478~1535)와 이탈리아의 캄파넬라(Giovanni Campanella, 1568~1639)가 대표적인 인물들입니다. 이들도 허균과 같은 생각을 하며 봉건제와 자본제 생산양식에 의해서 희생된 농민과 기타 노동자의 고뇌를 해결하려는 노력을 하였습니다. 당시 이들이 생각한 것은 아직 증명되지 않은 것으로 그냥 말 그대로 공상적 이상사회를 설정하고 있었습니다.

이후 18세기 말 프랑스혁명에 영향을 주었던 대표적인 공상적 사회주의자라고 한다면 우리 교과서에 자주 등장하는 프랑스의 푸리에[114], 생-시몽[115], 오웬[116] 등이 있습니다. 그들의 이론은 과학적 사회주의에 많은 영향을 끼쳤습니다. 하지만 아직 노동자 계급이 성숙하지 못한 시기였기 때문에 노동자나 무산계급이 혁명 세력으로서의 역사적 의의를 파악하지 못하였습니다. 때문에 이들은 사회주의에 대한 설득과 소규모의 실례(實例)를 통해서만 농민이나 노동자들을 사회주의 실현으로 인도하려 하였습니다. 이후 등장한

---

114) ▶ Charles Fourier(1772~1837), 319 각주 참조 바람.— 저자 주.

115) ▶ Claude Henri Saint-Simon(1760~1825), 최초의 기독교를 근간으로 한 기독교 사회주의자. 당시 공산주의 열풍 속에서 실제로 협동조합을 만들고 공산주의적 활동을 했으나 실패함.— 저자 주.

116) ▶ Robert Owen, 1771~1858), 영국 스코틀랜드 면직 공장의 지배인이자 소유권의 일부를 가진 기업인.— 저자 주.

것이 '과학적 사회주의'입니다. 이 사회주의의 이론적 기초는 칼 맑스이며, 이후 맑스주의자들에 의해서 '과학적 사회주의'라고 부르게 되었습니다. 맑스주의자들은 칼 맑스의 철학 및 경제이론에서 사회주의 건설의 이론을 얻어내고 이를 과학적 사회주의라고 불렀습니다. '과학적'이란 말을 붙인 이유는 종교적 상상이나 도덕적 결단에 의하지 않고, 사회의 조직과 변화 및 발전을 그 자체에 입각하여 인식하며, 그것에 기초한 사회주의가 왜 출현하게 되는지, 그 출현을 위해서는 어떠한 과정을 필요로 하는지를 명확하게 설명하고 있기 때문입니다. 맑스주의자들에 따르면 봉건주의의 모순에 의해서 자본주의가 발생했듯이 사회주의 역시 자본주의의 모순에 의해 필연적으로 생기게 되는 새로운 사회구성체입니다. 여기서 '필연적'이라 함은 자본주의 생산의 발전 자체가 생산을 사회적인 것으로 만들며 따라서 직접적으로 사회적 생산에 종사하는 노동자 계급(사무적 · 기술적 작업에 종사하는 모든 사람을 포함한)외에는, 단지 생산수단의 소유자로서 노동자를 지배하고 착취하는 것에 불과한 자본가 계급을 이미 필요로 하지 않기 때문입니다. 다시 말하면 아무리 커다란 기업이라도 생산의 발전이 계속되면서 거대해지면 이제 사회적 기업이 된다는 이야기입니다. 이미 서구 유럽은 상속세가 70%에 육박하여 대기업의 소유권은 국민주로 전환 중에 있습니다. 우리나라 대기업들도 결국은 국민들이 생각할 때 국민기업으로 생각하고 있고, 앞으로 실제로도 서서히 국민주식회사로 갈 것으로 보입니다. 그런데 맑스주의자들은 이 사회적 생산에 의해 필요 없게 된 **자본가 계급을 제거**하고, 생산수단을 개인적 사유에서 사회적 소유로 바꾸어 생산양식을 근본적으로 변혁할 필요가 있다고 주장합니다. 이것은 바로 **혁명**(사회주의 혁명)이며, 이것의 수행을 사회 발전이 요구하는 역사적 임무로서 받아들이는 세력은 실제로 사회적 생산을 담당하고 있는 노동자 계급이라는 주장입니다.

그리고 이어서 노동자 계급은 우선 정치권력을 장악하고, 그 후 그 권력에 의해서 생산수단의 사회적 소유를 실현한다고 말합니다. 이것이 소위 **사회주의 붉은 혁명**입니다. 맑스주의는 이렇게 나타난 새로운 사회를 공산주의의 제1단계로 규정하고, 이것을 사회주의라 부릅니다. 맑스주의의 두 핵심은 '변증법적 유물론'과 '사적 유물론'입니다. 변증법적 유물론은 헤겔의 변증법과 포이어바흐의 유물론이 창조적으로 지양되어 나타난 인식론과 존재론이며 변증법적 유물론을 역사와 사회문제에 적용시킨 것입니다.117) 이처럼 변증법적 과정을 거치며 공산주의가 탄생되며 이 사회에는 제1단계의 사회주의와, 그보다 한층 발전된 높은 단계로서 본래적 의미에서의 공산주의가 함께 포함됩니다. 여기서 높은 단계란 사회적 의식이 높아지기 때문에 이렇게 말한 것입니다. 자본주의사회는 노동자가 자본가의 이익 창출을 위하여 노동력을 착취당하지만 사회주의 사회에서는 능력만큼 일하고 능력만큼 가져갈 수 있는 사회로 자본주의보다 높은 의식수준을 필요로 합니다. 이 높은 의식수준은 능력에 따라서 소득분배가 확실해지기 때문입니다. 그러나 제2단

117) ▶ 강대석 지음, 『서양철학사 입문』(2023, 중원문화), 259쪽.

계에 진입하면 능력만큼 일하고, 필요한 만큼 가질 수 있는 한층 더 높은 의식을 요구합니다. 예를 들어 노인이나 장애인은 청년이나 정상적인 사람들보다 노동능력이 훨씬 미치지 못하지만 가져가는 건 필요한 만큼 가져갈 수 있는 사회입니다. 이러려면 사회주의보다도 한층 더 높은 의식수준을 필요로 합니다. 맑스주의자들은 이러한 의식수준은 의식주가 해결되고 필요한 만큼 가질 수 있게 되면 자연적으로 물질에 대한 욕망이 없어지고 높은 의식수준의 사회가 성립되는데 그것이 바로 공산주의사회라고 말합니다.

그렇다면 공동으로 노동하는 사회가 공산주의인데, 그 제1단계인 사회주의에서는 그때까지의 역사적 조건에 따라 규정되는 공동소유의 방법에 있어서 상공업은 국가적 사업으로 진행할 수 있지만, 농업은 국가적 사업으로 하기에는 어려움이 따르기에 협동조합의 형태로 협동농장이 생기게 됩니다. 그래도 상공업 노동자와 농업 노동자의 차이가 존재하게 됩니다. 따라서 노동자 계급과 농민 계급이 존재하게 되고, 또 인텔리겐치아라는 지식계층이 존재하게 되는 문제가 발생합니다. 그러나 양 계급, 즉 노동자와 농민은 그리고 인텔리겐치아는 변증법적으로 적대적 계급 관계가 아니고 상호협력의 테두리 안에서 존재하는 비적대적 관계이기에 문제될 게 없다는 주장입니다. 또한 공산주의에서는 노동이 생활의 제1차적인 '자발적 행위'가 된다고 칼 맑스는 주장합니다. 아직 사회주의적 생산단계에서는 필요에 의해서 어느 정도 강제성이 담보되지만 공산주의 사회에서는 사회적 의식이 높아진 노동으로 즐거운 노동이 된다는 것입니다. 남에게 봉사하고, 스스로도 필요한 만큼 가져갈 수 있기에 자본주의적 착취에 의한 노동이 아니라 스스로 노동하는 즐거움이 발생한다는 논리입니다. 오늘날의 과학자들이 하는 연구는 누가 시켜서 하는 노동이 아니라 스스로 즐거워서 밤새 것 노동하는 것처럼 공산주의에서는 스스로 즐거움을 갖고 노동하게 된다는 것을 설득력 있게 논하고 있기에 맑스주의가 아직도 사회변혁의 이론으로서 그 위치를 점하고 있는 것입니다.

하지만 사회주의 사회는 자본주의에서 직접적으로 연결되어 발생하는 사회이기 때문에 거기에는 앞에서 말한 노동자세력이 장악한다는 역사적 과정에 여러 제약이 있을 뿐만 아니라 상품과 화폐의 관계도 계속 존재하게 될 것입니다. 또한 사람들의 심리에도 자본주의 안에서 길러진 습관과 여러 가지 사고는 사회주의 사회와 이질적인 것들이 잔존하며 함께 존재할 수밖에 없습니다. 생산에 있어서도 역시 공산주의라는 높은 단계에서처럼 '모든 사람은 그 능력에 따라 일하고 필요에 따라 분배한다'는 것이 가능할 정도로 충분히 발달하지 못하고 '모든 사람은 그 능력에 따라 일하고 노동에 따라 분배한다'고 하는 원칙만 내세울 뿐 도시와 농촌의 차이, 육체노동과 정신노동의 차이도 잔존할 것입니다.

그러나 소위 맑스-레닌주의에 입각한 공산당이나 노동당, 또는 공산주의 건설에 협력하는 기타 정당과 함께 지도한다면 사회주의 정부가 계획적으로 실시하는 과학 및 기술, 기타 문화의 발전이 진행되어 가면서 정치적으로는 민주주의의 급속한 침투, 경제적으로는 생산의 가속적인 증대, 문화의 전반적 보급이 실현될 수 있다는 주장입니다. 이런 과정을 지도하는 정당을 전위당이라고 말합니다. 물론 이 과정에서 어려운 모순도 생기며, 모든 것이 동시에 진행되는 것은 아니지만 동시에 그러한 것들이 전혀 극복 불가능한 것도 아니라는 것입니다. 여기서 소위 전위당의 지도란 **프롤레타리아 독재**를 의미합니다. '프롤레타리아 독재'란 말은 칼 맑스가 1875년 그의 저서 『고타강령비판』에서 처음 사용하였습니다. 이 책이 출판된 이유는 독일 사회민주당에서 국회의원으로 당선된 사람들이 기회주의로 빠지는 것을 보고 이를 비판하고[118] 초심을 잊지 말라는 의미의 내용으로 "자본주의 사회와 공산주의 사회 사이에는 전자로부터 후자로 가는 혁명적 변혁의 시기가 가로놓여 있다. 이에 상응하여 또한 과도기가 있는데 그 때의 국가는 **프롤레타리아트의 혁명적 독재** 이외에 다른 것일 수 없다"[119]는 글이 있습니다. 그리고 이를 토대로 하여 레닌에 의해서 프롤레타리아 독재란 말이 완성되었습니다.[120] 이어서 레닌의 말을 좀 더 정리해 로사 룩셈부르크[121]에 의해서 민주주의를 위한 초월적인 당의 필요성이 언급되

118) ▶ 러시아과학아카데미연구소 엮음, 황세연 편역, 『세계철학사』(중원문화, 2023), 제3권, 164쪽.

119) ▶ 앞의 책 256쪽. K. Marx, *Critique of the Gotha Program*, MEW, Bd, 19, S. 28(한글판, 183쪽).

120) ▶ 앞의 책, 제3권 451쪽.

121) ▶ Rosa Luxemburg, 1871~1919) 독일 사회주의 혁명가. 1918년에 독일혁명이 발발하자 독일 공산당을 창당하였으며, 1919년 1월 봉기의

고, 이후 스탈린[122]에 의해서 '민주집중성'이란 말이 등장하면서 전위당이란 말이 공식화된 것으로 보입니다. 하여튼 공산주의는 전위당의 지도아래 드디어 도시와 농촌의 차이, 육체노동과 정신노동의 차이가 없어지고 공동소유의 형태가 유일한 형태로 되며 계급차별이 소멸하고 동시에 자본주의에서의 잔존물이 모두 청산되게 됩니다. 바로 이러한 논리 때문에 과거 소련이나 현재의 중국, 베트남, 북한 등이 '당중심'으로 독재가 진행된 것입니다.[123]

맑스주의자들은 사회주의나 공산주의는 노동에 있어서도, 심리에 있어서도 각자가 스스로의 능력을 자유로이 발휘하면서, 그 위에 이것을 사회에 유용하게 사용하는 상태에 이르게 된다고 주장합니다. 이러한 높은 경지에 이르면 본래 의미로서의 공산주의가 실현되고, 사람들은 직접적으로 화폐에 의하지 않고 필요한 물자를 취득하고 소비하는 것이 가능해지게 됩니다. 그리고 정치적 권력에 의한 지배는 폐지되면서 평등한 사람들의 자치에 의한 협동 사회가 이루어지게 된다는 논리입니다. 이와 같이 되면 인간은 공산주의를 마음속 깊이 받아들이고, 인간 자신이 의식 속으로 사회 발전의 법칙을 활용하여 자유롭게 계획적으로 역사를 창조하면서, 자유로운

와중에서 군인의 손에 의하여 학살당했다고 전해짐.— 저자 주.

122) ▶ Joseph Stalin, Ioseb Besarionis dze Jughashvili(1879~1953), 오늘날의 조지아 출신으로 부모는 소작농노 출신이었다고 함.— 저자 주.

123) ▶ 당시 중국이든, 러시아든, 북한이든 맑스·엥겔스의 저작을 모두 입수할 수 없었다. 또한 철저하게 연구·토론할 수 없어 스탈린과 마오쩌둥도 맑스를 제도로 공부했다고 볼 수는 없다고 생각한다.— 저자 주.

역사가 시작된다는 것이 사회주의-공산주의 이론입니다.[124] 하지만 스탈린은 프롤레타리아 독재가 멈추면 사회주의가 사멸한다는 논리를 들고 나와 일당독재를 장기간 지속하였습니다.[125]

오늘날 자본주의 사회도 의식주가 해결될 수 있는 사회복지제도가 빠르게 발전하고 있으며 인간의 의식 수준도 칼 맑스나 맑스주의자들이 주장했던 대로 높아지고 있습니다. 물질의 평등만이 인간의식에 영향을 줄 수 있다는 유물론적 견해는 반박할 논지가 없습니다. 실제로 오늘날 우리나라 사회에서 의식주가 해결되어 가면서 각종 범죄가 줄어들고 있는 것은 사실입니다. 커피숍이나 도서관, 기타 전철 속에 물건을 놓아두거나 두고 내려도 그걸 가져가는 사람은 매우 드뭅니다. 하지만 최근 서구유럽에는 중동의 난민들이 유입되면서 많은 범죄가 발생하고 있다고 합니다.

하지만 필자가 따지려 드는 것은 '왜 공산당이라는 하나의 당만이 전위당, 소위 대표적 당으로 존재해야하느냐'입니다. 칼 맑스도 살아생전에 프랑스나 독일 노동자들에게 사회민주당에 입당하여 국회의석을 장악하라는 편지를 보내고 이를 실천하도록 하였습니다. 이는 아마도 레닌에 의해서 칼 맑스 이론이 전개되면서 **맑스-레닌주의**란 이론으로 변형되었고, 스탈린에 의해서 전위당 이론이 확립된 것으로 보여 집니다.[126]

---

124) ▶ —『철학대사전』의 사회주의 항목에서 참조.

125) ▶ 황태연 지음, 『4차 산업혁명과 미래 사회변혁』(중원문화, 2019), 제2부 463쪽.

필자가 칼 맑스에 대하여 읽은 책들에 의하면 레닌이 여러 차례 러시아처럼 반(半)자본주의 또는 반봉건주의 국가에서도 사회주의 혁명이 성공할 수 있느냐는 편지를 썼다는 것과 이에 대하여 칼 맑스는 "**성공할 수 없다**"라고 대답했다는 글은 읽은 바 있습니다. 칼 맑스가 그렇게 대답한 이유는 자본주의를 겪지 않으면 사회주의적 사고가 발생하기 않기 때문이라고 대답했습니다. 다시 말해 칼 맑스는 자본주의 사회체제에서 일어나는 반 인격적 대우와 물질에 의한 소외 현상을 겪지 않으면 사회주의 혁명은 성공할 수 없다고 보았습니다. 노동하는 인간과 노동하지 않는 인간의 관계, 노동과 그 생산물에 대한 소외, 비인간적인 여러 힘이 사회를 지배하고 있는 자본주의사회의 대립과 모순을 통해서만 사회주의 혁명이 성공한다고 본 것입니다. 하지만 국내의 맑스-레닌주의자들은 나중에 칼 맑스가 레닌에게 러시아에서도 가능하다고 대답했기에 맑스-레닌주의가 탄생했다고 주장하고 있는 걸 들었습니다.

칼 맑스는 자본주의가 멸망할 것이라고 예언했지만 빈곤의 불평등 때문에 붕괴되는 것이 아니라 풍요의 불합리함에 의한 소외와 반(反)인간적 관리로 말미암아 무너진다고 보았기 때문입니다.[127] 따라서 칼 맑스는 자본주의가 무너진 후의 사회구성체가 사회주의라고 생각했기에 러시아 같은 반 봉건주의 국가에서는 사회주의혁명

126) ▶ 스탈린에 대한 비판은 알튀세르도 하고 있으니 『알튀세르 : 이론의 우회』(중원문화, 2023), 그레고리 엘리엇 지음, 이경숙외 역, 384쪽 '스탈린주의의 문제들'을 참조할 것을 권함.— 저자 주.

127) ▶ 황태연 지음, 『21세기와 자본론』(중원문화, 2014), 277쪽.

이 성공할 수 없다고 레닌에게 답장을 보낸 것으로 추측됩니다.

물론 러시아나 중국이나 사회주의 혁명은 노동자와 농민의 계급 혁명으로 촉진되었다는 건 맞으나 그 지도부는 모두 지식인 출신이었습니다. 레닌도 스탈린도 마오쩌퉁도 모두 지식인 출신이었고, 노동자나 농민 출신이 아니었습니다. 또 하나 분명한 것은 러시아대혁명 이후 자본주의 세계는 노동자나 농민들의 중요성을 깨닫기 시작했으며 자본주의 세계경제가 불황기에 빠지며 일어난 제1,2차 세계 대전 이후에는 노동자나 농민을 탄압하는 일은 현저하게 줄어들고 오히려 사회복지제도가 사회주의 국가들보다 더 빠르게 진행되고 있다는 사실입니다. 그리고 자본주의 종주국 미국에서 사회주의자 버니 샌더스(Bernie Sanders, 1941~현재) 상원의원이 미국「민주당」대통령후보 경선에서 한 때 돌풍을 일으키는 것을 보았을 때 사회주의와 공산주의는 여전히 자본주의 체제 아래에 사는 서민들에게는 매력 있는 사회구성체인 것만은 틀림없어 보입니다.

버니 샌더스

권력이란 무엇인가

우리가 살고 있는 이 나라의 추진력은 무엇인가? 지금까지 우리는 자본주의에 대해 배웠습니다. 그렇다면 자본주의 사회에서 생산의 목적은 무엇인가? 그것은 자본가가 벌고 벌어서 어떻게든 가능한 한 많은 이윤을 손에 넣으려는 욕망이 있기 때문입니다. 그러기 위해서는 자본주는 작업을 빠르게 진행할 수 있는 합리적이고 커다란 조직력을 만들어 내야 합니다. 또 원자재의 낭비를 막고 노동자의 임금인상 요구를 막아내야 합니다. 그 결과 결국 노동자를 탄압하게 됩니다.

노동자들은 주인의 지시에 따라서 그 계획을 실천해야 합니다. 역사를 움직이는 토대인 물질적인 생활을 구체적으로 사회의 경제적 구조 속에 조명하여 보면 의식주라는 생활재료를 생산하는 기업도 백화점도 또 해운회사나 호텔 등도 이러한 경제권력이 존재하게 됩니다. 그리고 노동 생산성을 높이기 위해 어떻게 노동자들을 길들여야하는 가에 대한 책들이 출판하기도 합니다. 이스라엘의 엘리 골드렛(Eliyahu Goldratt)이 쓴 『JIT를 잡아라』(*The Goal*)란 책은 사용자가 노동자를 자연스럽게 착취하는 방법을 쓴 도서임에도 전 세계적으로 베스트셀러가 되었습니다.

대부분의 노동자들은 자기 자신의 생명을 연장하고 또 다른 재생산을 위해서 급여를 받기로 하고 노동하지만, 그 배후에는 사장의 의지가 있는 계획이 존재합니다. 때문에 사실상 노동자는 그 지배 아래에 있다고 보아야 합니다. 이러한 토대를 구성하고 있는 상부구조의 권력에는 각자 여러 형태의 특수한 성립구조가 구성되어 있습니다. 여러 가지 형태의 소유관계는 개인의 감정, 환상, 인생관 등과 함께 그 상부구조가 이루어집니다.[128)]

그리하여 모든 계급은 자기의 물질적인 토대 및 그에 상응하는 사회관계로부터 이러한 것들을 창출하여 형성된다고 보아야 합니다. 토대가 변하면 상부구조도 변할 수밖에 없습니다. 이것은 건물을 건축하는 건축물도 그렇듯이 사회구조도 변할 수밖에 없습니다. 과학기술의 발전으로 현실적인 생활의 생산의 존재방식이 변하게 되면 생활재료의 생산에 필요한 노동자의 존재양식도 변하여야 합니다. 예를 들어 어떤 회사에서 설사 노동자를 해고하지 않는다고

128) ▶ 칼 맑스 지음, 김호균 옮김, 『정치경제학비판을 위하여』(중원문화, 2017), 9쪽.

하여도 공장의 자동화 시스템이나 컴퓨터 자동제어장치, 인공지능 등에 의하여 그 손 노동자는 점점 필요 없게 되는 것입니다. 때문에 손 노동자는 재취업을 위하여 여러 가지 자격증을 취득하거나 자신의 노동력을 팔기위하여 계속 노력할 수밖에 없습니다. 이처럼 노동자 사회시스템의 변화에 따라서 자신도 지금까지의 습관이나 인생관이나 사회관이 변하게 됩니다. 이러한 토대의 변화에 의하여 커다란 혁명이 일어나기도 합니다. 영국의 청교도 혁명이나 명예혁명, 그리고 프랑스 대혁명이나 러시아 대혁명도 바로 토대의 변화에 따른 상부구조의 변화라고 볼 수 있습니다. 즉 토대는 상부구조를 만들어 내고 상부구조는 또 토대에 영향을 미치는 것으로 변증법적인 질량변화와 상호작용이 일어나고 있는 것입니다.

지금 이 순간에도 자본주의는 변하고 있습니다. 앞으로 물리학의 양자역학이 질량변화와 부정의 부정의 법칙으로 한층 더 발전하게 되면 현재의 디지털 컴퓨터보다 수천 배가 빠른 고성능 양자컴퓨터가 곧 나온다고「성균관대학교」정연욱 교수는 주장하고 있습니다. 그럼 노동현장의 기계가 양자 컴퓨터로 바뀌면 노동자들의 사고도 바뀌어야하고 지금까지의 습관이나 인생관이나 사회관이 변하게 됩니다. 또한 가장 중요한 최저 임금제는 아무런 기술이 없거나 단순 노동만 할 수 있는 사람들에게만 적용되는 임금으로 전략할 것입니다. 벌써 대기업들의 임금을 보면 최저임금은 아무런 의미가 없어졌습니다. 그런데 기술이 계속 발전되어 더 좋은 자동화 기계들이 나온다면 커다란 공장에서 일하는 사람은 고학력자가 필요하고, 일반 손노동에서는 아마도 최저임금 인상에 노력할 것입니다. 그러나 최저임금이 오르면 청소년 노동자를 양산하고 빈곤층을 더 빈곤하게 할 수도 있습니다.129)

자본주의 세계는 각각의 경제 권력을 각각의 자본가의 생각으로 지배하여 질서를 유지하고 있을 뿐만 아니라 그 위에 전 사회적인 규모로 경제 권력을 통제하여 그 의지 아래에 두려고 하는 상부구조적 성격이 강한 「경제인연합회」 같은 조직이 있습니다. 그리고 한편으로는 법에 의하여 경제 질서를 유지하기 위하여 「코레일」이나 「한국전력」, 「포스코」와 같은 국가독점기업이 출현하기도 합니다. 반대로 노동자도 권력을 갖기 위하여 「한국노총」이나 「민주노총」 같은 노동조합이라는 조직을 만들어 자본가에게 대항합니다. 권력이란 이처럼 커다란 힘을 말합니다. 그 권력을 세분하면 정치권력, 경제권력, 노동권력, 종교권력, 소위 요즘 말하는 '관피아'도 존재하게 됩니다. 이러한 많은 권력들이 자신들의 소유권을 지키기 위하여 존재합니다. 이러한 권력을 올바르게 바로잡기 위해서는 국가의 제도가 바뀌어야 하고 소득에 대한 분배개념이 확립되어야 가능합니다. 즉 사회적인 공동재산이 늘어나야만 의식이 변화될 수 있습니다. 그렇지 않으면 서민들의 생활은 그대로일 것이고 그럼으로 인하여 한편에서는 새로운 사회를 건설하려는 또 하나의 권력이 나타나게 될 것입니다.

---

129) ▶ N. Gregory Mankiw, *Principles of economics*, 9th edition, 한국어판, 김경환·김종석 옮김, 32~33쪽.

이데올로기란 무엇인가?

인간은 외부세계의 존재를 경험을 통하여 인식하였든 책을 통하여 인식하였든 인식된 모든 것을 자기 자신의 것으로 만들어 갑니다. 그리고 이렇게 자기 자신 것으로 만들어진 지식은 알고 있다는 지적 만족에 머무는 것이 아니라 이를 토대로 하여 머릿속에서 여러 가지를 연관시켜 세계를 보다 넓게, 보다 깊이 파악하게 됩니다. 이 발전된 지식은 이를 기초로 하여 외부세계에 작용을 가하고 이것을 변화시키고 개조하려합니다. 인식은 자신이 직접 파악한 것도 있고 다른 사람의 행동을 거울삼아 얻어진 것도 있습니다. 이러한 인식은 서로 연관되어 통일될 때 비로소 인식의 내부에서 상대적으로 독립하여 일정한 한계 속에서 외부세계나 인식의 다른 부분으로부터 독립하여 독자적으로 발전합니다.

과학은 개개의 과학자의 인식이 차곡차곡 누적되어 체계화된 것입니다. 이러한 것을 이용하는 사람들은 누가 무엇을 발견했는지, 또는 누가 무엇을 발명했느냐는 아무래도 상관없습니다. 하지만 자연과학을 공부하고자 하는 사람들은 확실하게 알고 싶어 할 것입니다. 과학의 결과는 객관적인 하나의 이론이 체계적으로 존재하며 이는 사회적인 공동재산으로 취급됩니다. 그것은 속담, 격언, 도덕도 그렇습니다. 그러한 속담, 격언, 도덕은 민중들 사이에서 생겨난 것도 있고 성서나 위인전에서 발견할 수도 있습니다. 그리고 저작권료 없이 누구나 사용할 수 있습니다. 그러나 이러한 것들이 왜 생겨났는지, 아니면 누가 만들어 냈는지를 따지지 않습니다. 다만 모든 인류의 공동재산으로 볼 수 있으며 누가 어떻게 사용해도 시비하지 않는다는 것은 분명합니다. 그리고 이러한 것은 우리들의 역사 속에서 인간에 의하여 만들어졌다는 것입니다. 생활 속에서 얻어진 것임에도 어떤 개인의 독립된 사상이 아니면서도 우리와는 독립되어 존재하는 말들입니다. 이처럼 인간 속에서 나왔으면서도 따로 존재하는 이론이나 사상을 '이데올로기'라고 합니다.

지금까지 공부한 자본주의 이론이나 공산주의 이론도 역시 사람들이 만들었지만 인류의 공동재산으로 독립되어 있고 누구나 이를 좋아할 수도 있고, 싫어할 수도 있고 선택할 수도 있는 거와 같습니다. 그리하여 누구나 이를 토대로 의견을 피력할 수도 있습니다. 다시 정리하면 이데올로기란 인간이 사회생활을 통하여 창조된 이론

이나 사상으로 정신적인 존재를 말하는 것입니다. 곧 선지자나 정치사상가나 경제사상가는 종교·철학·예술·도덕 또는 정치·법률·경제상의 여러 견해를 만들어 내었습니다. 그리고 이러한 이데올로기들을 선택하여 자기 것으로 만들어 이를 세계변혁의 수단으로 삼기도 하고, 반대로 세계를 파괴하는 전쟁을 야기하기도 하였으며, 현상유지를 위한 변명으로써 사용되어 왔다는 것입니다.

이처럼 이데올로기란 한 사회의 사회·경제적 관계를 정당화시켜 주는 경향을 가지는 이념 및 신념입니다. 대부분의 사회구성원들이 이데올로기를 스스로 내재화(內在化)시키게 되면 그들은 자신의 기능적 역할이 도덕적으로 옳은 것이라고 믿게 됩니다. 그리고 이러한 공통된 신념이 모여 한 사회의 응집력과 생명력을 보장해줍니다. 이러한 이데올로기가 다수가 되었을 때는 종교가 되어 혼란과 투쟁이 초래되고 견해 차이가 심한 경우에는 결국 혁명이나 전쟁도 발생하게 됩니다.[130] 과거 이승만이나 군사독재시절의 박정희나 전두환, 노태우 또는 히틀러나 일본 군국주의자들, 그리고 스탈린이나 모택동, 김일성 등등의 독재자들은 민족주의나 반공(反共)주의나 사회주의 이데올로기 등을 종교와 같이 변화시킨 대표적 사례입니다.

따라서 오늘날의 각종 이데올로기는 종교와 같이 서로 강력하게 대립하면서 존속되고 있습니다. 지금도 자본가와 노동자가 서로의 이데올로기를 지키기 위해 수많은 투쟁이 일어나고 있습니다. 그러나 오늘날에는 자본주의 내에서도 이러한 대립관계를 강화시키기 위해 강한 이데올로기를 양산하지 않습니다. 국가는 소득분배를 통하여 사회복지를 향상시키면서 계급 간의 갈등을 약화시키려고 노력하는 것이 현재 자본주의 국가들의 새로운 사회·정치·경제 제도입니다. 노동자들과 빈곤 계층의 사람들이 강력하게 자본주의에 도전하고 있기에 자연과학이 발전한 선진 자본주의나라일수록 사회주의식 복지제도를 늘리면서 자본가가 제일 두려워하는 '대립과 투쟁은' 점점 약해져 가고 있습니다. 중세에는 종교가 가장 강력한 이데올로기였지만 20세기에 가장 위력적인 이데올로기는 사회주의였습니다. 그리고 현대의 가장 영향력 있는 이데올로기는 '과학기술'과 '평화' 그리고 '휴머니즘'입니다.

---

130) ▶ E. K. 헌트 지음, 최완규 옮김 『소유의 위기』(중원문화, 2012), 15쪽 인용.

가족이란 무엇인가?

가족이란 커다란 사회의 작은 사회라고 말할 수 있습니다. 가족의 생활, 즉 가정생활도 물질적인 면이 존재하고 정신적인 면이 존재합니다. 아울러 토대와 상부구조를 구성하고 있습니다. 가족도 상부구조의 토대라고 할 수 있습니다. 가족은 물질적인 생활 가운데에서 중요한 역할을 수행하고 있는 조직으로 재산을 둘러싼 소유관계이고, 정신적 생활 중에서 중요한 역할을 담당하는 것은 법률에 의해 규정되고 있는 가족제도와 그에 기초한 가족들 사이의 규율입니다.

하동(河童) 천승세 선생님께서 평역하신 중국역사대하소설 『소설 십팔사략』을 읽어보면 국가가 성립되었던 고대로부터 현대에 이르기까지 권력을 장악하고 있는 왕들의 가족 사이에서 벌어졌던 일이나, 또는 드라마나 소설 속에서 등장하는 오늘날 재벌들의 가족들 간에 재산과 지위를 빼앗기 위해 벌어졌던 음모와 투쟁을 보면 역사를 움직이는 것은 역시 '가족의 힘'이라는 것을 알 수 있습니다. 이것은 동양이나 서양이나 마찬가지 현상이었습니다. 이처럼 가족의 역할을 무시하고는 역사를 논할 수 없습니다.

18세기에 서구에서는 가족제도의 개념이 철학자들 사이에 심심치 않게 등장합니다. 그것은 이미 자본주의가 프랑스혁명 이후 자리를 다지기 시작하면서 시작되었습니다. 그리고 자본주의 과학 문명이 최첨단을 걷는 사이에 이미 가족의 개념은 점점 해체되어 가고 있었습니다. 옛날이나 현대나 문제가 된 것은 가족제도의 내적인 결합 및 가족제도의 구성요소로 부모에 대한 순종, 부부간의 성실성 등이었습니다. 그러나 가족제도의 현실적인 골격인 재산관계, 다른 형제 사이의 배타적 관계, 강제적인 대가족 생활 등이 이미 자본주의의 발달과 함께 무너지고 있었습니다. 하지만 가족제도의 존재는 자본주의 사회의 의지에 의하여 계속 존립하고 있고 지금까지 변함없이 존재하고 있습니다. 가족제도가 존재하는 이유는 자본주의 사회의 생산양식에 기초한 것으로 사회주의 사회에서도 어느 정도 필요한 토대로서 존재하게 될 것입니다.

오늘날 남녀 관계는 결혼이 전제되지 않고 사랑이 진행되고 성관계가 이루어지고 있습니다. 왜냐하면 10대 초반부터 이미 자연스럽게 성관계가 있었던 것이기에 성관계가 곧 결혼이라는 등식은 이미 사라졌기 때문입니다. 그렇다고 하여 결혼을 하지 않고 살 수는 없습니다.

물론 결혼을 하는 커플이 줄어들 수는 있으나 가족관계를 갖지 않을 수는 없습니다. 또 결혼 후에도 부부간에 바람을 피우는 경우도 많지만 가족이라는 형식적 틀은 쉽게 무너지지 않을 것입니다. 부부관계, 재산관계, 가족제도는 자기들의 사회적 지배를 수립하는 기반으로 삼아야 하기 때문에 존속될 수밖에 없을 것입니다. 또한 못된 사업가는 탈세와 수탈을 밥 먹듯이 할 것입니다. 그래도 그 사업가의 가족은 해체되지 않을 것입니다. 바로 이것이 자본주의적 생산양식의 하나라고 보아도 무방합니다.

하지만 우리나라에서의 가족 개념은 독특합니다. 유일하게 성리학(性理學)의 영향아래에 살았던 민족이기에 아직도 자본주의적 생산양식보다는 자식과 부모, 그리고 친인척까지 폭 넓은 관계를 지속하며 다른 국가에서는 볼 수 없는 사랑이 존재하고 있습니다. 이건 미덕(美德)입니다. 어른을 공경하고, 부모님을 섬기는 건 전혀 나쁜 일이 아닙니다. 효도를 하거나 형제자매 사이의 사랑은 가족간의 끈끈한 정입니다. 아무리 사회가 첨단사회로 발전했다고 해서 자본주의가 싫다고 해서 가족관계까지 무너뜨릴 필요는 없습니다. 옛것도 좋은 것은 버리지 않는 태도는 옳은 사고입니다. 특히 인구감소문제가 큰 사회적 문제로 떠오른 요즘 가족관계는 아주 중요합니다.

국가란 무엇인가

국가란 일정한 지역 · 영토 내에 거주하는 사람들로 구성되고, 그 구성원들에 대해 최고의 통치권을 행사하는 정치단체이자 개인의 욕구와 목표를 효율적으로 실현시켜 줄 수 있는 가장 큰 제도적 사회조직으로서의 포괄적인 강제단체입니다. 그리고 이런 국가는 1948년 대한민국이 성립될 때처럼 국민들의 투표를 통해 제헌의회가 구성되고 그 구성된 의원들에 의하여 헌법(憲法)을 만들고, 그 헌법에 의해서 대통령을 뽑으면서 성립하였습니다. 바로 우리 국민의 손으로 뽑은 대표자들이 만든 단체가 대한민국이란 국가입니다.

그런데 국가는 국민이 법을 만들었음에도 국민이 도로 횡단을 잘못한다든지 하면 경범죄라고 하여 끌려가 교통법규 위반으로 과

태료를 내게 하는 기관이 있습니다. 설사 어려운 생활을 한다 하여도 회사에 다니면 세무서에 소득세를 내야 합니다. 만약 과태료나 벌금을 내지 않거나 세금을 내지 않으면 법에 따른 처벌이 뒤따릅니다. 이에 대하여 법을 어긴 사람은 그 이유를 들며 항변하기도 합니다. 하지만 이는 지켜야만 하는 규칙입니다. 때문에 공무원들은 "개인적으로는 동정하지만 법률로 정해져 있는 이상 할 수 없다"고 딱 잘라 이야기합니다. 공무원들은 그들 개인적 의지로 활동하는 것이 아니고 법률에 따라 활동하는 사람들입니다. 공무원은 법률적 인간이라고 말할 수도 있습니다. 『육법전서』(六法全書)의 형법부분을 보면 줄줄이 "……벌금형에 처한다." "……금고나 징역형에 처한다"라는 무서운 내용들뿐입니다.

그럼 이러한 것은 누가 만든 것일까요? 국가는 개인은 아니지만 의지를 갖고 있고 법률이라는 형태로 명령합니다. 프랑스의 마지막 황제 루이 16세(Louis XVI, 1774~1792)는 "짐이 곧 국가다"라고 말하기도 하였습니다. 그러나 결코 문자 그대로 군주 그 자체가 국가라는 뜻은 아니며 군주의 의지만이 국가의 의지가 된다고 볼 수는 없습니다. 군주의 옆에는 신하들이 있기에 신하들이 진언하면 군주가 그렇게 하는 것입니다. 그 가운데는 대신들 개인의 이익에서 나오는 것도 있지만 지주나 상인의 의지를 대변하는 것도 있고, 또한 소상인이나 빈민층의 불만이 높아져 그들의 요구를 들어주지 않으면 민란(民亂) 같은 소동이 일어날 위험이 있기 때문에 이에 근거한 판단도 있습니다. 이처럼 국민의 여러 의지가 통합되어 국가의

지(國家意志)라는 것이 만들어지게 되는 것입니다. 그것이 대통령에 의해서 결정되든 국회를 통하여 법률로서 만들어지든 그 과정은 별로 중요하지 않습니다. 그리고 국가의지는 외국과의 통상마찰이나 침략에 대해서도 대처해야 하고, 국민 전체의 재산과 생명을 보호할 의무가 우리 헌법에도 명시되어 있습니다. 세월호 참사나 이태원 참사는 국가의 잘못입니다. 국가의 의지는 국민들의 요구를 받아들이기도 하고 또 받아들이지 않기도 합니다. 다만 전체 국민의 소수가 지배적 위치에 있고 또 반대로 다수의 빈민이나 노동자라는 형태로 양분되어 계급적 갈등 양상을 보이고 있다는 것입니다. 전체적으로 국가의 의지란 물질적인 생활의 생산을 지배하고 있는 자본가라는 지배계급의 의사로 결정되어진다고 보아야 합니다.

현재 미국 의회의 대부분은 바로 국가의 생산을 담당하고 있는 자본가들이 정치자금을 국회의원들에게 제공하고 있습니다. 우리나라 역시 재벌로부터 정치자금이 가장 많이 나오고 있습니다. 선출과 토론의 형태는 민주적이지만 현재의 국회는 대기업의 의지가 반영되고 있다고 보아야 합니다. 때문에 국회는 보수적 입장에서 대기업의 입장을 국가의 의지로 성립시키기 위해서 노력하고 있는 것입니다. 따라서 노동자들이 당을 만들어 국회에 진출하고 있고 새로운 창당 열풍도 불고 있습니다. 하지만 아직 우리나라 실정에는 진보정당이 가는 길이 험난한 것도 사실입니다.

여기서 문제는 누구나 기꺼이 국가의지에 복종한다면 좋겠지만 세상은 그렇게는 되지 않습니다. 세금을 아무리 독촉해도 내지 않고 다른 사람의 소유물을 훔치고, 사람을 죽이고, 더욱이 무력으로 국가권력이나 경제 권력을 찬탈하려는 자들도 있습니다. 또 북한으로부터 침략위험도 있고 미국으로부터 통상압력도 있습니다. 국가는 강력한 힘을 갖고 그 의지를 강제하고 실행하지 않으면 안 됩니다. 침략이 있을 때는 힘으로 격퇴해야 합니다. 그래서 국가의지를 실천하기 위하여 여러 형태의 장관 등의 관리를 둘 필요가 있는 것입니다. 그리고 경찰이나 군인을 모집하여 강제로 실력을 행사하기도 합니다. 이들은 국가가 거둬들인 세금으로 생활재료를 획득하고 개인의 의지가 아닌 국가의 의지를 대신하여 행동하는 사람들로 공무원이라 하며 일반 국민과는 다릅니다.

기업이란 물질적인 생산력을 높이고자 노동자를 억압하고 임금을 저렴하게 주면서 생산력을 강화하기 위한 경제 권력인 데 비해 국가권력은 이데올로기에 의해 질서를 유지하기 위한 정치권력입니다. 다시 말하면 국가란 인간을 지배하는 최고의 이데올로기적인 권력으로, 우리 인간 사회는 안팎으로부터의 공격에 대항하고 공동의 이익을 지켜내기 위하여 하나의 조직(기관)을 만들어 내었고 그 조직 기관이 국가권력인 것입니다.

국가권력에는 국가의 의지를 위반하는 자에게 가해지는 권력에는 경찰, 군대, 교도소 등이 준비되어 있습니다. 회사에는 감봉과 해고, 좌천, 징계 등이 준비되어 있습니다. 하지만 국가권력도 국민이 만들어 낸 것이기에 국가권력도 국민과 변증법적인 대립관계에 있으면서 상호관계에 있습니다. 하지만 지금까지 역사에서는 국가권력이 국민보다 더 높은 위치에서 군림하여 왔습니다. 그래서 국가와 국민관계는 대립관계로 변증법적 관계입니다. 따라서 국가를 정말 국민을 위해서 일하는 기관으로 만들어 가야 하는 것, 그것이 우리들의 임무입니다. 왜냐하면 국가는 국민들이 필요해서 만든 조직이기 때문입니다.131)

우리나라는 4.19혁명과 5.16반란, 그리고 5.18민중항쟁과 6.10항쟁, 그리고 전직 대통령을 탄핵했던 촛불혁명까지 국가를 바르게 만들기 위해 투쟁하며 싸워서 지금의 민주주의 국가가 된 것입니다. 바로 국민의 의지가 국가의 의지를 바꾸고 국가의 의지가 국민의 의지를 간섭하는 아주 밀접한 변증법적 대립관계에 있습니다. 때문에 정치를 통하여 국가권력을 잡으려하는 정당들이 존재하게 되는 것입니다. 그리고 이러한 국민의 의지는 '정의'라는 목표를 향해 국민을 하나로 결집시키는 것입니다. 그럼 정의란 무엇이기에 이렇게 막강한 의지의 정신을 만들었을까요?

---

131) ▶ 국가에 대해서는 357쪽 '주요 철학도서 해제'의 『국가론』(*Poliiteia*)을 참조하기 바람. 플라톤은 철인(哲人, 지혜로운 지도자) 정치를 꿈꾸면서 "수호자들은 철학자들이 임명되어야한다"라고 주장한다.— 박종현 주역, 『국가 · 정체』(서광사, 2021), 425쪽 인용.

정의란 무엇인가?

정의란 무엇일까요? 우리는 국가란 무엇인지를 살펴보면서 '정의'에 대하여 궁금해지지 않을 수 없습니다. 그럼 국가가 생기기전의 원시시대에도 '정의'가 존재했을까요? 일단 정의란 윤리적 · 도덕적 정의와 정치철학적 정의로 나눌 수 있습니다. 여기서는 주로 정치철학적 입장의 정의를 다룰 것입니다. 원시시대부터 우리 인간은 먹는 문제, 주거문제, 그리고 남녀 간의 종족 번식에 따른 본능적인 성욕이 문제가 되었기 때문입니다. 따라서 먹을 것이나 좋은 주거지 등은 인간에게 가장 중요한 사안이었습니다. 「성균관대학교」 철학과의 소병일 초빙교수는 원시공동사회에서 자기의 '몫'(share)을 챙기는 것은 가장 필요한 일중의 하나였다고 하면서 '몫'을 정의의 기준으로 설정합니다. 물론 자기가 갖은 '몫'

중에서 남는 것은 물물교환을 통해 다른 물건으로 바꾸는데 사용하였습니다. 때문에 당시의 '정의'란 '몫'을 어떻게 분배하느냐에 달려 있었습니다. 이러한 '몫'을 가장 공평하게 판단해주는 일은 신(God)을 배후로 하는 제사장의 역할이었습니다. 이러한 분배는 사회구성체의 변화, 즉 노예국가가 발생하고 화폐가 탄생하면서 사라지게 됩니다.

플라톤과 공자는 **'정의란 무엇인가'**를 최초로 '정의'한 사람으로 '정의'를 '덕'(德)이라고 말했습니다. 플라톤이나 공자나 군주국가가를 가장 이상적인 국가로 보았습니다. 플라톤의 덕이란 '조화'를 의미하였고, 공자가 말한 덕은 '배품', 즉 '의'(義)를 의미하였습니다. 여기서 의란 의리(義理), 도의(道義), 절의(節義) 등을 말합니다. 아리스토텔리스는 '정의'를 규정할 때 **'분배의 정의'**와 옳고 그름을 판단하는 **'시정(是正, Correction)의 정의'**로 구분합니다. 곧 교환에 의한 것은 '재판'을 필요로 하는 '시정의 정의'이고, '몫'을 나누는 정의를 '분배의 정의'라고 말합니다.[132]

중세시대의 정의는 당연히 기독교의 윤리가 '정의'의 기준이 되었으며, 근대에는, 즉 자본주의 발생 이후에는 '부'(Rich)가 프로테스탄티즘의 윤리와 함께 '정의'의 기준이 되었습니다. 그리고 '부자'란 의미는 오늘날까지도 서구 유럽과 미국사회의 지탱해 주는 사회·정치철학이기도 합니다.

이처럼 정의란 각각의 시대의 주요한 생산관계나 그것에 대응하

132) ▶ 러시아과학아카데미연구소 엮음, 황세연 편역, 『세계철학사』(중원문화, 2023), 제1권, 170쪽.

는 시대정신에 맞는 계급관계에 따라 '정의'가 규정되어 있는 경우도 있고, 나라나 환경에 따라 '**정의**'가 '**소득분배**'라는 '**몫**'을 넘어 이성의 의지로 나타나기도 합니다. 칸트의 경우는 정의를 '자유'로 보고 자율적 의지를 최고의 선(善)으로 표현하였습니다. 하지만 동시대 영국은 산업 혁명기였고 인클로저운동(Enclosure Movement)이 한창이었기에 공리주의자였던 흄은 자본주의적 윤리에 맞는 정의로서 '사유재산'에 포커스를 두었습니다. 반면 칸트가 정신적 도덕을 정의의 기준으로 삼은 것은 당시 영국보다 미발전되어 봉건제국으로 머물러 있던 후진국 독일의 상황은 중세 기독교적 사상아래에 있었기에 관념론적 입장의 '자유'와 '도덕' 및 '자율'을 강조한 것으로 보입니다. 이후 프랑스의 생-시몽이 '정의'의 기준을 기여에 따라 분배해야하다는 논리를 가지고 칸트의 '최고의 선'을 비판합니다. 1789년 프랑스 혁명 전후에는 평등주의와 공산주의 사상이 흔하게 등장했던 시대이기도 했기에 생-시몽[133]의 분배라는 정의가 어느 정도 사회에 널리 퍼져 있는 상황이었다고 할 수 있습니다. 생-시몽의 이런 사상은 후에 칼 맑스와 엥겔스의 과학적 사회주의 이론을 완성하는데 커다란 영향을 주게 됩니다. 칼 맑스와 엥겔스는 두말할 것도 없이 소득분배를 '정의'로 규정하였습니다.

이후 현대에 들어와 프랑스의 1968혁명 전후로 세계는 사회주의운동이 붐을 이루며 베트남전쟁 반대운동이 한창일 때 미국의

133) ▶ 생산자 협동조합 팔랑주(phalange)에 바탕을 둔 사회의 건설을 주장한 사람. 본서 285쪽도 참조 바람.— 저자 주.

존 롤즈(John Rawls, 1921~2002)가 1971년 당시의 소련 스타일의 사회주의는 부당하다는 소리를 내며 '평등적 자유주의'를 옹호합니다. 그리고 '정의감'은 스스로 소유해야하며 당사자들의 공정한 토론을 걸쳐 합의에 도달한 것을 '정의'라고 주장합니다. 존 롤즈의 이러한 주장은 68혁명 이후 미국 사회의 불평등과 사유재산 문제 등이 불거지면서 사회주의자들이 나타나자 잘못된 소련의 사회주의를 비판하면서 등장한 사회적 평등이론입니다. 그는 이 책 전체에 걸쳐 평등과 자유를 말합니다. "분배가 평등하게 이루어지면…… 안전한 지위가 주어진다. 불평등한 자유를 허용하면 정치적 지위의 약화현상이 일어나고……, 정치적 불평등과 시민적 불평등은 …… 그 고초를 받아들이기 쉽지 않다. ……모든 사람에게 평등한 자유의 우선성이 몹시 필요하다"라고 말합니다.[134)]

이처럼 세계는 주로 정치철학적 정의가 도덕과 함께 엮여서 진행되고 있습니다. 어떻게 생각하면 정의는 도덕의 문제이고 정치는 다른 차원으로 생각되기도 합니다. 하지만 정치란 한 국가에 사는 국민들이 인간다운 삶을 영위하게 하고 인간 상호 간의 이해를 조정하며, 사회 질서를 바로잡는 일들을 하는 것입니다. 따라서 정치란 '정의'가 따라야합니다. 하지만 현대사회에서 정의란 어느 계급의 이해나 목적 등이 '정의'로 나타나기도 하고, 그 정치의 내용·정치투쟁의 방법·수단·양식·형태 등을 규정하기도 합니다. 동시에 집단적 행동들을 보이기도 하며 이러한 집단들은 사회의 진보

134) ▶ 존 롤즈 지음, 황경식 옮김, 『정의론』(이학사, 2003), 82절 자유의 우선성에 관한 근거, 692쪽.

발전과 일치되느냐, 아니냐에 따라서 그 계급과 철학적 · 역사적 성격이 '정의'로 결정되는 경우도 있습니다. 오늘날 유럽의 정치세력에는 수많은 각종 이해 집단이 **'정의'**와 **'소득분배'**를 외치며 정치세력화하기 위해 존재합니다. 또한 이러한 세력들은 시대정신에 따라서 어느 순간 힘을 잃으며 변증법적으로 소멸해 버리기도 합니다. 때문에 현대에서 '정의'는 여러 정당의 정치활동을 하기위해 계급이나 계층의 이해관계에 의해 그 목적을 정식화하여 싸우는 각종 이유들이 '정의'로 규정되기도 합니다. 인간이 사회를 만들고 살아온 이래 약자에 대한 보호는 오늘날까지 항상 '정의'란 이름으로 주창되어왔습니다. 그러나 문제는 지금도 정치부터 일반적인 삶까지 '정의'와는 거리가 멀다는 점입니다. 선진국도 후진국도 어떤 나라건 국가가 탄생될 때부터 올바르게 탄생된 경우가 없으며 우리나라조차도 '과거나 현재나 정의'와는 거리가 먼듯합니다.

이제 마지막으로 맑스주의를 계승했다는 소련에 대해서 존 롤즈가 비판했던 부분에 대하여 언급하지 않을 수 없습니다. 당시 소련은 노동자 계급과 그 정당, 곧 「맑스-레닌주의당」의 정치만이 '소득분배'를 통해 사회발전을 촉진시킬 수 있다고 주장했습니다. 그리고 맑스-레닌주의에 기초한 '정의'는 일체의 계급 이기주의적인 정치가 아니라고 하면서 그 당파성을 강조하며 독재를 정당화시켰습니다. 이러한 독재의 결과 맑스-레닌주의는 전체주의로 빠지며 70여 년 만에 몰락하고 말았다는 역사적 사실도 잊어서는 안 될 것입니다.

논리학이란 무엇인가?

이 번에는 논리학에 대하여 살펴보겠습니다. 우리들은 일상적인 회화나 논의를 할 때 종종 '논리적' 혹은 '올바른 추론'이란 말을 사용합니다.

"자네의 이야기는 논리적으로 모순이다."

"자네는 뭔가를 추론하려 하지만 그것은 틀렸다"

그러나 우리들은 다른 단어들과는 달리 '논리'나 '추론'이라는 말이 무엇을 의미하는지 몰라 질문을 받으면 적절히 대답할 수 없는 경우가 종종 있습니다. 그러나 이러한 질문에 대답할 수 있도록 하는 것이 논리학의 본래 임무입니다.

우리가 논리학이라고 하면 사전적 의미로 "인간의 지식활동에 관련된 특정한 종류의 원리들을 분석하고 명확화하며 이들을 체계화하는 분야의 학문"이라고 할 수 있습니다. 그러나 필자가 지금까지 살면서 가장 이해하기 힘든 것이 형식논리학입니다. 왜냐하면 어떤 논리를 만들었을 때 논리의 타당성 때문입니다.

논리학이란 사람이 올바른 사고를 갖추는 데(또는 생각을 하도록 하는 데)도 필요하고 뭔가를 연구하는 것에도 필요합니다. 또한 어떤 주장을 하는 전제들의 논리적인 관계를 분별하고 원칙과 절차를 따지기도 합니다. 그런데 논리학의 문제는 명제들의 연결 관계에만 주목할 뿐입니다. 그렇기 때문에 하나의 논증을 구성하고 있는 명제들의 일부 또는 전부가 거짓일지라도, 결론적으로는 타당한 논증이 되는 경우가 생기기도 합니다. 이를 귀납논증이라고 합니다.

예를 들어보겠습니다. 지난번 2022년 카타르 월드컵에서 우리나라 축구가 16강에 오른 것은 감독이 특별히 선수관리를 잘했다는 의견이 많았으나 반대로 「대한축구협회」가 권력을 이용하여 선수기용을 감독이 마음대로 할 수 없었다는 뉴스가 올라왔습니다. 필자도 그런 기사를 읽는 순간 그 기자의 논리가 맞는 것 같았습니다. 그런데 어느 신문 칼럼에는 「대한축구협회」가 누군가를 편애한 것은 없다고 잘라 말하면서 감독의 투혼(鬪魂)이 사라졌기 때문이라고 말하였습니다. 그 투혼이 사라진 것은 감독의 책임도 있겠지만 기본적으로 국민들이 너무 냄비근성을 가지고 있어서 뭔가를 조금만 잘못해도 물 끓듯이 끓어서 감독과 선수를 욕하기 때문이라고 했습니다. 즉 국민들이 힘을 주지 않았다는 이야기입니다. 그러고 보니 이 주장도 맞는 것 같았습니다. 다시 말하여 모든 주장이 옳아 보였습니다. 여기서 카타르 월드컵이 열렸다는 것과 우리나라 축구가 16강에 오른 것은 논리적 논증이 아니고 하나의 설명에 해당합니다. 하지만 감독이 선수관리를 잘 했다고 하는 내용이나 「대한축구협회」가 권력을 이용하여 선수기용을 감독이 마음대로 할 수 없었다는 내용 등은 추론일 뿐 사실이 아닐 수도 있습니다. 여기서 설명과 논증이 확연하게 구분됩니다. 그리고 독자들은 이정도로 충분하기에 이 추론들이 '참'임을 알 필요가 없습니다.

법원에 재판을 받을 일이 있어서 몇 번 가 본 적이 있습니다. 법원은 법을 가지고 '이렇다, 저렇다'라는 판사의 판단을 말하면 재판이 끝납니다. 그런데 피고측과 원고측이 변호사가 있어서 어떤 논리를 주장하면서 답변서를 제출합니다. 그리고 서로 또 다른 논리로 답변을 합니다. 뭔가의 옳고 그름을 판단하기 위한 필요조건보다는 추론에 의한 충분조건만 내놓는 경우가 많습니다.

옛날 세종대왕시절 황희(黃喜, 1363~1452)라는 정승이 있었습니다. 날마다 임금을 돕는 것만 생각하니, 집안의 대소사는 염두에 둘 수가 없었습니다. 하루는 여자 종들이 서로 싸워서 집안이 떠들썩하였습니다. 그러다가 한 계집종이 황희 정승 앞에 달려와서 고자질을 하였습니다.

"아무개 계집이 나와 서로 다투어 잘못한 것이 이와 같으니 나쁘기가 이와 같사옵니다."

그러자 황희가 대답했습니다.

"네 말이 옳다!"

그러자 조금 있다가 다른 계집종이 찾아와서 땅을 두드리며 다시 하소연을 하였습니다. 그 말을 들은 황희가 말하였습니다.

"네 말도 옳다!"

그때 옆에서 듣고 있던 황희의 조카가 화를 내면서 말하기를 "아저씨는 너무 하십니다. 아무개는 저렇고 아무개는 이와 같으니, 이것은 옳고 저것은 그르다 해주어야 하지 않습니까?"

이때도 황희는 다시 대답하였습니다.

"너의 말도 옳다!"

그리고는 하던 일을 계속하며 끝내 옳고 그름을 판가름해주지 않았다는 말이 있습니다. 바로 "옳다 3창"이라는 말로 오늘날에도 모든 사람들에게 잘 알려진 내용입니다. 이는 모두 다 충분한 이유가 있다는 충분조건이라고 할 수 있습니다. 그러나 반드시 필요한 조건이었다면 황희는 옳고 그름을 판단해주었을 것입니다.

논리학은 이처럼 충분조건과 필요조건을 따지며 무엇이 '참'인지를 분명하게 가르쳐주지 않는 경우도 있습니다. 오히려 어떤 논리는 우리를 혼란스럽게 합니다. 다시 말하여 어떤 주장이나 명제들의 논리적인 관계를 분별하고 원칙과 절차를 따지기는 하지만 어떤 것이 '거짓'이고 '참'인지는 각자의 몫입니다. 오늘날 인터넷의 발달로 가장 많이 퍼지고 있는 것이 유튜브를 통한 소위 가짜 뉴스입니다. 이 또한 논리학의 대표적인 함정입니다.

지금까지 이야기한 논리학은 주로 형식논리학으로 세계를 불변하는 것, 고정된 것, 기호나 계산 등 정적(靜的)인 것으로 파악하지만 변증법적 논리학은 세계는 변화하는 것, 동적(動的)인 것으로 본다는 점에서 서로 완전히 반대되는 입장에서 출발하고 있습니다. 쉽게 말하면 형식논리학은 형이상학적으로 고정된 것을 말한다면, 변증법적 논리학은 탄력성을 지니고 있다고 할 수 있습니다.

형식논리학은 분석철학의 하나로 사고과정에서 일정한 개념이나 사고가 정확하게 보존, 유지되지 않으면 안 되고 다른 사고로 대체될 수 없음을 분명히 합니다. 분석철학자들은 진리가 사물 속에 있는 것이 아니라 언어와 언어사용에 있다고 주장합니다. 자연적인 언어의 명제는 형식을 갖춘 언어의 명제로 바꾸어질 때만 의미를 갖는다는 이들의 주장 뒤에는 모든 사태를 논리적 구조로 전환시키려는 저의가 깔려 있습니다. 이처럼 형식논리학은 기본법칙에 입각하여 수학공식에 대입하듯이 항구적이고 불변적인 것이라고 생각되는 여러 가지 사고 형식을 가르치는 학문입니다. 기호나 집합, 수학공식 등은 바로 여기에 해당하는 대표적인 형식논리학입니다. 그리고 형식 논리학은 과거부터 지금까지 수학과 과학발전에 지대한 영향을 끼쳤습니다.

형식논리학은 연역 논증과 귀납 논증으로 나눠지고, 주로 연역적 논증이 '전제'와 '결론'이 '참'이어야 하기에 형식논리학의 주류를 이룹니다. 그리고 귀납적 논리학 역시 여러 논리학으로 분류되어 논증되고 있습니다. 연역적 논리학보다도 귀납적 논리학이 탄력을 지녔다고 할 수 있습니다.[135] 귀납적 논리학은 '전제'가 '참'이 아닐지라도 결과만 참이면 되는 경우도 있으며, 반대로 전제는 '참'이나 '결론'은 '참'과 비슷한 경우도 있습니다. 예로 서울의 작년도 여름 날씨는 평균 38℃였기에 아마도 금년에도 그렇게 될 것으로 내다본다는 것은 하나의 추론일 뿐이지 '결론'이 '참'은 아닙니다.

이와는 달리 변증법적 논리학은 여러 가지 사고형식을 유동적인 것, 탄력적인 것, 가변적인 것으로 볼 뿐만 아니라 대립되어 있는 반대편까지도 통일될 수 있다고 주장합니다. 이 때문에 "남북한은 통일될 수 있다"라거나 "서울의 택시기사는 불친절할 수도 있고 친절하게 변할 수도 있다"라는 것을 주장합니다. 하지만 형식논리학만으로는 사고가 더 진전될 수 없다는 것이 명확하게 인식된 것은 헤겔 이후부터였습니다. 천동설이 지동설로 바뀔 때까지 기독교인들은 그들이 믿고 있는 형이상학적 천동설을 끝까지 주장하였습니다. 그러나 이와 같은 깨달음을 갖게 된 것은 무엇보다도 과학이 발전한 결과라고 할 수 있습니다. 특히 다윈의 진화론은 고정적인 인간의 생각을 고정적인 것에서 유동적인 것으로 바꾼 대표적인 경우라 할 수 있습니다. 역시 갈릴레이의 지동설도 세계를 가변적인 것으로 사고할 수 있는 계기를 만들었습니다.

헤겔은 변증법적 논리학을 최초로 체계적으로 서술한 사람입니다. 그러나 알려진 바와 같이 헤겔의 변증법은 관념론적 입장에서 기술하고 있습니다. 하지만 그의 논리학은 지금까지도 모든 과학적 인식이 최고도로 포괄되어 있다는 점은 아무도 부인하지 못하고

---

135) ▶ 본서 49쪽의 '죽음에 대한 주장'을 참조하기 바람.— 저자 주.

있습니다. 그 후 헤겔의 논리학은 칼 맑스의 유물론과 조우하면서 변증법적 논리학으로 그 위치를 확고히 하게 됩니다. 변증법적 논리학은 피지배계급에게 저항의 논리를 만들어 줄 수도 있고, 노동운동가들에게 전술적 논리를 제공할 수도 있습니다.

그러나 형식논리학적 사고는 그 자체로 합리적 사고를 만들어주지 못합니다. 형식논리학 자체가 세계와 모순되는 면이 많기 때문입니다. 헤겔은 그의 논리학에서 "흐르는 물은 똑같을 수 없다"라고 말합니다. 그러나 형식논리학은 고정되어 있다고 봅니다. "존재하는 모든 것은 변화한다." 변증법적 논리학은 바로 변화한다는 것을 인정하는 것에서부터 출발합니다. 물리학의 양자역학도 매개, 상호작용, 변화에서 시작합니다. 지금의 나는 10년 후의 나와 다를 것은 물론이고, 10분 후의 나와도 다를 것입니다. 우주도 천체도 마찬가지입니다. 이러한 변화를 원천으로 하는 변증법적 유물론의 논리학은 제4차 혁명 시대에 양자역학 등과 함께 현대 과학, 특히 인공지능에 지대한 영향을 끼치고 있습니다. 그리고 어느 부분에서는 분석철학과 통일도 이루어지고 있는 현상을 보이기도 합니다.

여기서 우리는 변증법적 논리학만 옳다고 생각하고 형식논리학은 필요 없다고 생각하면 큰 오류입니다. 우리 일상생활에서 항상 언제나 필요한 것이 형식논리학입니다. 저울의 눈금, 날씨를 재는 온도계, 시간 등은 고정불변해야 합니다. 이와 같이 형식논리학과 변증법적 논리학은 서로 모순되는 변증법적 관계입니다.

인공지능(AI)이란 무엇인가?

제 4차 혁명에 진입하면서 AI에 대한 이야기가 화두가 되고 있습니다. 특히 챗GPT는 많은 화제를 낳고 있습니다. 따라서 지금까지 이 책을 읽은 사람이라면 이 정도는 철학적으로 마무리할 수 있는 단계입니다. 어찌 보면 마지막 결론이라고 할 수도 있는 철학적 고찰이 되겠습니다. 자연과학의 이해를 돕고자 우선 몇 가지를 짚고 넘어 가도록하겠습니다. 지금까지 자연과학은 철학과 상호작용하면서 발전하여 왔음은 부인할 수 없는 사실입니다. 그리고 철학은 두 가지 세계관이 서로 대립 · 발전하여 왔습니다. 그것은 바로 **관념론적 세계관**과 **유물론적 세계관**입니다. 유물론적 세계관은 자연철학을 기초로 발전하였고, 관념론적 세계관은 신화(神話)를 중심으로 발전하여 왔습니다. 자연철학은 동적(動的)인 철학으로 대부분 자연현상에 대해 이야기합니다. 최초로 탈레스와 아낙시만드로스 등 밀레토스학파가 있었습니다. 그리고 관념론철학은 정적(靜的)인 철학으로 피타고라스로부터 시작되었습니다. 이들은 영혼의 불멸과 영혼의 윤회설을 주장하였습니다. 이후 소크라테스와 플라톤을 거쳐 근대까지 관념론철학이 유럽을 지배하였습니다. 동양철학 역시 본래는 인간 중심의 자연철학[주역(周易)]이 강했으나 공자와 맹자를 가치면서 관념론적 철학이 조선 '성리학'까지 이어졌습니다. 그리고 AI 역시 두 가지 철학적 흐름으로 이어지고 있습니다. 이를 정리하면 유물론은 자연철학 → 경험론 → 심신일원론 → 유물론 → 변증법적 논리학 → 물리학 → 양자 컴퓨터 → 인공지능으로 이어지고 있고, 관념론은 심신이원론 → 형식논리학 → 분석철학 → 디지털 컴퓨터 → 자율주행버스(디지털 AI) 등으로 이어지고 있습니다. 그리고 이러한 철학사조는 영국을 거쳐 호주와 미국으로 건너가 심리주의 철학과 분석철학을 탄생시켰습니다.

미국의 언어분석 철학자 서얼(John R. Searle, 1932~현재)은 디지털 컴퓨터로는 완벽한 인공지능을 "만들 수 없다"고 확실하게 말합니다.[136] 그럼 지금 사용하고 있는 디지털 컴퓨터는 어디에서 유래하였을까요? 바로 앞에서 말한 두 가지 철학 사조에서 찾을 수 있습니다. 자율자동차는 바로 형식논리학을 토대로 '기호와 계산'을 이용한 것입니다. 이를 분석철학 또는 심리철학에서는 계산

136) ▶ Ian Ravenscroft, *Philosophy of mind : Beginner's Guide*, 한국어판, 박준호 역, 『심리철학』(서광사, 2022), 156쪽.

주의라고 말합니다. 이는 기능주의와 물리주의에서 발전된 이론입니다. 그리고 계산주의는 연결주의자들에 의해 비판 계승되고, 연결주의자들은 **'연결기능 망'**을 가진 아래 그림과 같이 인간 두뇌의 원리와 비슷한 방식의 프로그램으로 인공지능 로봇을 만들 수 있다고 주장합니다. 인간과 똑같이 지각을 통해 대상을 구별할 줄 아는 인간 두뇌와 같은 구조의 컴퓨터가 있어야 가능하다는 주장입니다.

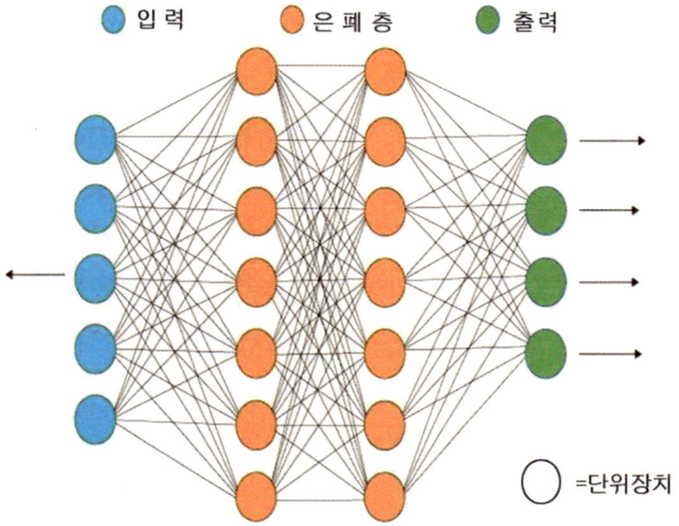

연결주의자의 연결망

즉 CPU 중심의 직열식 디지털 컴퓨터로는 SF영화 속의 AI 로봇은 만들 수 없다는 입장입니다.[137] 그리고 병렬식 연결망을 가진

137) ▶ 앞의 책, 165~166쪽.

컴퓨터만이 진짜 인공지능 로봇을 만들 수 있다고 주장합니다. 디지털 컴퓨터는 기호와 계산으로 결과를 내놓습니다. 그리고 우리가 입력시킨 내용을 명령을 통해서 사용하지만 연결주의자들이 주장하는 '연결기능 망'에 의한 것은 인간 두뇌와 똑같이 대상을 인식하고, 또 반복적인 학습을 통해서 인식한 것을 저장하고 출력할 수 있다고 주장합니다. 그리고 그 방식도 병렬식이고 양자물리학을 이용할 수 있는 것으로 설명되고 있습니다. 현재의 디지털 컴퓨터는 입력을 해서 꺼내어 사용하는 것입니다. 사실 디지털 컴퓨터도 20여 년 전만해도 수백 개의 프로그램이 존재했었습니다. 역시 인터넷 웹브라우저도 「마이크로사」의 '익스플로러'만 있는 것으로 생각하는 사람이 많은데 '익스플로러'외에 「네스케이프」의 '파이어폭스'도 있고, 북한이나 러시아 등에는 자기들만의 운영체계가 따로 있습니다. 그리고 '부정의 부정'을 통해 AI에 대한 이론은 연결주의보다 더 설득력 있는 이론이 나올 수도 있습니다.

포스트휴먼과 휴머니즘

오늘날 한국사회는 어느 날 눈떠보니 선진국이란 말처럼, 우리는 어느 날부터인가 제4차 혁명이라는 파고 속에 살고 있습니다. 날마다 쓰고 있는 핸드폰 속도도 5G로 바뀌고, 매년 새로운 기능을 가진 각종 사무용품, 여러 전쟁무기들과 각종 제조품들이 새로운 AI로봇들에 의해 자동화되어 생산되고 있습니다. 또한 제4차 혁명시대에서 가장 커다란 변화는 ① 빅 데이터와 ② 사물 인터넷 ③ 유전자 공학에 의한 포스트휴먼 시대에 진입하고 있다는 사실입니다. 포스트휴먼 시대는 정보기술과 생명공학의 발달로 기술이 인간 몸속에 삽입되거나 생활에 밀착됨으로써 인간과 기계의 경계가 해체되는 시대라고 말합니다. 즉 기계인간이 새롭게 탄생되고 있는 시대입니다. 하지만 새로운 도구가 탄생할 때마다 인류에게 이익만 준 것은 아니었습니다. 청동기의 발견은 원시사회를 붕괴시키고 노예사회와 봉건주의를 탄생하게 했고, 철기의 발견은 수많은 침략 전쟁을 야기했으며, 자연과학의 발전은 계급투쟁과 제1,2차 세계 대전을 야기하게 하였습니다. 그렇다면 포스트휴먼 시대에 드러나는 정치·사회구조는 현재 우리가 살고 있는 자본주의와 같은 사회구조일까? 아니면 권력을 지니고 있는 자나 돈이 많은 자가 군림하는 봉건왕조인 사우디나 이란, 중국, 북한과 비슷한 나라로 회귀하여 또 다른 불평등한 계급사회로 되돌아 갈 것인가? 그런 사회가 아니라면 이제 인간이 물질로부터 지배받는 게 아니라 칼 맑스가 지적한대로 물질만 추구하는 자본주의를 넘어 높은 이성으로 무장(?)된 새로운 지성적 사회인 사회주의 사회가 탄생될 수 있을까? 이러한 것은 오늘을 사는 우리들에게 던져진 철학적 문제의 하나입니다. 하지만 분명한 것은 제4차 혁명의 물결 속에 살고 있는 우리 사회는 자본주의 진영이든, 사회주의 진영이든 새로운 지식 계급이 탄생해 가고 있다는 점입니다. 바로 지식프롤레타리아의 출현을 모르고 기술발전만 내다본다면 그야말로 휴머니즘이 없어진 공상 과학소설처럼 되고 맙니다.

칼 맑스가 지적한 "사회적 존재가 사회적 의식을 규정한다"라는 말은 자본주의 사회가 아직은 의식이 존재를 규정할 만큼 고도의 이성적 발전을 가져오지 못한 사회라고 말합니다.[138] 칼 맑스는 소위 5단계설을 주장했습니다. 원시사회 → 노예사회 → 봉건사회 → 자본주의 사회 → 사회주의 사회 → 공산주의 사회가 그것이었습니다. 지금까지 사회체제가 모두 계급투쟁에 의해서 이루어져 왔고, 앞으로도 그렇게 될 것이라는 주장입니다. 자본주의 사회는 능력을 가진 만큼 일하고도 자본가에게 잉여를 빼앗기고 일한만큼 갖지 못하지만, 사회주의 사회는 능력만큼 일하고, 능력만큼 가져갈 수 있고, 계속해서 공산주의 사회는 능력만큼 일하고 필요한 만큼 가진다는 논리입니다. 이것이 바로 변증법적 유물론의 역사관이자 휴머니즘입니다. 칼 맑스는 청년시절 사회주의 사회가 왜 자본주의사회보다 우월한가를 다음과 같이 설명하고 있습니다. 노예 사회보다 우월한 사회가 봉건 사회였고, 봉건 사회보다 더 이성적이고 의식이 발전한 사회가 자본주의 사회라고 주장합니다. 그리고 사회주의 사회는 물질에 의해서 정신이 규정받는 사회가 아니라 그 반대로 '의식이 존재를 규정'하는 사회, 즉 현재보다 더 높은 의식을 지닌 사회로 지양·발전하는 휴머니즘 사회라고 주장했습니다. 다시 말하면 자본주의 사회는 가진 자와 못가진자가 대립하며 투쟁할 수밖에 없기 때문이라고 말합니다. 대표적인 대립관계로 노

---

138) ▶ 본서 149쪽, 253쪽 참조바람.— 저자 주

방법이야 바뀌었지만 칼 맑스와 엥겔스 말대로 사회주의적 복지제도가 확대되면서 **소득분배**가 어느 정도 이루어져 빈부의 격차가 줄어들면서 물질에 대한 투쟁도 약해지고, 또한 물질에 대한 범죄도 줄어들고 있는 것은 사실입니다. 곧 물질이 인간을 지배하는 것이 아니라 인간의 높은 의식이 물질을 지배하기에 "의식이 존재를 규정"하는 휴머니즘 사회가 온다라고 주장한 칼 맑스의 주장은 틀려 보이지 않습니다. 하지만 아직도 반인격적으로 노동 착취를 하고 소득분배가 안 된 비인간적인 나라는 사회주의국가든 자본주의 국가든, 칼 맑스의 계급투쟁론은 계속유효하다고 생각합니다.139)

다시 본론으로 돌아와 지금까지 출간된 '포스트 휴먼'에 대한 여러 저서를 살펴보면 제4차 혁명 시대는 우려할만한 체제로 변화하기보다는 더 나은 휴머니즘 사회로 진입할 것으로 보고 있습니다. 예를 들어 성균관대학교의 이종관 철학교수는 자신의 저서 『포스트 휴먼이 온다』에서 시종일관 대상(對象), 즉 컴퓨터나 인공지능과 인간과의 관계에서 상호작용의 필요성을 요구하고 있습니다. 또한 카이스트의 이경상 교수의 저서 『코로나19 이후의 미래』에서 "예방과 돌봄의 디지털 예방의학이 부상한다"고 적고 있습니다.140) 또한 하대청 지스트 교수는 『포스트 휴먼이 몰려온다』 책에서 「AI 뒤에 숨은 인간, 불평등의 알고리즘」 장에서 역시 "인간 없는 인공

---

139) ▶ 엥겔스도 『반 듀링론』(새길아카데미, 2012, 151쪽)에서 "낡은 평등이 아니라 고차적인 평등으로 전화한다"고 주장한다.— 저자 주

140) ▶ 이경상 지음, 『코로나19 이후의 미래』(중원문화, 2020), 113쪽.

지능은 없다." "불평등을 이용하는 것이 아니라 불평등을 완화시킬 기술을 요구할 수 있다"라고 주장하고 있습니다.141) 다시 말해 AI와 인간은 상호작용관계로 정치 · 경제가 변화하며 사회구조 역시 한 단계 더 높은 복지사회로 갈 것임을 짐작할 수 있습니다. 이는 공상 과학소설이나 공상 영화에서 등장하는 것처럼 서로 대립 · 투쟁하는 관계라 아니라는 점을 예시하고 있습니다. 즉, 포스트휴먼 시대는 인간이 인간을 더 행복하게 하려는 한 차원 높은 고도의 의식을 가진 휴머니즘 사회라는 것을 알 수 있는 내용입니다.

그리고 자연과학과 철학의 문제는 이종관 교수 말대로 서로 상호작용하여 오히려 해소된다고 할 수 있습니다. 왜냐하면 더 높은 의식사회이기 때문입니다. 이는 정치 · 경제 · 사회복지 부분 등 인간이 요람에서 무덤까지 모두 행복하게 하는 국제사회로 갈 수 있는 기틀이 될 것입니다. 현대 프랑스 철학자 베르그손에 의하면 선(善)에 대해 아는 만큼 도덕적 행위가 이루어질 수 있다고 말합니다. 베르그손은 닫힌 사회를 비판하고 열린사회를 주장했습니다.142) 베르그손이 주장하는 열린사회는 자본주의적 이기적인 생존에 몰두하는 폐쇄성을 넘어서 탈(脫)국가적인 인류 전체에 대한 사랑을 실천하며 인류의 진보를 열망하는 사회를 요구했습니다. 그

---

141) ▶ 하대청 외 지음, 『포스트휴먼이 몰려온다』(아카넷, 2022), 207쪽.

142) ▶ Henri Bergson, *Les deux sources de la Morale et de la Religion*, 1932년. 한국어판, 박종원 옮김, 『종교와 도덕의 두 원천』(아카넷출판사, 2021), 50쪽.

러려면 사회적 불평등에 대한 국제적 법률이나 질서 등도 빠르게 변화해야할 것입니다. 물론 현존하는 세계는 많은 불평등에도 불구하고 SNS · 유튜브 · 넷플릭스 · 유학 · 세계여행을 보면 그야말로 세계가 하나 됨을 알 수 있습니다. 따라서 여러 가지 한계상황은 수많은 변증법적 발전단계에서 일어날 수밖에 없는 현실적인 문제로 '적대적 모순'이 아니라 '비적대적 모순'으로 '대립물의 상호침투의 모순'입니다. 따라서 '질과 양'을 통한 변증법적 모순을 거치면서 종국적으로 소외계층과 소외국가까지 베르그손 희망대로 전 세계에 커다란 발전을 가져다줄 것입니다.143) 그리고 실제로도 기계와 인간의 관계는 대립하고 있지만 서로 상호작용하면서 노동법과 사회복지에 관한 문제들을 해결하여 왔고, 지금도 더 많은 휴머니즘을 위하여 인류는 노력하고 있는 것을 볼 때 포스트휴먼 시대는 휴머니즘을 더욱 앞당기게 할 것으로 보입니다. 왜냐하면 칼 맑스의 말처럼 철학은 이제 세계를 해석만 하는 학문이 아니고 실천하는 학문이기 때문입니다. 곧 철학의 임무는 지금까지도 그래왔고, 현재나 미래에도 인류행복을 위한 지혜를 자연과학과 상호작용 속에서 계속 쏟아 내는 실천학문으로 존속해야할 학문입니다.

AI와 인간의 관계

143) ▶ 베르그손과 칼 맑스는 다르다. 베르그손은 소득분배보다도 도덕적 정신만을 강조했다. 그런 점에서 칼 맑스나 엥겔스가 이야기한 세계평화로 가는 방법은 베르그손과 상충한다.— 저자 주.

따라서 지금까지의 많은 '포스트휴먼' 관련 책들은 변화하는 자연과학의 물결 속에서 발생하는 인간사회의 모순을 해결해주는 방법론을 익히는데 가장 좋은 지침서가 될 것입니다. 아울러 변증법은 사회 · 자연과학과 함께 수많은 문제를 해결하는 과학이자 인류의 행복을 보장할 수 있는 철학으로 꾸준하게 해답을 제시하는 학문이 될 것입니다. '포스트휴먼' 관련 책들에서 주장하는 것들은 인문·사회과학 및 자연과학이 상호작용하고 대립하면서 함께 같이 가야함을 우리는 쉽게 납득할 수 있는 내용들입니다. 그리고 그것이 우리의 필연이고 인간 사회의 불평등을 해소해 가는 과학적 과정이 될 것입니다. 그렇지 않으면 '폭정과 혁명'은 반복될 것입니다. 프랑스혁명 이후 왕정복고와 혁명이 반복되었던 걸 상기해보면 알 수 있습니다. 곧 자연과학의 발전은 자본주의로의 이행을 촉구했고, 봉건주의와 자본주의로 이행하면서 일어난 사건들을 보면 하루아침에 오늘날의 자본주의가 탄생된 것은 아닙니다. 또한 자본주의의 반인격적 모순이 심화되면서 1917년 러시아혁명의 기폭제가 되기도 했습니다. 뿐만 아니라 오늘날의 미국도 초창기엔 반(半)자본주의 또는 반(半)봉건주의 형태인 제도를 채택하여 노예를 사람으로 취급하지 않고, 노비처럼 취급하였습니다.

그러나 북쪽의 기계문명이 발달하자 노동력이 필요하게 되었고 이에 링컨144)이 노동력을 필요로 하는 북쪽의 자본가를 위해 노

144) ▶ Abraham Lincoln(1809~1865), 링컨은 연설을 좋아했는데 미국 남북 전쟁이 진행되던 1863년 11월 19일, 격전지였던 펜실베이니아 주

예해방이라는 명분으로 남북전쟁을 야기했습니다. 그 후 링컨의 공화당은 오늘날까지도 자본가를 대표하는 정당이 되었습니다. 분명한 건 기계문명의 발달은 남북전쟁을 통해 노예를 해방시키고 휴머니즘이 자리 잡았다는 점입니다. 그 반대로 노예제도를 찬성했던 민주당은 지금도 농민을 위한 정당이지만 그 정치성향은 사회복지 정책 등을 찬성하는 좌파적 형태의 진보정당으로 변하였음을 볼 때 앞으로 자본주의든 사회주의든 고도의 기술을 장악하는 지배계급이 이를 어떻게 활용하느냐에 따라서 정치·경제체제가 변할 것임을 예견해 볼 수 있습니다. 아울러 자연과학의 발달과 함께 자본을 쟁취하고자하는 수많은 전쟁을 야기하기도 하였지만 그때마다 인간의 휴머니즘도 발전해 왔음을 알 수 있고, 이는 다시 말해 인간이 자연과학의 발전과 함께 소득도 분배되고 인간의 의식도 높아지고 있음도 알 수 있습니다.

그렇다면 우리는 지금 어디까지 왔는가? 본인은 우리나라의 경우 각종 사회복지나 의료복지 등을 볼 때 상당부분 사회주의에 진입했다고 생각합니다. 유럽에서는 스웨덴이나 노르웨이, 덴마크, 독일 등도 우리와 비슷한 지점에 있거나 부분적으로 무상교육도 앞서 있고, 상속세율이 아주 높은 것을 볼 때 조금은 앞선 감이 있어 보이기도 합니다. 바로 이런 시대에 우리는 휴머니즘을 생각하지 않을 수 없습니다. 다시 언급해도 포스트 휴먼은 단지 인간이

의 게티즈버그에서 죽은 장병들 추도식에서 "우리나라는 국민의 정부이면서, 국민에 의한 정부이면서, 국민을 위한 정부로서 결코 지구상에서 사라지지 않을 것입니다"란 문구는 명문장으로 알려지고 있다.— 저자 주.

만든 '기계 지능'일 뿐이며 인간은 아닙니다. 따라서 우리는 인간으로서 기계 지능의 발전이 누구 손에 들어 갈 것인지를 날카롭게 주시해야 합니다. 그것이 바로 우리가 앞으로 어떻게 인간으로서 휴머니즘을 지킬 것인가의 문제로 남게 됩니다.

존재하는 모든 것은 양면성이 있다라는 건 이미 변증법에서 검토한 바 있습니다. 그렇다면 기계지능의 발달도 두 가지 성질을 가질 수 있습니다. 다시 말해 소위 인공 지능의 발달은 인류에게 해(害)가 될 수도 있고, 득(得)이 될 수도 있는 양날의 칼과 같은 변증법적 양면성이 있습니다. 불[火]이나 물[水]과 같은 이치입니다. 또한 인공지능 로봇이 만약 SF영화처럼 자유의지를 가지게 되려면 그 에너지원인 ① 전기가 자가 발전될 수 있는 기능이 함께 갖추어져야할 것입니다. 전기 없이 인공로봇이 움직인다는 건 불가능합니다. ② 연결주의 이론이 설득력 있게 제시된 만큼 이에 따른 연구가 지속되어야합니다. ③ 자유의지를 가진 AI로봇이 생긴다면 인간과 좋은 관계를 형성하기 힘들 것입니다. 여러분은 '다마고치'나 '휴대폰' 또는 '반려 동물' 등을 비교해 보면 쉽게 알 수 있습니다. 그들은 우리 인간의 의지대로 할 수 있기에 '친밀함'을 느낄 수 있고 가까워질 수 있지만 '의식'을 가진 로봇은 연인 사이의 삼각관계도 만들 것입니다. 그리고 전 세계에는 아직도 인종차별이 존재하고 있고, 우리나라 역시 인종차별에 대하여 그리 좋은 점수를 받는 나라는 아닙니다. 이처럼 AI로봇과 좋은 관계를 유지하는 일도 결코 쉬운 일이 아닐 것이란 생각이 듭니다. SF영화 「엑스 마키나」에 나오는 로봇인간 '에이바'는 인간을 속이고 그녀가 갇힌 방에서 탈출을 합니다.145) 이처럼 AI가 인간을 속인다면 더 큰 문제가 될 것입니다. 그러나 더욱 가공할만하게 무서운 것은 제2차 대전 당시 사용되었던 핵무기 같은 게 북한이나 중국이 가지고 있기에 우리는 항상 두려워하고 있습니다. 이와 같이 그런 AI로봇을 독재자의 입맛에 맞게 튜닝(tuning)하여 움직

영화 엑스 마키나 포스터

이게 된다면 휴머니즘은 후퇴하고 반(反)인격적 국가는 더욱 늘어날 것입니다. 예를 들어 인간의식 수준이 상당수준으로 높아지지 않는 상태에서 자율버스가 생겼을 때를 생각해 보기로 하죠. 승객이 요금 지불을 하지 않는다지, 자동차에 폭행을 가한다든지 하는 사태가 발생해서는 안 되기에 인간의 의식 수준도 칼 맑스가 말한 것처럼 한 단계 높아져야할 것입니다. 그리고 베르그손이 주장한 자본주의

145) ▶ 영화 「엑스 마키나」(Ex Machina)는 2015년 공개된 SF 스릴러 영화이다. 제88회 아카데미상에서 아카데미 시각 효과상을 수상한 바 있다. 주요 줄거리는 여자 로봇 에이바가 인간과 같다는 점이다. 에이바는 같은 방에 있는 남자 케일럽에게 로멘틱한 감정을 느끼고 있다고 거짓말을 하며 케일럽을 속이고 자신이 바깥 세상에 나가고 해달르고 말한다. 그리고 자신이 갇힌 방으로부터 탈출하게 된다는 영화이다.— 저자 주.

적 폐쇄성을 뛰어 넘어서 탈(脫)국가적인 인류 전체에 대한 사랑을 실현하려면 이 또한 높은 의식수준이 아니고서는 불가능합니다.

이상에서 살펴본 것처럼 자연과학의 발전은 양날의 칼입니다. 하지만 인간이 로봇보다 우수한 게 있고, 로봇이 인간보다 우수한 부분이 있습니다. 꼭 SF영화에 나온 것처럼 인간과 로봇이 같을 이유는 없습니다. 로봇은 로봇의 일을 하고, 챗GPT는 우리가 유용하게 활용하면 되며, 인간은 인간의 일을 하면 됩니다. 공사장의 무거운 물체를 옮기는 데는 로봇만한 게 없고, 고층빌딩 유리를 닦는 데 역시 로봇이 최고이고, 섬세한 수술 같은 것에도 로봇은 큰 역할을 할 수 있습니다. 결국 인공지능의 발달은 인간의 손노동이나 힘든 노동은 줄어들고 지식노동이 늘어나게 될 것이며, 인간의 노동시간은 단축되고 주5일 근무를 주 2일 근무로 바꾸어 놓게 될 것입니다.[146] 그리고 우리 인간은 인류의 휴머니즘에 맞게 변증법적으로 기계와 상호작용을 통해 계속 지양시켜 나가면 됩니다. 챗GPT나 Bard 역시 인간과 상호작용하면서 대립하고 투쟁하며 함께 발전하게 될 것입니다. 만약 그렇게 발전하지 않는다면 로봇은 필요 없거니 위험한 기계가 될 수도 있습니다. 하여 의식주(衣食住)가 해결된 지금보다 한결 높은 휴머니즘적 지성이 함께 했을 때 인공지능 로봇도 사랑받는 기계로 인간과 함께 할 수 있을 것입니다. 그래서 본 저자는 사회민주주의는 휴머니즘이라고 말하고 싶습니다. 그것이 바로 철학이 해야 할 임무이고 철학자의 사명이기 때문입니다.

146) ▶ 황태연 지음, 『4차 산업혁명과 미래사회변혁』(2023), 50쪽.

그리하여 마지막으로 휴머니즘에 대하여 살펴볼 예정입니다. 휴머니즘 부분에서는 요즘 유행하고 있는 챗GPT와 Bard에 대해서도 언급하고 싶습니다. 과연 인공지능이 '에이바'가 탈출하듯이 인간과 맞먹는 수준에 이를 것인가? 그렇다면 과연 인공지능에게도 휴머니즘이 필요할 수도 있을까? 이는 매우 막연한 질문 같지만 필자가 이미 앞에서 언급했듯이 인공지능은 우리 인간의 필요에 의해서 발명된 기계입니다. 그리고 많은 기억을 할 수 있는 내용들이 인간보다 확실히 우수할 수 있습니다. 하지만 그렇다고 하여 인공지능이 인간을 지배한다는 일은 있을 수 없습니다. 다시 말해 자동차가 인간보다 빠르다고 해서 인간이 자동차보다 못하진 않습니다. 역시 인공지능도 우리 인간이 할 수 없는 일을 시키기 위해서 만든 하나의 제품입니다. 이를 지나치게 확대하여 SF소설처럼 생각한다면 그야말로 난센스이고, 공상과학소설입니다. 마지막으로 인공지능이 무엇인지 챗GPT에게 물었습니다.

"인공지능은 인간의 지능적인 행동을 컴퓨터 등 기계를 이용하여 구현하거나 모사하는 기술이나 분야를 의미합니다. 즉, 기계를 사용하여 인간의 사고와 판단, 학습, 추론, 지각 등을 모방하거나, 인간이 수행하는 인지적인 작업을 대신 수행하는 것입니다. 다시 말해 인공지능은 음성 인식, 언어 번역, 이미지 인식, 자율 주행 자동차, 추천 시스템 등 다양한 분야에서 활용되고 있으며, 인간의 노력과 시간이 필요한 작업을 대신 처리하여 생산성과 효율성을 높이는 데 큰 역할을 합니다."

휴머니즘이란 무엇인가?

휴머니즘(Humanism)이란 인간의 존엄성을 최고의 가치로 여기는 걸 말합니다. 즉 박애 정신을 바탕으로 인종, 민족, 국가, 종교 따위의 차이를 초월하여 인류의 안녕과 복지를 꾀하는 것을 이상으로 하는 철학사상이나 태도를 일컫습니다. 영어 낱말 자체를 우리말로 번역하면 인문주의, 인간주의, 인본주의, 인도주의, 인간중심주의 등으로 표현할 수 있겠으나 본래 휴머니즘이란 말이 탄생된 역사적 배경과 철학적 배경에 따라서, 또한 어떻게 쓰이느냐에 따라서 여러 가지로 해석될 수 있습니다. 휴머니즘을 문학적으로 받아들이면 인문주의라고 하는 게 옳은 번역일 것이며, 철학적 입장으로 해석하면 인간주의로 번역하는 것이 가장 적합한 해석일 겁니다. 또한 도덕적으로 받아들이면 인도주의라고 하는 게 제일 나은 번역이 될 것입니다. 이처럼 여러 가지 의미로 해석되기 때문에 오늘날 우리나라나 서구나 외래어 그대로 '휴머니즘'이라고 표기하는 것이 일반적입니다.

원래 휴머니즘이란 선명한 이데올로기의 형태로 드러난 시기는 서구유럽 기준으로 볼 때 대략 14~16세기경으로 보고 있습니다. 당시 봉건주의와 그 배후의 기독교사상에 대하여 도전한 세력은 다름 아닌 자본가 또는 시민세력이었습니다. 때문에 휴머니즘이란 말은 르네상스시기에 발생하기 시작했던 자본주의적 이데올로기에서 시작되었다고 보고 있습니다. 그것은 개인의 자유, 종교적 금욕주의에 반대하여 인간의 욕구 충족의 권리와 인간 생활의 쾌락에의 권리로서 드러납니다. 이때 당시 르네상스기의 대표적인 인물로는 이탈리아의 단테,[147] 페트라르카,[148] 보카치오,[149] 프랑스의 라블레,[150] 몽테뉴,[151] 영국의 셰익스피어,[152] 폴란드의 코페르

147) ▶ Alighieri Dante(1265~1321), 이탈리아의 시인.— 저자 주.

148) ▶ Francesco Petrarca(1304~1374), 이탈리아의 학자 · 시인 · 인문주의자.— 저자 주.

149) ▶ Giovanni Boccaccio(1313~1375), 페트라르카와 함께 르네상스 인문주의의 토대를 마련했다.— 저자 주.

150) ▶ F. Rabelais(1483~1553)의사이자 인문주의자로, 몽테뉴와 함께 16세기 프랑스 르네상스 문학의 대표적 작가로 꼽힌다.— 저자 주.

151) ▶ Michel Eyquem de Montaigne(1533~1592) 프랑스 철학자, 사상가, 수필가.— 저자 주.

152) ▶ Willam Shakespeare(1564~1616) 영국의 시인이자 극작가. 영국

니쿠스, 네덜란드의 에라스무스[153] 등이 있었습니다. 이들은 대체로 그리스 고전의 교양을 기초로 하는 소위 '인문주의'로서의 휴머니즘이었습니다. 때문에 이때의 휴머니즘은 민중의 억압 상태나 빈부격차에는 관심이 없었을 뿐 아니라 민중의 혁명적 투쟁에는 오히려 반대의 태도를 취하기도 하였습니다. 그러나 모어[154]나 캄파넬라[155]등은 공상적 사회주의자로 근로자에게도 주의를 기울이고 있었던 사람들이고, 실천도 했던 사람들입니다.

휴머니즘은 서구처럼 르네상스기를 통하여 휴머니즘이 주창되기도 했지만 휴머니즘은 착취와 억압 아래에 놓인 곳에서는 전면적으로 또는 부분적으로 표명되어 자연발생적으로 전 세계사적으로 전 인류적으로 생겨나는 경우도 매우 많았었습니다. 이는 지배자에 대한 피지배자들이 벌이는 것으로 어느 곳에나 이런 지배와 피지배가 존

캄파넬라

문학을 대표하는 문호.— 저자 주.

153) ▶ Desiderius Erasmus(1469~1536) 『신약성서』를 최초로 편집한 사람으로 알려져 있음.— 저자 주.

154) ▶ Thomas More(1478~1535) 영국의 공상적 사회주의자.— 저자 주.

155) ▶ Tommaso Campanella(1568~1639) 이탈리아 철학자이자 공상적 공산주의자.— 저자 주.

재하는 곳에서는 항시적으로 나타났습니다. 우리나라 조선시대에도 물론 휴머니즘은 있었습니다.

그리고 본격적인 이데올로기로서의 휴머니즘은 18세기 서구 계몽주의시대 부르주아 사상가들의 사이에서 시작됩니다. 특히 프랑스에서는 자유, 평등, 박애의 기치를 올려, 휴머니즘의 정점을 이루었습니다. 당시 독일에서도 프랑스의 르네상스기의 인문주의의 영향을 받아 휴머니즘이 고양되었습니다. 빈켈만,156) 레싱,157) 괴테,158) 훔볼트159) 등이 그 대표적인 사람들입니다.

고조기의 부르주아 휴머니즘은 인간의 자연적 본성으로서 권리를 요구하였으나 이것도 또한 민중의 생활 상태에 대해서는 고려하지 않았고 오히려 그들의 자유에 대하여 무시하였습니다. 결국 사유재산과 개인주의에 입각한 휴머니즘에 한정되어 있었던 시대였습니다. 왜냐하면 봉건왕조와 기독교에 대한 반발이었기에 고통받는 민중들에 대한 배려는 생각지도 못했습니다. 우선 자신들의 권리를 외쳐야했기에 그들이 내건 자유, 평등, 박애와 그 실현을 하기위해서는 부르주아 사상을 가진 그들에게는 어쩔 수 없는 모

---

156) ▶ J. J. Winckelmann(1717~1768) 독일의 미학자이자 미술사가.— 저자 주.

157) ▶ Gotthold Ephraim Lessing(1729~1781) 독일의 극작가 · 비평가.— 저자 주.

158) ▶ Johann W. Goethe(1749~1832) 독일 문학 작가.— 저자 주.

159) ▶ Karl Wilhelm Humboldt(1767~1835) 독일의 휴머니즘 사상가, 언어학자, 정치가.— 저자 주.

순이 존재할 수밖에 없었습니다. 이때 공상적 사회주의자들이 시민에의 배려를 표시하면서 나타났으나 그들도 민중의 입장에 선 것은 아니었기에 현실적인 수단을 발견해 내지 못하고 공상으로 끝나고 말았습니다.

그리고 1789년 프랑스혁명 이후 여러 번의 왕정복고를 거치면서 프랑스 전역은 피폐하기 그지없었습니다. 결국 1848년 2월 파리에서 시작된 자유주의 혁명의 열기는 질적 변화를 일으키며 양적으로 전 유럽을 강타하였습니다. 그 열기는 특히 독일에 커다란 영향을 주었는데 정치에 참여할 수 없었던 많은 자유주의자들은 의회민주주의제도 헌법을 제정하기 위하여 싸웠습니다.[160)]

모든 민족이 다른 민족에 의하여 압박당하지 않고 자유롭게 주권을 행사해야 한다는 자유주의자들의 외침은 당시 현실에서는 이룰 수 없는 유토피아적인 꿈이었습니다. 하지만 지식인들은 반드시 이 이상을 실현하겠다는 목표를 내걸고 활발하게 움직였기에 지배층도 이들의 열정을 억압할 수만은 없었습니다.[161)] 이 운동에는 바로 휴머니즘 정신도 함께 동반되었기에 모든 계층의 사람들이 참여하는 혁명이었습니다. 하지만 1848년 혁명이후에 유럽세계는 곧 자본주의의 악마성에 빠져들게 됩니다. 정치적 목적은 달성했지

---

160) ▶ 러시아과학아카데미연구소 엮음, 황세연 편역, 『세계철학사』(중원문화, 2023), 제3권, 550쪽.

161) ▶ 구학서 지음, 『이야기 세계사2』(청아출판사, 2020), 4장. 「1815~1848년의 유럽」 212~218쪽에서 발췌.— 저자 주.

만 자본가들의 노동착취가 극심해지면서 서구 유럽의 노동자들은 빈곤으로 허덕이게 되고 거리에 굶어죽는 사람이 부지기 수였습니다. 엥겔스는 고등학교 시절에 보았던 당시 사회 모습을 다음과 같이 말하고 있습니다.

"고향의 모습은 날품팔이뿐만 아니라 대부분의 직물직공, 직조공, 염색공과 표백공들이 꾸려나가야 하는 비참한 생활과 뚜렷한 대조를 이루고 있었다. 종종 집도 없는 가난한 일꾼들이 술을 마시고 현실을 잊으려 하는 모습을 보았고 적은 임금을 받고 혹사당하는 부녀자와 아이들의 비참한 모습도 보았다. 자기들은 편안히 살면서 아이들을 혹사시키고 노동자를 착취하는 공장주들이 주말에는 평온한 모습으로 교회에 간다. 엥겔스는 이러한 위선적인 공장주들을 보고 분개했으며 이러한 인상은 지워지지 않고 평생 그를 따라다녔다"162)

이처럼 자본주의가 민중을 수탈했기에 맑스주의자들의 사회주의적 휴머니즘이 등장하게 된 것이고 이것이 당시의 절대적 진리이기도 하였습니다. 이들의 입장은 사회발전 법칙의 과학적 인식에 근거하여 착취와 억압의 사회를 폐지하고, 억압이 필요 없는 유일한 계급인 노동자 계급이 부르주아들이 주장하는 휴머니즘을 뛰어넘어 사회주의 휴머니즘을 건설해야한다고 주장했습니다. 곧 만인이 진실로 자유로이 그 개성을 전면적으로 발전시켜 인간끼리 형제적 관계에 있는 사회를 수립할 것을 전면에 내세운 것입니다. 그리고 이를 위해서는 사람들을 착취하고 억압하는 구조의 자본주의

162) ▶ 강대석 지음, 『서양철학사 입문』(중원문화, 2023), 252쪽.

적 사적 소유 제도를 폐기하고 생산수단의 사회적 소유를 기초로 하는 사회주의를 실현한 후에 이를 발판삼아 공산주의에 도달함으로써 휴머니즘은 전 인류적인 휴머니즘이 되는 것이라고 주장했습니다. 이후 1917년 러시아 혁명이후부터는 휴머니즘은 사회주의자들만의 전유물로 사용되었습니다.

하지만 현대에 와서는 맑스주의자들만이 휴머니즘을 내세우는 게 아니고 또한 휴머니즘이란 말이 맑스주의자들만 사용할 수 있는 특별한 낱말이 아니게 되었습니다. 르네상스시대 등장했던 부르주아지나 중산층의 시민들도 인간의 존엄성을 최고의 가치로 여기고, 인종, 민족, 국가, 빈부격차, 직업, 종교, 지역 따위의 차이를 초월하여 인류의 안녕과 복지를 꾀하는 것을 이상으로 하는 철학이나 사상적 태도에는 변함이 없는 것이기에 누구라도 이에 동의한다면 휴머니즘이란 말을 사용하게 되었습니다.

필자는 다시 챗GPT에게 휴머니즘이 무엇인지 물었습니다. 그랬더니 다음과 같이 깔끔하게 정리해주었습니다. 하지만 챗GPT가 지니고 있는 데이터가 부족하다면 어떠한 답변도 올바르게 답할 수 없습니다. 아래 답변 내용은 챗GPT가 가지고 있는 최고의 데이터입니다. 그 이상은 저작권법에 걸릴 수도 있고, 또 전문지식이 입력되지 않을 수도 있으며, 각각의 나라마다의 데이터 정도에 따라서 커다란 차이가 날 수도 있기 때문입니다.

"휴머니즘은 인간 중심적 철학적 관점이나 가치 체계를 의미합니다. 이는 인간의 존엄성, 자유, 평등, 인간의 개성과 창조성을 강조하며, 인간이 본질적으로 자유롭고 창조적인 존재라는 것을 믿습니다.

휴머니즘은 인간이 중심이 되어야 한다는 것을 강조하며, 종교나 신학적 이론들이 널리 받아들여지던 중세 시대에 인간의 역할과 삶의 의미를 중요시하면서 대중적으로 받아들여졌습니다. 이후 인문학, 예술, 사회과학 등 다양한 분야에서 발전하며 현재까지도 인간 중심적인 가치 체계를 유지하고 있습니다.

휴머니즘의 목표는 결국 인간의 삶의 질을 높이고, 평화롭고 형평성 있는 사회를 구성하는 것입니다. 이를 위해 인간의 자유와 인권, 공동체의 이익 등을 중시하며, 과학적인 사고와 합리적인 판단을 통해 인간의 본질과 삶의 의미를 탐구합니다."

우리는 '변증법이란 무엇인가'에서 상대적 진리와 절대적 진리를 살펴본 바 있습니다. 진리와 오류, 선과 악 등의 구별은 절대적일 수가 없다는 걸 알고 있습니다. 위에서처럼 인공지능인 챗GPT 기능이 아무리 발달해도 필요에 따라서 편리할 뿐이지 절대적인 것은 아닙니다. 챗GPT가 해야 할 것도 있고, 그렇지 않은 경우도 있습니다. 또 틀린 답변을 내놓을 수도 있기에 우리가 알고 싶어 하는 것을 어느 정도 이해한 상태에서 챗GPT를 활용해야할 것입니다. 핸드폰도 마찬가지입니다. '폴더폰'보다 '스마트폰'이 더 좋다는 건 맞지만 노인들에게는 폴더 폰이 더 편리합니다. 자동차의 경우도 마찬가지입니다. 자동차가 좋은 건 맞습니다. 당연히 자동차를 타고 가면 걸어가는 것보다 편하고 빨리 갈 수 있지만 이는 일정한 조건 아래에서의 진리이고 도로가 막히는 도심에서는 지하철을 타거나 걷는 편이 도리어 빠른 경우도 있습니다. 이처럼 진리와 오류가 일시적이고 상대적임은 부정할 수 없습니다. 처해진 상황에 따라서 진리는 언제나 바뀔 수 있습니다.

자본주의 형성기 서구에서는 백인종이 가장 우월하다는 백인 우월주의가 있었습니다. 물론 백인 우월주의는 지금도 존재합니다. 이러한 백인 우월주의는 아프리카나 동양, 또는 아메리카제국을 침공하고 식민지화하는 것을 정당화하였습니다. 즉 다윈의 '진화론'을 이용하여 유럽인들은 먼저 진화한 종족이고, 황색인종이나 흑인, 또는 인디언들은 진화하지 못한 종으로 짐승 취급하였습니다. 하지만 실제로 다윈은 그의 『종의 기원』(1859)을 발표하면서 유럽인들이 이러한 생각을 갖게 될 것을 가장 염려했다고 합니다. 그러나 식민지시대를 정당화시키는 일에는 진화론만큼 합리화시켜주는 이론도 없었던 시대였기에 이를 무기로 자신들의 식민지 학살을 정당화하였습니다.[163] 하지만 인류는 한 종류의 인간이 계단식으로 진화한 것이 아니라 다양한 종류의 인류가 서로 교잡을 통해 지구상에 존재했었다는 것이 오늘날 입증되고 있습니다.

최근 미국의 생리학자겸 지리학자 J. 다이아몬드란 사람은 자신이 쓴 『총균쇠』(*Guns, Germs and Steel*, 1997)라는 저서에서 소위 총과, 세균, 강철 등 3가지가 세계를 변화시켰다고 이야기합니다. 그가 주장하는 부분은 특히 아메리카 인디언들이 전쟁보다는

---

163) ▶ 이보다 먼저 프랑스의 식물학자 라마르크(Jean-Baptiste de Lamarck, 1744~1829)가 1809년에 용불용설(用不用說)이란 진화론을 주장한 바 있다. 이 외에도 당시 진화론이 등장한 여러 사례가 많다.— 저자 주.

유럽에서 가져온 병원균 때문에 90%가 사망했다는 주장이 그중 하나입니다. 유럽인들은 세균에 대하여 면역력이 있었지만 인디언들은 유럽인들의 몸에 붙어서 들어온 세균에 대한 면역력이 없었다는 것입니다. 그리고 이는 오늘날 사실임이 입증되고 있습니다. 그리고 세계 역사를 변화시킨 강철과 총의 발견과 발명은 유럽인들에게 유연치 않게 얻어진 결과이지 유럽 백인들이 다른 민족들보다 우수하기 때문이 아니라는 주장을 합니다. 지금도 이 책은 서점에서 여전히 스테디셀러를 차지하고 있으며, 많은 학교에서 교양도서로 사용되고 있기도 합니다. 바로 이 책은 어떤 점에서는 인간의 차별을 강하게 반대하는 메시지를 담고 있습니다. 강철과 총의 발견과 발명은 우연에 의한 것이지 필연적으로 백인이 우월하기 때문이 아니라는 이 메시지는 그야말로 세계의 모든 인간은 평등하다는 것을 어필하는 중요한 내용입니다. 이런 의미에서 이 책의 저자 또한 휴머니스트라고 할 수 있습니다.

우리나라도 고려시대부터 유럽보다 빨리 활자를 만들어 내었으며 고려시대에도 조선시대에도 신문도 발행한 유일한 나라이기도 합니다. 그런데 총을 먼저 만들었단 이유로 백인이 우월하지는 않습니다. 임진왜란 당시 이순신 장군께서 사용한 천자총통(天字銃筒)같은 대포는 서양의 대포보다 강했다는 기록이 있습니다. 일본은 조총을 만들 수 있었으나 대포는 만들지 못하였습니다. 즉 강철기술이 없었던 것입니다. 이러한 것을 볼 때도 백인 우월주의는 잘못된 이데올로기입니다. 바로 이러한 잘못된 모순, 곧 잘못된 이데올로기를 바로 잡고 올바로 나가는 것을 변증법적 발전이라고 할 수 있습니다. 따라서 자유, 평등, 박애라는 휴머니즘은 어느 특정한 민족이나 어떤 특정한 개인을 위한 것이 아니라 곧 우리 자신을 위하는 일이기도 하는 것입니다.

그리고 휴머니즘이란 말은 상황에 따라서 변하지 않는 '절대적 진리'입니다. 자본주의 사회가 변하여 사회주의가 되던지, 아니면 자본주의가 그대로 존속하던지 휴머니즘의 대상은 가진 자나 못가진 자나 동등하게 적용되어야할 것입니다. 따라서 현대에 이르러서는 휴머니즘이란 말은 누구나에게 사용되는 낱말이 되었고, 그 대상이 부자든지 가난한 자든지 구별되지 않고 사용할 수 있고, 사용되고 있습니다. 오히려 특정 계급만을 휴머니즘 대상으로 본다는 것 자체가 난센스라고 하지 않을 수 없습니다. 따라서 필자 역시 휴머니스트라고 자신 있게 말할 수 있습니다.

7. 주요 철학도서 요약

변화
발전과 지양
질량변화
챗GPT
Dialectic
상호작용
부정의 부정
AI
인공지능

주요 철학도서 요약

1. 『소크라테스의 변명』(*Apologia Sōkratés*)

저자 : 플라톤(Platon, B.C. 427~B.C 347)

이 책은 플라톤의 초기 대화편의 하나이며 소크라테스 처형 후 몇 년에 걸쳐 쓰여진 책으로 소크라테스의 법정 변론의 재현 형태를 띠고 있으며 총 3부로 구성되어 있다. 소크라테스가 자신의 사상과 생활 방식이 불법적인 것으로 보이는 것에 대한 변명이자, 자기 수비 서술이다. 이 변명은 소크라테스가 공식적인 재판에서 사형 판결을 받기 직전에 말한 것으로 알려져 있다. 제1부에서 소크라테스는 먼저 자기의 고발자들에는 두 부류가 있음을 진술한다. 즉 예전부터의 고발자는 불특정 다수인데, 그들은 소크라테스가 하늘과 땅 속의 것을 추구하고 근거 박약한 논리를 고집하는 등 필요 없는 짓을 하며, 이것을 다른 사람에게도 가르치고 있다고 중상한다. 그리고 새 고발자는 아뉴토스 일파에게 교사받은 멜레토스인데, 그는 소크라테스가 청년에게 해로운 영향을 주며 국가가 인정하는 신

(God)을 인정하지 않고, 다른 신들을 섬기고 있다고 비난한다. 이에 대해 소크라테스는 예전부터의 고발자에 대해선, 자기는 허황된 자연학(自然學)을 연구한 적도 없으며, 다른 궤변론자들과 같이 많은 보수를 받고 교육한 적도 없다고 반론한다. 그러나 많은 사람들에게서 미움 받는 이유로서 델피의 신탁의 건을 이야기하면서, '무지의 자각'을 확실히 하는 것이 '신의 뜻에 따르는 것'임을 믿게 된 경위를 말한다. 그리고 새로운 고발자 멜레토스에 대해선, 대화를 통해 그의 무지와 모순을 지적한 후 당당하게 자신의 소신을 피력한다.

"나는 여러분에게 복종하기보다는 오히려 신에게 복종할 것이다. 즉 나의 목숨이 붙어 있는 한 결코 지(知)를 사랑하고 추구하는 일을 그만두지 않을 것이다."

그러나 소크라테스의 이러한 변명에도 불구하고, 그는 30표라는 근소한 차로 유죄로 결정된다. 유죄 결정 후 형량을 결정하기 위해서 다시 피고인 소크라테스의 진술이 전개된다. 제2부에서 소크라테스는 애걸하기는커녕 자기는 국가적 귀인으로 대접을 받아야 마땅하다고 진술한다. 그러나 형량을 표결에 부친 결과 그에게 사형이 선고된다.

여기부터 제3부에 들어가는데, 소크라테스는 유죄투표를 한 사람들을 향하여 다음과 같이 말한다.

"여러분은 나의 죽음을 결정했지만, 내가 죽은 후 곧 당신들에게 징벌이 내릴 것이다."

그리고 무죄투표를 한 사람들을 향해서 자기 자신에게 있었던 일을 반성하면서, 죽음의 의미에 관해 자신의 확신을 이야기한다.

"선한 사람들에게는 살아 있는 동안이나 죽은 후에도 악한 것은 하나도 없다."

본서는 단편이기는 하지만 소크라테스 자신의 치열하고도 경건한 철학 정신이 잘 묘사되어 있는 대화편으로서 객관적 삶의 태도와 정신의 일치가 철학함의 진정한 전형임을 일깨워 주고 있다.

2. 『논어』(論語)

저자 : 공자(孔子, B.C. 552~B.C 479)

이 책은 '유교의 경서(經書)의 하나. 공자가 그의 제자 또는 그 당시 사람들과 이야기한 문답과 제자들이 서로 토론한 내용 및 공자에게 배운 것을 기록 편찬한 것을 『논어』라고 한다. 그러나 그 편찬한 사람에 대해서는 여러 설이 있는데 공자의 제자 64인이 공자의 말을 모아 기술하였다고 하는 설이 가장 유력하다. 이후 정현(鄭玄, 127~200)과 유종원(柳宗元, 773~819)과 증자(曾子, B.C 505~B.C 436)의 제자들이 『정자』(程子)를 기술하는 등 여러 사람을 통해 완성된 것으로 알려지고 있다. 증자의 기록과 문인들의 기록을 합한 것, 또는 민자(閔

子, B.C 536~B.C 487)로부터 나왔다는 설 등이 있다. 이와 같이 편찬자에 대해서는 이론이 구구하여 확실한 편찬자를 알 길이 없으나 증자의 임종에 대한 이야기와 증자와 자장(子長)에 대한 비평이 기록되어 있는 점에서 증자와 여러 제자들에 의해서 편찬된 것으로 보는 것이 온당할 듯하다. 여하간 『논어』는 한 나라 초기에 제(濟), 노(老), 고(古)의 학자에 의한 삼론이 있었다. 『제론』(濟論)은 22편으로 문왕, 지도의 2편이 더 많고, 『노론』(老論)은 20편, 『고론』(古論)은 노나라의 공왕이 공자의 구댁의 벽에서 얻은 고분으로서 자장편이 한 편 더 많은 21편이다. 『고론』은 공안국이 주석하였으나 『제론』과 함께 인멸되었고 단지 『노론』만이 전하여 지금의 『논어』로 불리게 되었다. 내용은 상론 10편과 하론 10편 도합 20편으로 이루어져 있다. 사람이 평생 배워야 할 학문을 논한 '학이편'에서 시작하여 역대 성인의 정치적 이상을 논한 '요왈편'(堯曰篇), 예를 논한 '팔일편'(八佾篇), 인을 논한 '이인편'(里仁篇), 문제의 인물을 논한 '옹야편'(雍也篇), '공야장편'(公冶長篇), 공자의 모습, 음식, 행동에 있어서의 예의를 논한 '향당편'(鄉黨篇), 널리 정치에 관해서 논한 '자료편'(資料篇) 등으로 구성되어 있다. 단지 하론(下論)에서는 약간의 수사법상의 차이가 엿보이고 여러 학파 사이의 상호비판과 노장사상에 대한 비판이 첨부되어 있을 뿐이다. 문장은 간결하고 함축성이 있으며 전체적으로 공자의 인격에 의해서 통일되어 있다. 공자의 끊임없는 구도의 태도와 관용을 베풀면서도 이상적인 선으로서의 인에 도달시키려는 교훈과, 공자를 따른

겸허한 제자 안연, 직정경행(直情徑行)의 자로, 만사에 현명한 자공과 기타 여러 제자의 개성적 인품 등을 기술하면서 인도주의를 외치고, 유교의 금자탑을 세운 공자와 그 제자들의 활동상항을 함축성 있게 그리고 있다. 그 어느 것도 깊은 인생경험의 예지에 찬 결정이며 인생체험에 의해서 음미하면 할수록 심오(深奧)한 교훈인 것이다. 그것은 이론보다는 실천에 치중한 인간 처세술로서, 인(仁), 의(義), 예(禮), 지(智)를 논함에 있어서도 인(仁)에 대한 일반적, 개념적 설명이 아니라 때와 장소에 따라 적절한 해석을 내리고 있다. 이러한 공자의 가르침이 후세의 사람들에게 깊은 감명을 주고 유교의 생활철학을 이룬 것이다.

3. 『국가론』(*Poliiteia*)

저자 : 플라톤(Platon, B.C. 427~347)

보통 '국가 혹은 정의에 대하여'라고 불리기도 한다. 본서는 플라톤의 교사 시절의 작품으로 40~60세 사이에 씌어졌고, 전체가 10권으로 되어 있다.

중기 플라톤의 대략의 주제는 시종일관하여 "정의란 무엇이고, 그리고 그것은 인간 삶에 있어서 어떠한 의미를 가지고 있는가?"라는 물음으로 관철되어 있다고 할 수 있다. 국가(폴리스)의 성립 그 사태를 문제로 하는 일, 결국 국가제도에 대하여 논하는 것은 이상의 물음에 당장 부딪히는 국가라는 '큰 문자' 속에서 '고찰한다'라는 방법론적인 필요에서 생긴 것이다. 거기에는 왜 우리의 존재, 다시 말하면 영혼의 상태(작은 문자)와 국가의 상태라는 것이 비슷하게 비례하여 이야기되는 것인가.

그것은 우리의 존재가 또 국가라는 존재가 각각 여러 가지로 제 능력을 자신 속에 포함하면서 그 자신은 결코 그들의 제 능력의 단순한 총화로서 존재하는 것이 아니라 바로 한 사람의 인간(결국 영혼)으로서 또 하나의 국가로서 존재하기 때문이다. 곧 '정의'란 국가 없이는 존재할 수 없는 것이다.

국가는 또한 인간의 자연적인 필요에 의해서 생긴 것이다. 그런데 국가에 있어서 왕이 되어 통치하거나 혹은 현재 왕으로 불리거나 권력자로 불리는 사람들이 참으로 충분히 철학을 하지 않는 한, …… 국가에도 인류에도 불행은 그치지 않는다. 철학자란 이데아를 인식하고 그것을 사랑하는 사람이며 철인왕(哲人王)은 무엇보다도 먼저 선(善)의 이데아를 익히지 않으면 안 된다. 선의 이데아는 태양과 같아서, 인식되는 것에, 진리를 인식하는 사람에게 그 능력을 부여한다라고 주장한다.

4. 『형이상학』(*Metaphysica*)

저자 : 아리스토텔레스(Aristotelē, B.C. 384~322년경)

이 책은 전14권으로 구성되어 있는데 이 책 전체가 처음부터 일관성을 가지고 연결되어 있는 것이 아니라 각 권마다

독립적인 짧은 논문으로 구성되어 있다. 게다가 그 저작 시기도 각각 다르다. 때문에 그의 초기 논문에서부터 만년에 이르기까지 총망라된 흔적이 있다. 이 책이 성립된 사정도 또한 알 길이 없고, 또 책의 편집이 후세 사람의 손으로 완성되었음을 알 수 있다. 그 내용은 한 마디로 말하면 존재(on)에 관한 사색이다. 존재에 관계된 여러 가지 문제를 아리스토텔레스는 전 생애에 걸쳐 시기 시기마다 여러 각도에서 사색했는데, 그 성과물이 이 책인 셈이다.

5. 『기독교인의 자유에 대하여』

(*Von der Freihiteines Christenmenchen,* 1520)

저자 : 루터(Martin Luter, 1483~1546)

종교개혁의 삼대문서를 차례로 발표한 후, 법왕 사절과의 약속에 따라 좀 더 온화하게 자신의 주장을 펴 보일 목적으로 이 책을 계획 · 집필했다. 이 책의 라틴어판에는 '법왕 레오 10세께 드리는 글'이 권두에 붙어 있고, 그곳에서 기독교도의 생활의 총체가 본론 속에 포

함되어 있음을 말하고 있다. 종교개혁의 삼대문서 중에 「기독교 귀족에 드림」이 만인사제주의를 옹호해 논쟁을 야기했고, 「교회의 바빌로니아 포수」가 의례를 전면적으로 부정한 문제의 글임에 대해서 이 책은 기독교도의 생활방식을 체험에 의해서 온화하게 더욱 적극적으로 분명히 한 것으로서 루터의 사상을 알아보기에는 제일 적당한 글이다.

이 책은 전 후반을 통해 각각 기독교도가 자유로운 군주이자, 만인에게 봉사하는 종복임을 논함과 동시에 기독교도의 사랑에 대해 언급하면서, 그 모순되는 두 역할이 기독교도의 생존방식의 근본임을 주장하고 있다.

6. 『리바이어던』(*Leviathan,* 1651)

저자 : 홉스(Thomas Hobbes, 1588~1679)

정식 제목은 『리바이어던 혹은 교회적 및 정치적 국가의 소재형체 · 권력』이다. 책명 '리바이어던'은 구약성서 욥기 41장에 나오는 바다의 괴물 이름으로서, 인간의 힘을 넘는 매우 강한 동물을 뜻한다. 홉스는 국가라는 거대한 창조물을 이 동물에 비유한 것이다.

성립 과정에 대하여 여러 가지의 억측이 있으나 사실 홉스는 영국에는 그때까지 주권의 소재가 명확치 않았던 사실이 내란 혁명의 최대 원인이라고 확신하고, 인간 분석을 통해 주권의 필요성을 논하고, 절대주권을 확립함으로써 인민의 안전과 평화를 달성할 것을 원하여 이 책을 저술한 것이다.

이 책은 4부로 되어 있다. 국가는 자연인보다 강한 인공적 인간이다. 그러므로 주권은 전체로 생명과 운동을 주는 인공의 혼이고, 위정자들과 그 외의 사법행정에 종사하는 관리들은 인공의 관절이고, 상벌은 신경이며, 개개인의 부와 재산은 힘이며, 시민의 안전은 그 업무이고, 고문관은 기억이며, 공평과 법은 인공의 이성과 의지이며, 화합은 건강, 소요는 병, 내란은 죽음이다. 이처럼 홉스는 국가를 인간에 비유하고 있다.

인공적 인간의 본성을 설명하기 위해서 제1부는 그 소재이자 창조자이기도 한 인간이란 어떠한 것인가? 제2부는 어떻게 해서 또 어떤 계약에 의해서 국가가 만들어지는가? 주권자의 여러 권리 및 정당한 권력 혹은 권위란 무엇인가? 제3부로 그리스도교적 국가란 무엇인가? 제4부 암묵의 왕국이란 무엇인가 등을 각각에 걸쳐 고찰하고 있다.

이 책의 핵심내용은 제3부와 제4부에 서술되어 있는데, 로마교회로부터의 국가의 독립을 강조하였고, 신앙은 단지 내면적인 문제이고 국가는 이것을 구속할 수 없다고 주장했다. 로마교회가 지상의 국가에 대해서 총 지배권을 가지고 있는 것은 성경의 잘못된 해석에 의한 것이라고 로마교회를 통렬히 비난하고 있다. 당시 기독교를 비판하는 일은 커다란 용기였다.

7. 『인간오성론』

(*An Essay concerning human understanding,* 1690)

저자 : 로크(John Locke, 1632~1704)

로크가 1671년부터 약 20년의 세월을 들여, 1689년 12월에 출판한, 인간 오성에 대한 연구서이다. 총 4권으로 되어 있다. 처음부터 살펴보면 제1권에서는 본유관념에 관해서, 제2권에서는 관념에 관해서, 제3권에서는 언어에 관해서, 그리고 제4권에서는 참다운 지식과 식견에 관해 고찰하고 있다. 로크는 먼저 진리 및 도덕원리가 사람들의 마음에 태어날 때부터 있다고 하는 당시의 본유관념설을 부정한다. 로크의 관념은 외적 사물을 나타낸다.

그는 본유관념설을 고집하는 자는 게으른 자이며 권위에 의존하는 사람이다. 인간은 스스로 생각하고 행동하는 자립적인 개인이어야만 한다라고 쓰고 있다. 제2권에서는 로크 자신의 관념에 관한 고찰이 전개된다. 제3권은 언어의 구조 분석과 기능 해명이다.

인간은 이 관념 자체의 기호로서 언어를 발명했다. 언어는 인간이 관념과 그것으로 이루어진 지식을 자기 자신에게 표현하고 타인에게 전달하는 기호이다. 그 때문에 관념과 지식의 연구에는 언어의 연구가 중요하다. 그래서 제4권에서는 관념을 소재로 하는 지식의 문제가 상세하게 취급되고 마지막으로 학문의 분류를 시도, 자연학 · 윤리학 · 논리학의 3개 기둥을 세웠으나, 제2의 윤리학에 관해서만은 그 완성이 최대의 목표였음에도 불구하고 이를 완성하지 못했다.

8. 『인지원리론』

(*A Treatise Concerning the Principles of Human Knowledge,* 1710)
저자 : 버클리(George Berkeley, 1685~1753)

초판에는 여러 과학에 있는 오류와 곤란의 중요한 원인을 회의론 · 무신론 · 무종교의 근거와 함께 논구하는 『인지원리론』 제1부라고 표제에 씌어져 제2부 · 3부가 예상되었으나 후편이 간행되지 않았고, 24년 후 개정된 제2판부터는 제1부라는 말이 삭제되었다. 최초의 계획은 제1부에서 인식론상의 기초문제, 제2부에서 종교와 도덕, 제3부에서 수학과 자연과학을 비판할 계획이었던 듯하다.

본서는 25절로 된 서론과 156절로 된 본론으로 나뉜다. 서론은 제2부, 3부를 포함한 계획 전체를 위한 서론을 의미하였다. 추상적 관념이 부정되고 이에 의해서 본론을 구축하는 강력한 기둥이 세워졌다. 본론은 세 부분으로 나뉘어진다. 최초의 33절까지에서 그의 신(God)원리인 비물질론이 전개되고 34절에서 84절까지는 예상되는 반대론을 13종으로 나누어 각각에 반박을 첨부했다. 85절부터 156절까지의 부분에서 상술한 신원리가 가지는 결과를 고찰하여 신원리의 진리성을 확인하고 세계의 궁극적인 의미로서 신의 존재를 증명하고, 회의론 · 유물론 · 무신론이 근거 없음을 명백히 함과 함께 신의 선의와 지혜를 찬미하며 마친다.

사람들이 내용을 잘 이해하지 못하자 버클리는 이것을 대화의 형식으로 개작하여 『하일러스와 필로너스가 나눈 세 대화』로 만들었다. 이 책은 버클리 철학의 가장 적합한 입문서이자 본서의 해설서로 알려져 있다.

9. 『인간본성론』(*A Treatise of Human Nature*, 1739~1740)

저자 : 흄(David Hume, 1711~1776)

이 책은 '실험적 탐구 방법을 정신상의 여러 문제에 적용하는 시론'이라는 부제가 붙은 흄의 주저로서 1739~1740년에 걸쳐 출판되었다.

인간에 관계되는 학문영역의 전부를 포함하는 철학체계를 수립할 목적이었으나, 정치 · 미학 · 종교 등은 취급하지 못했다. 그러나 남은 문제는 에세이 형식으로 씌어진 『도덕 · 정치

론집』과 『자연종교를 둘러싼 대화』, 그리고 『자연종교의 역사』 등에서 그 대강을 알 수 있다.

흄이 심혈을 기울여 완성한 이 책은 총 3권으로 간행되었는데 1736년에 제1권 『오성론』, 제2권 『감정론』, 그리고 이듬해 1740년에 제3권 『도덕론』이 간행됐다.

10. 『방법서설』(*Discours de la méthode*)

저자 : 데카르트(Rene Descartes, 1596~1650)

▶ 서두의 한 구절

1637년에 출판된 그의 주요저서.

"양식은 이 세상에 가장 공평하게 배분되어지고 있는 것이다." 이런 명구로 시작되는 이 책은 사상 영역에서의 '인권선언'이라고 칭해져 왔지만 실은 그가 양식의 보편성을 낙관하고 있었던 것은 결코 아니었다. 그는 "이제는 어디에도 존재하지 않는 이성능력의 평등한 발현을 미래에 있어 실현하려고 해야 하지 않겠는가?"라고 호소하고 있는 것이다. 이를 위해서는 무엇보다 이성을 바른 순서로 이끌어 내는 방법이 필요하다고 주장하고 있는 것이다.

▶ 방법의 말

이 책은 무엇보다도 '방법의 말'이다. "그의 이성을 바르게 이끌고 여러 문학에 있는 진리를 탐구하기 위한 방법에 대한 말 및 이 방법의 시도인 광학, 기상학 및 기하학"이 상세한 제목이었다.

▶ 방법의 네 가지 원칙

그의 이 네 가지 원칙이라는 것은 놀랄 만큼 단순한 것이다. 즉 가장 단순한 여러 사실의 명증적 직관과 이것들을 결합하는 필연적 연역이라는 두 개로 귀착한다. 그러나 그는 이 방법을 실제로 구사해서 자연인식이나 형이상학적 진리를 풀어냈을 뿐만 아니라, '생활의 지도, 건강의 보유 유지, 모든 기술발명'에도 작용하는 지식을 도출했다. 이 책은 프랑스어로 쓰여진 최초의 철학서이고 그 내용에 있어서도 기념비적 저작이었다.

11. 『사회계약론』(*Contrat Social,* 1762)

저자 : 루소(Rousseau, 1712~1778)

루소가 1743년 7월부터 1774년 8월까지 프랑스 대사 몽테뉴의 비서로 이탈리아의 베네치아에서 근무하는 동안 베네치아의 제도와 실제를 보고 "모든 것이 근본적으로 정치에 관련되고, ……어떤 국민이나 그 정체(正體)의 작품임"을 통감한 후, "있을 수 있고 있어야

하는 최선의 정체는 무엇인가?"와 "가장 좋은 시민을 만드는 데 적합한 정체의 성질은 어떤 것일까?"라는 의문에 답할 것을 스스로의 과제로 삼고, '정치제도론'이란 대(大)저작을 구상했으나 이것은 끝내 실현되지 못하고, 이 대신에 『사회계약론』이 1762년 암스테르담에서 간행되었다.

전체는 4편으로 되어 있다.

제1편. 인간은 나면서 자유이나 도처에서 속박에 매이게 되는데, 이것은 본래의 사회상태가 아니다. 본래의 사회상태로 돌아가려면 개인의 자유를 보장하는 최선의 정부를 만드는 길밖에는 없다. 자유 · 평등 · 독립의 주체로서의 인간간의 합의, 즉 자유로운 사회계약에 의한 국가를 형성해야 한다. 제2편. 새로운 자유 국가에서는 시민이 주권자이고, 이 같은 국가의 주권은 전 시민의 일반의지이다. 국가는 일반의지에 의해서만 지도되어야한다. 제3편. 절대적 권위를 갖고 있는 듯이 보여 온 정부는 실제로는 주권자인 시민의 의지의 집행기관에 불과하며, 집행권의 수탁자인 관리는 시민의 주인이 아니라 사무 대행자이다. 따라서 시민은 항상 그들의 행동을 감시하고, 그들의 임명을 자유로이 해야 한다. 제4편. 새로운 사회상태에 적합한 시민의 정신적 지주가 되는 시민적 종교에 대해 기술한다.

12. 『순수이성비판』(*Kritik der reinen Vernunft,* 1781)

저자 : 칸트(Kant, Immanuel, 1724~1804)

▶ 구 성

자연을 대상으로 하는 인간의 이론적 이성의 본성과 한계에 대한 논술이다. 감성의 권능을 확정하는 '초월론적 감성론', 감성에 다양한 통일을 부여하여 오성의 본성을 확정하는 '초월론적 분석론', 현상계를 초월한 이념을 제공하는 '초월론적 변증론' 세 가지로 구분할 수 있다.

▶ 초월론적 분석론

오성은 인식의 소재에 종합적 통일을 부여하지만, 그 통일은 감각적 지각적 통일이 아니라 순수 선험적인 통일이다. 경험적 인식에 진실로 종합적인 통일을 부여하는 것은 자기 동일적인 자아의식, 결국 자기의식의 통일성에 기초하지 않으면 안 된다. 칸트는 이것을 오성의 최고의 권능으로서 '통각'(統覺)이라고 불렀다. 경험의 가능성은 항상 동시에 경험의 대상의 가능성이 된다. 오성은 이러한 의미에서 자연에 대해서 법칙을 지령하고, 자연법칙의 입법자가 된다. 어쩌면 칸트 철학 중에서 가장 어려운 부분이 초월적 분석론이라고 할 수 있다.

▶ 초월론적 변증론

이상과 같이 인간의 인식은 경험적 인식으로서 그 내용은 감성이 영향을 미치는 범위 내에 있고, 그 형식은 오성이 부여하는 것이다. 이러한 의미에서 이론적 인식은 감성의 한계를 초월하고 현상의 세계를 초월하는 것은 불가능하다. 변증론에서 취급하는 것은 영혼, 세계, 신이라는 전통적 형이상학의 주체로서의 이념이다. 그것들은 경험계, 현상계에 대해서 구성적(構成的)으로 작용하지 않는다. 인간의 이성은 경험적 현상적 자연의 영역에서만 구성적으로 작용할 수 있다.

13. 『실천이성비판』(*Kritik der praktischen Vernunft*)

저자 : 칸트(Kant, Immanuel, 1724~1804)

▶ 당위의 영역

1788년 작품. 3개의 비판서 중 두 번째 책으로, 1788년에 처음으로 출간되었다. 『순수 이성 비판』에 뒤이어 나온 책이며, 칸트는 이 책에서 그의 도덕 철학을 다루었다. 인간의 이성은 이론적 인식의 측면에서는 감성과 오성의 협력 한계 내에서만 구성적으로 작용할 수 있다. 칸트는 실천적 이성의 원칙을 두 가지로 파악한다. 하나는 주관적 · 개인적인 원칙이며 이것을 도덕이라 부른다. 다른 하나는 객관적이고, 어떠한 이성적 존재자에게도 타당한 법칙이다. 이 실천적·도덕적 법칙은 자연법칙과 마찬가지로 보편타당을 가지고 있지만, 인간의 행위가 따르는 것은 도덕법칙이다. 즉 자연법칙은 어떠한 자연에도 타당하게 적용되지 않을 수 없지만 도덕법칙의 경우는 행위가 법칙에 따라야 한다. 문제는 도덕과 법칙 사이에 분열과 배반이 존재한다는 것이다.

▶ 도덕과 법률

그 때문에 도덕법칙은 항상 명법(命法) 내지 명령의 형태로 인간에게 드러난다. 만약 인간의 이성이 인간의 의지를 규정한다면 당연히 인간의 행위는 필연적인 것이 된다. 명법에는 가언(假言)명법과 정언(定言)명법의 두 가지가 있다. 전자의 가언적 명법은 특정의 조건하에서의 명법이고 특정의 결과에 관련해서만 의지를 규정한다. 후자의 정언적 명법은 어떤 조건도 없는 명법이고 특정의 실질적 결과를 전혀 고려하지 않고 전적으로 이성의 요구에 의해서만 생긴다. 정언명법에 있어서는 이성 스스로가 그 법칙에 따라서 의지에 명령하기 때문에 자율이다. 정언명법은 이성 자신의 자기입법이고, 이성 자신의 형식에 따른다.

▶ 도덕법칙

별이 빛나는 하늘은 자연(필연)의 영역이고 도덕법칙은 자유의 영역이다. 칸트에게 인간이라는 것은 자연법칙의 입법자이고 도덕법칙의 입법자이며, 나아가 감성적 존재자로서 하나의 자연적 존재이다. 인간은 오성·이성의 힘으로 자연의 영역, 자유의 영역의 법칙을 인식하고, 혹은 입법할 수 있음과 동시에 감성에 의한 제한을 불식시키지 않는 감성적·이성적 존재자이다.

14. 『판단력 비판』(*Kritik der Urteilskraft,* 1790)

저자 : 칸트(Kant, Immanuel, 1724~1804)

▶ 판단력의 위치

칸트의 철학체계는 자연의 형이상학과 도덕의 형이상학 2개로 성립되었다고 알려져 있다. 칸트는 여기에서 판단력에 기초하여 그 체계를 확장하고자 한다. 즉 자연의 영역에는 법칙성을 추구하는 인식능력으로서의 오성이 대응하고, 자유의 영역에는 궁극적 목적을 추구하는 의욕능력으로서의 이성이 대응하여, 그 중간에 예술적 영역에는 합목적성을 추구하는 쾌 · 불쾌의 감정으로서의 판단력이 대응한다.

▶ 구 성

판단력은 오성과 이성의 중간에 위치한다. 일반적으로 보편적인 것이 부여되고 있는 경우, 그것에 특수한 것을 포섭시키는 판단력의 작용은 규정적이라 불리고 거꾸로 특수한 것이 부여되어 있고, 이것에 대해 보편적인 것을 구하는 경우는 반성적이라고 불린다. 규정적 판단력이 특수는 포섭할 수 있다면, 독자적인 법칙을 고려할 필요가 없다. 반성적 판단력은 자연에 있어서 특수로부터 보편으로 거슬러 올라가는 이상 어떤 초월론적인 원리가 반드시 있어야 하는데, 그것은 경험으로부터도 그 자신 이외로부터도 부여되지 않는다.

▶ 미적 판단력과 목적론적 판단력

『판단력 비판』 제1부는 미적 판단력 비판, 제2부는 목적론적 판단력 비판으로 나누어진다. 전자는 예술의 영역에 대한 고찰이고 후자는 자연을 목적론적으로 해석하여 그것을 기초로 산출되었다. 칸트는 자연적 필연성의 영역 · 의지적 자유의 영역과 함께 합목적적인 영역으로 체계를 확대하고자 한 것이다.

15. 『정신현상학』(*Phänomenologie des Geistes*, 1807

저자 : 헤겔(Georg Wilhelm Friedrich Hegel, 1770~1831)

이 책은 우선 의식(객관적인 의식), 자기의식(주관적인 의식), 이성(주객의 의식 통일)으로 나눠지고, 그 이성 내에 이성의 확신과 진리, 정신, 종교, 절대지(絶對知)가 구별된다. 절대지는 "개념이 대상에, 대상이 개념에 합치하는 지점"이고 절대자를 아는 지(知)는 동시에 절대적이다.

▶ 의식의 경험의 역사

의식은 감성에서 절대지(絶對知)까지의 길을 교양소설의 주인공처럼 스스로 변화 · 성장(결국 형성, 교양)하면서 느리게 나아간다. 이 걸음은 진리를 추구하여 자기를 음미 · 극복해 가는 자율적인 진행이다. 의식의 자기음미의 가능성은 의식이 스스로 진실이라고 간주하는 것과 진리를 깨닫는 의식과의 비교, 즉 자기가 자기를 자기와 비교하는 '자기관계'에 있다.

▶ 실체 = 주체

헤겔은 '신의 자기인식=인간의 신 인식=신 가운데 인간의 자기

인식'이라고 파악하는 방법을 취했다. 다른 한편으로 '진리＝절대, 절대자＝신'이라는 설정이 있고, 이 과정은 동시에 진리 인식이 주체, 학습의 주체를 형성한다. 그 때문에 의식을 절대지로 이끄는 『정신현상학』은 학문체계로의 입문이 된다.

▶ 자기의식

『정신현상학』의 시원적(始元的) 규정·의식의 자기음미의 가능성도 그 종국적 규정·신인삼중(神人三重)의 자기인식도 구조상 자기의식이다. 다만 데카르트로부터 피히테에 이르는 실체적 자아와는 달리, 이 자기의식은 자기분열을 짊어지고, 세계로 수육(受肉)하는 동적 주체이며 근세적 의미에서의 실체는 아니다.

16. 『대논리학』(*Wissenschaft der Logik,* 1812)

저자 : 헤겔(Georg Wilhelm Friedrich Hegel, 1770~1831)

헤겔의 『논리학』에 두 종류가 있다. 그 하나가 본서로 통상 『대논리학』이라고 불리고, 다른 하나가 『엔치클로페디』 속의 제1부로 쓰여진 것으로 「소논리학」이라고 불린다. 『대논리학』은 『정신현상학』(1807)에 덧붙여 1812년(제1권)에서 1816(제2권) 사이에 쓰여진 것이다. 『정신현상학』이 최후로 도달한 곳, 즉 '절대지'에서 개념의 자기 전개로서의 논리학에서 헤겔의 변증법은 체계적으로 전개된다.

논리학의 체계는 '존재'(Sein) · '본질'(Wesen) · '개념'(Begriff)의 세 부분으로 구성되고, 이 가운데에 '존재'와 '본질'에 관한 두 부문이 '객관적 논리학'이라고 명명되고, '개념' 부분은 '주관적 논리학'이라 이름 붙여졌다. '존재론'에서는 가장 단순한 규정으로서의 '존재' 혹은 '순수존재'로 출발하여 소위 존재(存在) · 무(無) · 생성(生成)의 변증법이 설명되고, 이어서 '질'과 '양'의 통일로서 '질량'이 논의된다. 이하에서 마찬가지로 '본질론'에서는 자기 자신에서의 반성으로서의 '본질'과 '현상'의 통일로서의 '현실성'이, 개념론에서는 '주관성'(협의의 논리학)과 '객관성'(자연철학)의 통일로서 '이념'(정신철학)이 논의된다.

헤겔 논리학(변증법)의 특징은 사유의 형식과 내용을 구별하는 종래의 형식논리학과는 달리 사유의 형식을 실재적 관계(현실형식)로서 취급하는 것이다. 헤겔의 논리학은 사유의 학(學)이자 동시에 존재의 학(존재론)이기도 하다. 또 하나의 특징은 전통적 논리학과 달리 모순이야말로 "모든 운동과 생명의 근본이고, 모든 물체는 그 자신 속에 모순을 가지는 한에서만 운동한다"고 해서 모순의 논리에 의해 존재를 전체로서 파악하려고 한 데 있다. 특히 논리학은 헤겔의 변증법을 이해하는 데 큰 도움이 된다.

17. 『법철학강요』(*Grundlinien der Philosophie des Rechts*, 1821)

저자 : 헤겔(Georg Wilhelm Friedrich Hegel, 1770~1831)

▶ 존재하는 것에 대한 이해

철학의 과제는 존재하는 어떤 것, 즉 이성을 개념적으로 파악하는 것이다(이성적인 것은 현실적이고, 현실적인 것은 이성적이다.) 철학은 현실이 그 형성과정을 완료한 시점이 되어야 등장한다. 존재하는 현실·이성을 파악한다는 것은 외재적 대상으로서의 현실을 단순히 인식하는 것과는 다르다. 이성 인식은 인간의 자기인식이다.

▶ 체계와 방법

본서는 Ⅰ. 추상적 법(인격성과 소유권). Ⅱ. 도덕(개별[個別]적 주체와 선[善]) Ⅲ. 인륜(가족, 시민사회, 국가)이라는 3부로 구성되어 있다. 이 구성은 추상적·직접적 단계가 구체화되고, 보다 고차의 현실 내에 기초를 지움과 동시에 그 추상성이 비판·부정되어 가는 변증법적 발전과정을 이룬다. 실제로는 시간적으로 가족은 소유에, 국가는 시민사회에 앞선다. 헤겔은 개별적(個別的), 추상적 인격을 기점으로 하는 근대의 자연법사상과 칸트, 피히테에 있어서의 자각적 도덕성을 비판적으로 섭취하여 인륜(사회적으로 타당한 현실태로서의 자각적인 자유의 이념)의 내부에 추가하고자 했다.

▶ 시민사회와 국가

정치체계로서의 국가와 명확하게 구별되는 '시민사회'의 개념을 확립한 것은 헤겔 『법철학』의 최대의 공적이다. 시민사회는 각 개인이 이기적으로 삶을 영위하는 창조된 보편적 연관의 총체를 이룬다. 시민사회는 분업생산과 상품교환으로 성립된 사회(게젤샤프트)

이지만, 거기에서는 '노동에 구속된 계급의 예속과 궁핍'이 불가피하다. 헤겔은 시민사회의 '자유'를 국가에 흡수·극복하여, 이론적으로도 실천적으로도 근대 자유주의의 근본적 한계를 시계(視界) 안으로 받아들이면서 근대국가를 사상적으로 파악한다. 『역사철학』은 체계 구성상으로는 『법철학』 내에 포함된다. 역사는 국가보다도 고차적인 전개이지만 국가의 영원성과는 대조적이다. 이 책은 아직 국내에는 번역 소개되지 못한 상태이고 입문서만 나와 있다.

18. 『기독교의 본질』(*Das Wesen des Christentums,*)

저자 : 포이어바흐(Ludwig Feuerbach, 1804~1872)

포이어바흐는 1845년에 이 책에서 신을 인간화하여, 신학을 인간학으로 해소한다. 우선 '서론'에서 인간을 대상적 인간으로 포착한다. "인간은 대상이 없으면 무이다." 인간의 본질은 대상의 본질에 의해 결정된다. 인간이 자아를 관련시키는 대상은 인간 자신의 본질이지만 이것은 바로 대상화된 본질이다. "따라서 인간은 대상에서 자기 자신을 의식한다. 대상의 의식은 인간의 자아의식이다." 이런 뜻에서 대상 속에서 인간의 본질은 드러나는 것이다. "대상은…… 그것이 인간에 대상인 한 인간 본질의 현시이다." 종교의 본질도 대상적 존재로서의 인간의 본질로부터 규정되어야 한다.

"신을 의식하는 것은 인간의 자아의식이며, 신을 인식하는 것은 인간의 자아인식이다……. 인간과 인간의 신은 하나이다. 인간에게 신이라는 것은 인간의 정신 · 인간의 혼이며, 인간의 정신 · 인간의 혼 · 인간의 심정이라는 것은 인간의 신이다. 신은 인간의 내면이 드러난 것이며 인간의 자아가 말로 표현된 것이다." 기독교도 인간이 자아의 본질에 대해 취하는 태도에 불과하다. 이것이 포이어바흐가 신을 인간화하고, 신학을 인간학으로 해소한 근본 사상이다.

'본론'은 2부로 나뉘어 제1부는 '종교의 인간학적 본질'을, 제2부는 '종교의 신학적 본질'을 논하였다. 신이 인간학적으로 포착되고, 종교가 인간적 · 자연적인 한 이것은 "종교의 진실한 본질이다. 그러나 신이 신학적으로 포착되고, 종교가 비인간적 · 비자연적인 이상 이것은 종교의 진실하지 않은 본질"이다.

19. 『자본론』(*Das Kapital*)

저자 : 칼 맑스(Karl Heinrich Marx, 1818~1883)

▶ 성립 경위

『자본론』은 철학서는 아니다. 그야말로 경제학자로서 칼 맑스의 최대 걸작이다. 하지만 곳곳에 철학적 내용이 풍부하게 담겨 있다. 생전에 발행된 것은 제1권(1867년)뿐이고 제2, 제3권은 미완성 원고를 엥겔스가 편집하여 발행하였다(제2권 1885, 제3권 1894). 칼 맑스의 경제학이 체계적으로 확립되기까지는 오랜 기간에 걸친 고투의 세월이 필요했다.

▶ 획기적인 사상서

『자본론』은 앞에서도 언급한 바와 같이 직접적인 주제면에서 보면 경제학 서적이지만 단순한 경제학 이상의 목표를 가지고 있는 철학 및 사상서이다. 칼 맑스는 이 책에서 고전파 경제학의 노동가치설을 비판적으로 계승하면서 잉여가치(Mehrwert)의 이론, 즉 자본제적 착취의 메커니즘을 해명하려 하였다. 또한 자본주의적 생산·유통기구의 규명에 노력하고, 자본주의 경제의 법칙적 모순이 필연적으로 자본주의의 몰락을 초래한다는 것을 논증하고자 했다. 그럼으로써 맑스는 사회주의 혁명이론에 사회과학적 기초를 부여하고자 하였다. 이 시도의 성패에 대해서는 이견의 여지가 있지만, 『자본론』이 경제학 사상 가장체계적인 서적이라는 것, 또 사회주의 사상의 가장 논리적인 서적이라는 점에 대해서는 식자들 모두가 인정하는 바이다.

20. 『철학의 제(諸)문제』

(*The Problems of Philosophy,* 1912)

저자 : 러셀 (Bertrand Russell, 1872~1970)

러셀의 초기 저작. 무어(G. E. Moore, 1873~1958)의 영향을 받아 신실재론(新實在論)의 입장에서 지식에 관한 철학상의 여러 가지 문제를 논한 것이다.

본 저서는 전부 15장으로 되어 있으며, 내용은 제1장 '현상과 실재'에서 "아무도 의심할 수 없을 만큼 확실한 지식이 있을까 하는 물음 하에 일상적 관념을 비판적으로 음미해 가고 있다. 우선 현상과 실재, 사물의 외견과 실제를 구별하고, 다음으로 감각되는 것과 감각을 구별한다. 감각되는 것은 사물의 현상에 해당되고, 사물의 실재를 나타내는 말은 물리적 대상을 가리키며, 모든 물리적 대상을 총괄하여 물질(matter)이라 하고, ① 물질이라 할 만한 사물이 존재하는 것인가. ② 존재한다면 그 본성은 어떤 것일까 하는 물음을 던진다.

이 물음에 물질이라는 것은 존재하지 않고 세계는 다만 정신과 관념들만으로 이루어져 있다고 주장한 버클리를 비판, 관념론자가 감각되는 것의 존재를 어떤 실재의 표상으로 보고 있다는 것을 확인한다.

제2장 '물질의 존재'에선 어떤 실재가 상정되는 이유를 규명한다. 제3장 '물질의 본성'에선 사적 공간과 물리적 공간을 구별, 물리적 공간에 있는 물리적 대상의 상대적 위치는 사적 공간에 있는 감각되는 것에 대응한다고 보고 정신과 본질적으로 다른 물질을 부정하는 관념론자를 비판한다.

제4장 '관념론'은 관념론에 대한 반박이고, 제5장은 '지식론'으로서 지식을 둘로 나누어 직관(acquaintance)과 기술(description)에

의한 지식에 대해 서술하고 있다.

제6장과 제7장에서는 사고의 제1법칙이 논의되고 있고, 제8장에선 칸트의 학설에 따라 선험적(a priori) 지식을 다룬다. 제9장과 제10장은 보편론으로서 일반적인 추상개념에 대해 논하는데, 특히 관계개념을 중시한다.

제11장의 주제는 '직관적 지식'인데, 러셀은 '진리의 지식' 즉 판단의 형태로 표현되는 지식을 직접적인 것과 간접적인 것으로 나누고, 전자를 직관적 지식이라고 한다. 자명한 진리는 이것으로 알 수 있다. 그런데 '진리의 지식'은 진위의 문제를 포함한다.

제12장과 제13장은 진위론, 일종의 대응설로 볼 수 있는데 '진위는 신념과 진술의 속성'이고 그에 대응하는 객관적 사실이 있을 때는 진(眞), 그렇지 않을 때는 위(僞)이다. 제14장, 제15장에서는 '철학적 지식의 한계'와 '철학적 가치'가 논의되어 있다.

21. 『죽음에 이르는 병』(*Sygdommen til Døden*, 1841)

저자 : 키르케고르(Kierkegaard, 1813~1855)

키르케고르는 시대와 사회에 날카로운 비판의 눈을 돌려 『현대의 비판』을 저술함과 동시에 '교화와 각성'을 목적으로 한 책을 2부로 집필할 생각이었다. 그러나 1841년 제1부만을 '죽음에 이르는 병'이라는 제목으로 간행했다.

키르케고르는 인간을 무한성과 유한성, 시간성과 영원성, 자유와

필연의 종합체로 보았다. 인간은 무한한 유한함이며 유한하면서도 유한하지 않기 때문에 무한을 지향한다. 그러므로 인간의 본성은 한정되어 있는듯하면서도 불한정한 것이어서 인간은 금수(禽獸)가 될 수도 없고 신에 가까이 갈 수도 없는 것이다. 그런 의미에서 인간은 자유이다. 또 각 사람은 자기 자신에 어떻게 연관되는가, 또는 자기의 존재를 무엇으로서 인식하는가에 따라 결정된다. 그런데 인간이 자기 관계인 것은 신에 의해 정립된 일이다.

따라서 이 관계는 '자기 자신에 연관되는 관계'이면서 동시에 신과 연관되는 관계인 것이다. 이와 같은 '자기 자신에 연관되는 관계'가 분열하고 부서져 버리면 절망이 시작된다. 키르케고르에 의하면 바로 이 절망이 곧 '죽음에 이르는 병'인 것이다.

키르케고르에 있어서 가장 중요한 것은 자기인 것이다. 그 까닭은 인간은 원래 자기 자신이 될 사명을 가진 자기로서 창조되어 있기 때문이다.

그런데 자기에게 있어서 결정적인 의식(自己 ; 意識)이 증가하면 할수록 절망도 강해진다.

키르케고르는 절망을 이차적으로 보았다. 틀림없이 절망은 병이며 '죽음에 이르는 병'이다. 그러나 이 병에 걸리는 것은 인간뿐이다.

"인간은 동물 이상이기 때문에 자기이며, 정신이기 때문에 절망할 수 있는 것이다."

"이 병으로부터 치유되는 것이 기독교인의 행복인 것이다."

그러므로 이 병에 걸리지 않는 것도, 이 병에 걸려 치유되기를 바라지 않는 것도 모두 불행한 것이다.

이처럼 이 책은 키르케고르의 기독교적 실존주의자로서의 면모가 깊이 배어 있는 책이다.

22. 『프로테스탄티즘의 윤리와 자본주의 정신』

(*Die Protestontische Ethik und der Geist des Kapitalismus*)

저자 : 막스 베버(Marx Weber, 1864~1920)

중부 독일의 에르푸르트에서 1864년 태어난 사회학자이며 법제 및 경제사가인 베버가 1903년과 1905년 두 번에 나누어 발표한 책이다.

2장으로 구성되어 있으며 자본주의 형성에 관한 역사학파의 견해에 대한 비판과 함께 맑스주의의 유물론적 역사 해석에 대한 반론이 그 주요내용이다.

역사학파에 속하는 '브렌타노'나 '좀바르트'가 자본주의 정신을 자본가들의 영리추구 욕에 결부시킴으로써 자본주의의 기원을 고대에도 존재했던 고리대자본에까지 소급시킨 데 반하여 베버는 영리추구 욕을 폭넓게 화폐(貨幣) 이득을 계산하고 기대하는 심적 태도로 파악, 그것은 자본가에게만 국한되는 것이 아니라 임금노동자들도 공통적으로 지니는 심리라고 보았다. 따라서 그는 영리욕 자체는 자본주의와 아무 관계가 없으며 궁극적으로 자본주의를 탄생시킨 것은 합리적 기업, 합리적 부기, 합리적 기술, 합리적 법률 및 합리적 심경, 처세의 합리화, 경제윤리 등이라고 말하고 있다.

베버는 자본주의 정신의 원형을 금욕적 프로테스탄티즘의 직업윤리에서 구하고 그 역사적 담당자를 ① 칼빈이즘이 서구 주요 전파지역에서 특히17세기 기간 동안에 취하였던 형태, ② 경건주의, ③ 감리교파, ④ 침례교 운동 등에서 찾았고, 그 중에서도 특히 캘빈이즘에 주목했다.

또한 베버는 자본주의 정신과 자본주의 제도의 상관관계를 파악함에 있어서 결정론적 입장에 반대하여 이 양자의 관계는 단순한 적합(適合)관계를 가질 뿐이라고 주장했다. 그럼에도 그는 자본주의의 담당 주체의 성격을 그들의 물질적 배경에서 찾는 '맑스'의 견해에는 명백히 반대하였으며, 자본주의 제도 형성에 있어서 그것을 추진한 주체의 정신적 상황을 매우 중요시하였다.

베버의 이러한 견해는 서구 자본주의 성립기에 있어서 역사발전의 추진세력으로서 진보적 역할을 수행한 소생산자층의 정신적 분위기에서 자본주의 정신의 이상형을 추출해 내고 그것을 그들의 종교와 결부시킨 데서 나온 것이다.

23. 『이성과 혁명』(*Vernunft und Revolution*, 1941)

저자 : 허버트 마르쿠제(Herbert Marcuse, 1898~1979)

헤겔철학과 맑스철학을 다루고 있는 『이성과 혁명』은 마르쿠제의 중요 저서로 현존하는 사회적 현실에 대한 변증법적 사회 비판이론의 기초를 '철학의 부정'이라는 입장에서 헤겔과 맑스를 이론적으로 전개하고 있다.

마르쿠제는 비판의 기점을 '부정성의 변증법'에 설정하여, 헤라클레이토스적 '만물의 유전'에서 철학과 사회학의 관계를 정립한다. 즉 그는 '철학에서 사회이론에로'의 이행을 시도하여 변증법적 사회이론의 기초를 설정함을 물론이고, '키르케고르'와 '포이어바흐'에 이어 '맑스'의 변증법까지를 다루고, 긍정의 철학으로서 실증주의 사회학의 기초를 고찰한 후(後), 헤겔주의의 종언을 선언한다. 그러나 헤겔의 부정성은 철학에서 사회 내지 국가의 영역에까지 이르도록 하는 이행(이성과 혁명)으로서 마르쿠제에게는 사회철학 사상의 내적 구성요소로 되어 있다. 이렇게 마르쿠제에게는 헤겔과 맑스의 사회철학 이론이 상호연관성 속에 있는 사회적 인간생존의 법칙으로서 실천적 이론으로 파악된다.

마르쿠제는 자신의 철학적 방법을 실증주의적 고도 산업사회에서 상실하고 만 이성의 본래적인 힘의 부정적 사유의 능력을 되찾는 데 설정한 수단을 '위대한 거부'인 혁명으로서 긍정한다.

인명 색인

◆ 철학사 연표 ◆

년도	서 양	동 양	비 고
BC 3000년경	수메르, 도시문명 성립		
BC 3300년경	이집트, 통일국가 출현		
BC 2333년경		고조선(古朝鮮) 성립	
BC 2070년경		중국 하·은·주 성립	
BC 1000년경	그리스, 폴리스 형성		
BC 6세기경	고대철학 성립		
BC 624	탈레스 출생		만물 유전설
BC 572	피타고라스 출생		관념론자
BC 599?	마하비라 출생		자이나교 창시
BC 563		인도에서 석가모니 탄생	
BC 551		중국 공자(孔子) 출생	
BC 544		중국 묵자(墨子) 출생	
BC 515	파르메니데스 출생		
BC 490년			마라톤 전투
BC 479	소크라테스 출생		
BC 470	데모크리토스 출생		유물론 세계관 주장
BC 460	투키디데스 출생		역사가, 저술가
BC 427	플라톤 출생		관념론적 세계관 수립
BC 4세기경	스토아철학 시작		

년도	서 양	동 양	비 고
BC 384	아리스토텔레스 탄생		
BC 271년	에피쿠로스 출생		
BC 97년경	루크레티우스 출생		
BC 44년	키케로 출생		
BC 4년	예수 탄생		
30년경	세네카 출생		
174년	아우렐리우스 로마 황제 탄생		스토아학파 창시
200년경	고대철학 종점		
204년	플로티노스 출생		
300년경	중세철학성립		신플라톤주의 학교 개설
330년	비잔틴제국 성립		서로마제국멸망
387년	아우구스티누스 출생		
		광개토대왕 즉위	신학서『성직에 관하여』 저술
392년		마호메트 탄생	
570년			
1096년	제1차 십자군 원정	중국 주자 출생	이슬람교 창시
1130년		징키츠칸 출생	
1162년			중국 주자학 성립
1214년	베이컨 탄생	원나라 서방원정	
1225년	토마스 아퀴나스 출생		근대철학의 등장
1271년	마르코폴로 동방여행		
1335년	인문주의 시작		르네상스운동 시작

년도	서 양	동 양	비 고
1335년		태조 이성계 출생	
1392년		조선 건국	조선 성리학 성립
1397년		세종대왕 탄생	
1492년	콜럼버스 신대륙 발견		서인도 정벌
1501년		이황 출생	
1500년경	로마교황청 부패		면죄부 판매
1469년	토마스 모어 출생		『유토피아』
1477년	루터의 종교개혁		면죄부 판매 비판
1517년	마키아벨리 출생		『유토피아』 출간
	F. 베이컨 출생		경험론 주창
1536년		이율곡 출생	
1545년		이순신 장군 출생	
1588년	토머스 홉스 출생		스페인 몰락과
			영국 세계제패
1592년		일본 전국 통일	임진왜란 발발
1596년	데카르트 출생	명나라 멸망	
1632년	스피노자 출생		
1646년	라이프니츠 출생	청나라 건국	
1640년	근대 민주주의 성립		영국, 청교도혁명
1632년	존 로크 출생		
1642년	I. 뉴턴 출생		계몽 철학가
1689년	볼테르 출생		
1694년	몽테스키외 출생		
1712년	루소 출생		

년도	서 양	동 양	비 고
1769년	나폴레옹 출생		프랑스 혁명 주도
1723년	애덤 스미스 출생		『국부론』 저자
1724년	독일 칸트 출생		인식론 출발
1762년		정약용 출생	조선 실학 확립
1770년	헤겔 출생		변증법 확립
1788년			유물론 출발점
1789년	쇼펜하우어 출생		프랑스 대혁명
1798년	콩트 출생		실증주의자
1804년	포이어바흐 출생		무신론 철학 완성
1806년	존 스튜어트 밀 출생		공리주의자
1809년	찰스 다윈 출생		진화론자
1813년	키르케고르 출생	중국 홍수전 출생	실존주의자/중국 아
1814년			편전쟁 후 태평천국 난 주도
1818년	칼 맑스 출생		『자본론』 저자
1820년	F. 엥겔스 탄생		『자연변증법』 저자
1840년	제1차 아편전쟁		영국과 청나라
1844년	F. W. 니체 출생		『짜라투스트라는 이렇게 말하였다』로 유명함. 무신론자
1856년	프로이트 출생		스위스의 정신분석학자, 혁명가
1859년	존 듀이/베르그송 출생		실용주의 출현/노예
1861년	에이브러햄 링컨 출생		해방 선언

년도	서 양	동 양	비 고
1864년	막스 베버 출생		프로테스탄티즘 부활
1770년	헤겔 출생		1차 산업혁명 시작
1818년	칼 맑스 출생		
1876년		조선 김구 출생	2차 산업혁명 시작
1879년	하이데거 및 비트겐슈타인 출생	(안중근 출생)	
1889년			
1905년	사르트르 출생		실존철학자 전후
1908년	레비스트로스 출생		세계철학 주도
1910년		한·일 강제병합	조선주권 빼앗김
1911년		청나라 멸망	
1914년	1차 대전 발발	중국 탄생	
1918년	알튀세 출생		구조주의 주창
1919년	러시아 혁명	중국 공산당 창립	맑스 부활
1926년	미셸 푸코 출생	중국 손문 사망	(헤겔과 맑스 부활)
1929년	독일 하버마스 출생		
1945년			2차 대전 종결
1950년		한국전쟁 발발	세계 냉전시대 시작
1980년		한국 5.18 항쟁	
1987년		한국 6.10 항쟁	
1991년	소비에트 연방 해체		세계 냉전시대 종결
1998년		한국 IMF 구조신청	3차 산업혁명 시작
2000년		김대중 노벨 평화상	
2019년			4차 산업혁명 시작

● 참고문헌 ●

G. W. F. 헤겔, 임석진 역 『정신현상학』(분도출판사, 1981~2).

——, 임석진 역, 『대논리학』(지학사, 1982~3).

——, 임석진 역, 『역사에 있어서 이성』(지학사, 1980).

——, 전원배 역, 『논리학』(서문당, 1978).

——, 김종호 역, 『역사철학 강의』(삼성출판사, 1982).

——, 임석진 역, 『정신현상학』(한길사, 2005)

임석진외 지음, 『철학사전』(중원문화, 2023)

윤병태외 50인 지음, 『철학대사전』(중원문화, 2023)

서대원 지음, 『주역강의』(을유문화사, 2008)

플라톤 지음, 박종현 역주, 『국가 · 정체』(서광사, 2021)

Daniel Z. Korman, *Learning from Argument - An intridution to philosophy*, The PhilPapers Foundation., London 2022.

나가야 쪼우 지음, 황세연 옮김, 『헤겔』(중원문화, 2012)

조정옥 지음, 『예술철학 · 예술치료』(성균관대학교 출판부, 2019)

박정호외 3인 엮음, 『현대철학의 흐름』(동녘, 2006)

타케다 세이지 · 니시 켄 지음, 홍성태 옮김, 『한눈에 들어오는 서양철학사』(중원문화, 2014)

칼 맑스 지음, 김호균 옮김, 『정치경제학비판을 위하여』(중원문화, 2017)

알튀세르, 서관모 외 옮김, 『철학과 맑스주의』(새길아카데미, 2023)

황태연 지음, 『21세기와 자본론』(중원문화, 2023)

황세연 지음, 『변증법이란 무엇인가?』(중원문화, 2014)

박태진 지음, 『조선속담사전』(평양과학백과사전출판사, 2012)

한국철학사상연구회 엮음, 『철학의 명저 20』(중원문화, 2017)

러시아과학아카데미연구소, 황세연 편역, 『세계철학사 세트』(도서출판 중원문화, 2023)

강대석 지음, 『정보화시대의 철학-AlphaGo』(중원문화, 2016)

황세연 편저, 『걸어 다니는 경제사』(중원문화, 2012)

E.K. 헌트 지음, 최완구 옮김 『소유의 위기』(중원문화, 2012),

강대석 지음, 『서양철학사 입문』(중원문화, 2023)

Henri Bergson, *Les deux sources de la Morale et de la Religion*, 1932, 한국어판, 박종원 옮김, 『종교와 도덕의 두 원천』(2021)

구학서 지음, 『이야기세계사2』(청아출판사, 2020)

H. 마루쿠제 지음, 김현일 옮김. 『이성과 혁명』(중원문화, 2023)

안토니오 네그리 지음, 윤수종 옮김, 『맑스 너머의 맑스』(중원문화, 2020)

M 블랑팽 · J.P. 쿠슈 저, 송재영 번역 『프랑스문화와 예술』(중원문화, 2023)

이경상 지음, 『코로나19 이후의 미래』(중원문화, 2020)

Ian Ravenscroft, *Philosophy of mind : Beginner's Guide*, 2005, 한국어판, 박준호 역, 『심리철학』(서광사, 2022)

N.A.짜골로프 저, 새길편집부 역, 『정치경제학』(중원문화, 2023)

I. 페처, 황태연 옮김, 『맑스에서 쏘비에트 이데올로기까지』(중원문화, 1988)

아나톨리 일리치 라키토프 지음, 김신현 올김, 『삶의 지혜와 무기가 되는 철학의 ABC』(중원문화, 1988)

그레고리 엘리어트 지음, 이경숙 · 이진경 옮김, 『알튀세르 : 이론의 우회』(중원문화, 2023)

하대청외 지음, 『포스트휴먼이 몰려온다』(아카넷, 2022)

이선호 지음, 『노령사회를 위한 철학』(이포출판사, 2013)

Hans Reichenbach, *The Rise of Scientific Philosophy*, 1961, 한국어판, 김회빈 옮김, 『자연과학의 철학적 기초』(중원문화, 2023)

황태연 지음, 『4차 산업혁명과 미래 사회변혁』(중원문화, 2023)

맺는 말

우리는 20세기에 독립운동 36년, 남북전쟁 3년, 이승만, 박정희, 전두환, 노태우까지 무려 80여 년간의 투쟁을 통해 지금의 민주주의를 이룬 문화인류학적으로 가장 독특한 나라중 하나입니다. 필자는 군사독재시절 출판사를 시작하여 많은 돈을 벌었고, 출판을 통해 벌은 돈은 '민주화운동자금'으로 제공하였습니다. 독재시절 「일월서각출판사」나 「이론과 실천」, 「풀빛출판사」 등 여러 출판사들은 민주화운동가들에게 반드시 필요한 비밀자금 루트의 하나이기도 하였습니다. 그리고 출판인들이 구속되는 사건은 다반사였습니다.

현재 우리나라는 정치와 외교는 미국의 영향을 받고 있지만 사회복지 부분만은 유럽식의 독특한 방법을 모방하여 우리 식으로 만들어 진행되고 있습니다. 대표적인 경우가 **'건강 · 의료복지제도'**와 **'대중교통의 발달'**입니다. 우리나라는 민주화운동이 성공한 이후 다른 나라와는 달리 새로운 의료복지제도를 만들어 많은 사람들이 병마로부터 보호받고 있으며, 대중교통의 발전은 모든 사람의 이동을 자유롭게 하고 있습니다. 그럼에도 불구하고 학문적 제약은 많은 나라입니다. 이 때문에 철학공부를 하겠다고 결심하는 일도 쉬운 결정은 아닙니다. 그러나 그냥 답답한 마음에 지혜를 얻기 위하여 철학도서를 잡았다면 그건 매우 괜찮은 선택입니다. 지금까지 본서에서 살펴본 바와 같이 우리나라의 철학은 인간해방을 절대적 가치로 내거는 유물론과 변증법을 근간으로 하는 실천철학, 그리고 미국을 중심으로 하는 분석철학, 실존주의를 근간으로 하는 현상학, 그리고 독일의 관념론 등 크게 네 부류를 이루고 있습니다. 그리고 우리나라 대부분의 대학교의 철학 강의는 영·미 철학이 대세를 이루고 있습니다. 21세기에 이르러 영·미 철학은 자기들만의 독특한 형태로 유물론에 접근하여 가고 있는 것으로 보입니다.

그리고 철학이란 그 시대의 시대정신을 반영한 산물로 우리에게 여러 가지를 분석하고 판단할 수 있게 하도록 하는 재료와 지혜를 제공하고 이를 실천을 통해 잘못된 것은 바로 잡아가도록 하는 학문입니다. 아울러 이 책은 철학의 입문서이지 철학의 전문지식을 다룬 내용이 아님을 먼저 알아두었으면 합니다. 따라서 철학을 전문으로 하는 분들은 필자의 글을 얕잡아볼 수도 있습니다. 그건 본서를 쉽게 쓰려고 노력한 대가이기에 얕잡아본다면 필자로서도 대안이 없습니다. 다만 철학적 입장은 사람에 따라 다를 수 있습니다. 이는 누군 옳고 누군 틀렸다는 것이 아닙니다. 다르다는 이유로 욕을 하기보다는 서로가 서로의 다름을 존중해줄 때 우리나라의 학문도 한 발 더 전진할 것입니다.

저자 황세연

도서출판 중원문화는 서울특별시 마포구에 소재한 인문·사회과학전문출판사입니다. 본사는 1978년 유신 군사 독재가 막바지로 치닫고 있던 때 '도서출판 새밭'이란 이름으로 유인호 선생께서 처음 창립하셨습니다. 당시 '도서출판 새밭'은 『사회를 어떻게 볼 것인가?』, 『교육과 의식화』(저자 파울로 프레이리), 오토 푀겔러의 『헤겔철학 서설』 등의 도서를 출판하였으나 신군부의 등장과 함께 1980년 일시 폐업하게 되었습니다.

이후 1982년 황세연 사장이 위 출판사를 인수하여 '중원문화'로 회사명을 바꾸고 재출발을 하였고, 1987년에는 『철학사전』 및 『세계철학사』 전5권 세트 등을 출판하며 출판사의 기틀을 탄탄하게 마련하였습니다. 하지만 노태우 정부시절인 1991년 1월 경 김근태 전(前) 장관의 고문 기록인 『남영동』을 출판함과 동시에 회사는 격렬한 노동운동을 겪게 되었고 결국 다시 폐업을 하는 단계에 이르렀습니다. 하지만 1990년대 말 금융위기를 맞으면서 도서출판 시대정신, 도서출판 새길 등과 합병을 통하여 도서출판 중원문화가 재탄생하게 되었습니다.

과거 80년대나 현재나 진보적 세계관을 지니고 있는 사람이라면 가장 갖고 싶은 책으로 선정된 바도 있는 『세계철학사』 전5권 세트는 「러시아연방사회과학연구소」에서 30여 년의 연구를 걸쳐 완성한 방대한 세계철학을 일목요연하게 실천적 입장에서 기술하고 있다는 점에서 익히 알려진 세계 유일의 '철학사' 책입니다. 책값이 만만치 않음에도 불구하고 지금도 계속 꾸준하게 판매되고 있는 것은 이 책의 가치를 많은 사람들이 익히 알고 있기 때문으로 보입니다. 『철학대사전』 역시 아직까지도 국내 '철학사전' 하나 제대로 갖추지 못하고 있는 우리의 실정에서 이러한 사전을 기획하여 만들어 낸다는 것은 쉬운 일이 아니었습니다. 하지만 우리의 현실 사회는 사회를 바꾸려고 하는 역동적 상황에 있고 그 역동적 실천에 이론적 정신적 지주가 아직도 필요한 시기이기에 2023년 『철학대사전』은 많은 제약조건에도 불구하고 세상에 나오게 되었습니다. 현재도 진보적 도서 출판을 고집하고 있으며 베스트셀러에는 연연하지 않는 정통 출판을 그 특징으로 하고 있고, 1990년대부터 『자랑스러운 폴란드의 딸 퀴리부인』과 『일기로 쓴 카렌의 고민』 등 청소년을 위한 도서도 출간하며 독자들에게 더 가까이 다가가기위해 노력하고 있습니다.

알려드립니다

본사는 학문을 목적으로 하는 분들을 위하여, 그리고 남북 역사 교류와 언어교류를 위하여 2002년 이전 북한발행도서를 「남북교류협력주식회사」를 통하여 수입 영인하여 판매하고 있습니다.

도서목록은 아래와 같습니다.

도서명	도서 정가	
조선 속담성구사전	400,000원	
조선 속담사전(1)(2) 세트	500,000원	
조선 어학서시리즈 전35권 세트	849,000원	
조선 단대사 전23권 세트	589,000원	
조선 부문사 전37권 세트	1,020,000원	
조선 민속사전	200,000원	
조선의 약초와 성분 이용백과	120,000원	
상식 건강의료백과사전	80,000원	
조선민속자료집	120,000원	
조선의 민속전통 전7권 세트	490,000원	
북한 출판물 도서목록	15,000원	
식물분류명사전	500,000원	

중원문화 아카데미 新書

1 한국근대 사회와 사상
• 일본 교토대학교 연구소 엮음

2 걸어다니는 철학
• 황세연 저

3 반듀링론
• F.엥겔스/김민석 역

4 헤겔 법철학 입문
• 꼬우즈미 따다시 지음

5 이성과 혁명
• H.마르쿠제/김현일 외 역

6 정치경제학 교과서 I-1
• 짜골로프 외/윤소영 엮음

7 정치경제학 교과서 I-2
• 짜골로프 외/윤소영 엮음

8 정치경제학 교과서 I-3
• 짜골로프 외/윤소영 엮음

9 이탈리아 맑스주의
• K.프리스터/윤수종 옮김

10 걸어다니는 경제사
• 황세연 편저

11 자본론에 관한 서한집
• K.마르크스와 F.엥겔스 저

12 지배와 사보타지
• 안토니오 네그리/윤수종 옮김

13 과학기술사
• 석동호 편저

14 저개발과 의약품
• M. 벨러/우연재 옮김

15 맑스주의의 세 갈래길
• W. 레온하르트/하기락 옮김

16 역사적 맑스주의
• R.알튀세르/서관모 옮김

17 경제학의 선구자들
• 일본경제신문사/김종호 옮김

18 근현대 사회사상가 101
• 이마무라 히도시/안효상 옮김

19 맑스를 넘어선 맑스
• 안토니오 네그리/윤수종 옮김

20 교육과 의식화
• P.프레이리/채광석 역

21 정치경제학 교과서 II-1
• 짜골로프 외/윤소영 엮음

22 정치경제학 교과서 II-2
• 짜골로프 외/윤소영 엮음

23 소외된 인간
• H.포피츠/황태연 역

24 사회를 어떻게 볼 것인가?
• 황세연 편저

25 헤겔연구②
• 임석진 외저 (절판)

26 칸트 철학입문
• W.O.되에링/김용정 역

27 노동조합 입문
• 양원직 편저

28 마르크스에서 쏘비에트 이데올로기로
• I.페처/황태연 역

29 소유의 위기
• E.K.헌트/최완규 역

30 변증법의 현대적 전개①
• W.뢰트/임재진 역

31 변증법의 현대적 전개②
• W.뢰르/임재진 역

32 모순의 변증법
• G.슈틸러/김재용 역

33 헤겔연구③
• 임석진 외저 (절판)

34 국제무역론
• 久保新一/김선기 역

35 칸 트
• 코플스톤/임재진 역

36 자연과학의 철학적 기초
• H.라이헨바하/김회빈 옮김

37 철학 입문
• 황세연 편역

38 맑스주의의 역사 ①
• P. 브르니츠키/이성백 옮김

39 맑스주의의 역사 ②
• P. 브르니츠키/이성백 옮김

40 21세기와 자본론
• 황태연 저

41 정치경제학 비판을 위하여
• K.마르크스/김호균 역

42 4차 산업혁명과 미래사회변혁
• 황태연 저/허상수 엮음

43 혁명운동의 문제들
• S. P.노보셀로프/이창휘 옮김

44 마키아벨리의 고독
• 루이 알튀세르/김민석 역

45 들뢰즈와 가타리
• 로널드 보그/이정우 옮김

46 과학적 사회주의
• G.그로서/송주명 옮김

47 맑스-레닌주의 철학의 본질
• F. V. 콘스탄티노프/김창선 역

48 정치경제학
• 짜골로프 외

중원문화 아카데미 新書

49 철학의 ABC
• A. 라키토프/김신현 옮김

50 소수자 운동의 새로운 전개
• 윤수종 외 지음

51 한눈에 들어오는 서양철학사
• 타케다 세이지/홍성태 옮김

52 마르크스즘과 유로코뮤니즘
• 산티아고 까리요/김유향 옮김

53 맑스주의와 프랑스인식론
• P. 토미니크 르쿠르/박기순 옮김

54 논리의 오류
• 에드워드 데이머/김회빈 역

55 우리말 바르게 말하기 큰 사전
• 최훌 지음

56 개발과 파괴의 사회학
• 홍성태 지음

57 인민의 벗이란 무엇인가
• V. 레닌/김우현 역

58 예술 · 정보 · 기호
• 가와노 히로시/진중권 역

59 담론의 질서
• 미셸 푸코 지음/이정우 해설

60 사회학의 명저 20
• 김진균 외 지음

61 세계 철학사(1)
• Akademiya Nauk SSSR 편

62 세계철학사(2)
• Akademiya Nauk SSSR 편

63 세계철학사(3)
• Akademiya Nauk SSSR 편

64 세계철학사(4)
• Akademiya Nauk SSSR 편

65 세계철학사(5)
• Akademiya Nauk SSSR 편

66 인격의 철학, 철학의 인격
• 김종엽 저

67 1987년 구로구청사건 백서
• 구로항쟁동지회

68 교육자의 길
• 이오덕 외 저

69 담론의 질서
• 미셸 푸코

70 박정희 시대-5.16은 쿠데타다
• 이상우 저

71 박정희 시대-민주화운동과 정치주역들
• 이상우 저

72 박정희 시대-5.16과 한미관계
• 이상우 저

73 박정희와 유신체제 반대운동
• 이상우 저

74 세계사 (제국주의 시대)
• 김택현 편

75 세계사 (제1차세계대전)
• 김택현 편

76 세계사 (제2차세계대전과 파시즘)
• 김강민 역

77 세계사 (현대)
• 조진원 편/이춘란 감수

78 근현대 형성과정의 재인식①
• 안종철 외 저

79 근현대 형성과정의 재인식②
• 정근식 외 저

80 시몬느 베이유 철학교실
• 앙느레느/황세연 역

81 소크라테스에서 미셸 푸코까지
• 기다 캔/김석민 역

82 상식 밖의 세계사
• 가바야마 고아치/박윤명 역

83 들뢰즈와 카타리
• 로널드 보그 저/이정우 옮김

84 새로운 예술을 찾아서
• 브레이트 저/김창주 역

85 역사 유물론의 궤적
• 페리 앤더슨/김필호 외 옮김

86 철학과 맑스주의
• 루이 알뛰세르/서관모 역

87 생산의 발전과 노동의 변화
• 마이클 피오르 외/강석재 외 역

88 항일과 혁명의 한길에서
• 김운선 지음

89 지배와 사보타지
• 안토니오 네그리/윤수종 역

90 헤겔철학 서설
• 오토 푀겔러/황태연 역

91 과학적 공산주의란 무엇인가
• 빅토르 아파나시예프/최경환 역

92 페레스트로이카 논쟁(서독)
• 에케르트 외/송주명 역

93 페레스트로이카 논쟁(동독)
• 모르겐슈테른 외/신현준 역

94 페레스트로이카 논쟁(프랑스)
• 프랑시스 코엥/신현준 역

95 페레스트로이카 논쟁(소련)
• 야코블레프 외/신현준 역

96 마르크스주의와 개인
• 아담 샤프/김영숙 역

중원문화 아카데미 新書

97 **변증법이란 무엇인가**
• 황세연 지음

98 **지역 민주주의와 축제의 관계**
• 정근식 외 저

99 **왜 인간인가?**
• 강대석 지음

100 **왜 철학인가?**
• 강대석 지음

101 **왜 유물론인가?**
• 강대석 저

102 **경제학의 선구자들 20**
• 일본경제신문사 엮음/김종호 역

103 **남 영 동**
• 김근태 저

104 **다시하는 강의**
• 이영희, 한완상 외 저

105 **철학의 명저 20**
• 한국철학사상연구회 엮음

106 **민족문학의 길**
• 구중서 저

107 **맑스·프로이트·니체를 넘어서**
• 서울사회과학연구소 저

108 **일본적 생산방식과 작업장체제**
• 서울노동정책연구소 저

109 **근대성의 경계를 찾아서**
• 서울사회과학연구소 지음

110 **헤겔과 마르크스**
• K. 베커/황태연 역

111 **헤 겔**
• 나까야 조우/황세연 역

112 **현대 사회사상의 궤적**
• 비판사회학회 지음

113 **역사가 말 못하는 것**
• 민상기 지음

114 **동성애 욕망**
• 기 오껭겜 지음/윤수종 옮김

115 **성(性) 혁명**
• 빌헬름 라이히 지음/윤수종 옮김

116 **성(性) 정치**
• 빌헬름 라이히 지음/윤수종 옮김

117 **성(性) 자유**
• 다니엘 게링 지음/윤수종 옮김

118 **분열과 혁명의 영토**
• 신승철 지음

119 **사랑과 욕망의 영토**
• 신승철 지음

120 **인동의 세월:1980~1985**
• F. 가타리 지음/윤수종 옮김

121 **이탈리아 맑스주의**
• 프리스터 카린/윤수종 옮김

122 **항일과 혁명의 한길에서**
• 김운선 지음

123 **인격의 철학, 철학의 인격**
• 김종엽 지음

124 **정보화시대의 철학**
• 강대석 지음

125 **니체의 고독**
• 강대석 지음

126 **사회학의 명저20**
• 김진균외 지음

127 **김종엽박사의 철학특강**
• 김종엽 지음

128 **동성애 욕망**
• 기 오껭겜 지음

129 **미군정기 억압기구**
• 안진 지음

130 **알튀세르 : 이론의 우회**
• 엘리어드 골리엣 지음

131 **우주를 뒤흔든 7가지 과학혁명**
• 나단 스필버그 지음/이충호 옮김

132 **인민의 벗이란 무엇인가?**
• 블라디미르 일리치 레닌 지음

133 **상식 밖의 세계사**
• 가바야마 고이치 지음

134 **상식 밖의 발명사**
• 히라다 유타카 지음

135 **시네마1**
• 질 들뢰즈 지음/주은우 · 정원 옮김

136 **무신론자를 위한 철학**
• 강대석 지음

137 **21세기 인문학**
• 조해경 지음

138 **윤리학과 인간의 직업적 삶**
• 박필배 지음

139 **동학혁명의 지역적 전개와 사회변동**
• 동학농민혁명기념사업회 엮음

140 **당 내에 더 이상 지속되어선 안 될 것**
• 루이 알튀세르 지음

141 **과학적 공산주의란 무엇인가**
• 빅토르 아파나시예프 지음

142 **푸 코**
• 질 들뢰즈 지음/권영숙외 옮김

143 **근대성의 경계를 찾아서**
• 서울사회과학연구소 지음

144 **헤겔철학 서설**
• 오토 푀겔러 지음

중원문화 아카데미 新書

145 **현대철학과 굴뚝청소 ①**
• 고사카 슈헤이 지음

146 **현대철학과 굴뚝청소 ②**
• 고사카 슈헤이 지음

147 **미학강의 (1)**
• M.S.까간 지음

148 **미학강의 (2)**
• M.S.까간 지음

149 **무신론자를 위한 철학**
• 강대석 지음

150 **언어와 이미지의 심리학자들**
• 니콜라스 웨이드 지음/이상훈 이병택 옮김

151 **일본의 양심이 본 한국병합**
• 운노 후쿠쥬 지음/연정은 옮김

152 **익산교육 100년**
• 신규백 엮음

153 **코로나19 이후의 미래**
• 이경상 지음

154 **역사 유물론의 궤적**
• 페리 앤더슨 지음

155 **우리말 바르게 말하기 작은 사전**
• 최홀 지음

156 **스텝식 논문 작성법**
• 하나이 히토시외 지음/송주명 옮김

157 **세계 오천년 역사이야기 (1)**
• 진필상 지음

158 **세계 오천년 역사이야기 (2)**
• 진필상 지음

159 **세계 오천년 역사이야기 (3)**
• 진필상 지음

160 **세계 오천년 역사이야기 (4)**
• 진필상 지음

161 **세계 오천년 역사이야기 (5)**
• 진필상 지음

162 **세계 오천년 역사이야기 (6)**
• 진필상 지음

163 **칸트철학입문**
• W. O. 되에링 지음/김용정 옮김

164 **남영동(보급판)**
• 김근태 지음

165 **서양철학사 입문**
• 강대석 지음

166 **철학사전**
• 임석진외 지음

167 **철학대사전**
• 윤병태외 지음

168 **세계철학사 전5권 세트**
• 러시아과학아카데미 엮음

김종엽 저/420쪽/고급양장 신국판/
정가 28,000원

인격의 철학,
철학의 인격

한 철학자의 눈에 비친 인격에 대한 고찰!

저자는 여러 철학자들의 사유에 내재된 진정한 개성과 삶의 관점을 드러내 인격적 정체성이 무엇인지를 밝히고자 했다.

이 저서는 인격적 정체성을 사물과 구별되는 존재의 세계에서 설명하려는 실천적 과제를 안고 있습니다. 더불어 그것을 비판하는 논점과도 논쟁할 것입니다. 인격적 정체성을 정당화하려는 철학적 노력은 단순히 물리적 세계에 역행하는 무모한 시도가 아닙니다. 인격적 정체성에 대한 질문은 개별적 실존이 어떻게 변화무쌍한 삶의 실현과정에서 자기 자신과 동일함을 유지하며, 또한 동일함에 이를 수 있는지를 묻습니다.

도서출판 중원문화
출판사에서 직접 구매 하시면 더 싼 값에 구입하실 수 있습니다.
전화 02-325-5534 FAX 02-324-6799 007sei@hanmail.net
『성혁명』은 좁은 의미의 성자유를 넘어서서 집단 속에서 개인을 해방하는 문제와 연결된다. 복종하지 않고 자신 스스로 다른 사람과의 관계를 구성해 갈 수 있는 건강한 인간을, 건강한 자율적 주체를 만들어 내고자 한다.
『성정치』는 성억압의 사회적 기원을 밝히고 청년의 중심문제는 신체의 성교충동을 억압하는 사회 현실의 도덕, 즉 성억압에 있다고 본다. 성억압을 해소해 나갈 방안들을 제시하며 계급의식의 문제를 새로이 제기하면서 당정치에서 대중정치로 나아갈 것을 촉구한다.
Die Sexuelle Revolution
성혁명
Die Sexuelle Politik
성정치
성혁명
빌헬름 라이히 지음 · 윤수종 옮김
508쪽 / 정가 42,000원
성정치
빌헬름 라이히 지음 · 윤수종 옮김
364쪽 / 정가 32,000원
전화 02-325-5534 FAX 02-324-6799 E-mail 007sei@daum.net
출판사에서 직접 구매 하시면 더 싼 값에 구입하실 수 있습니다.
억압에서 세계로!
두 권의 책을 명석한 비판정신과 낙관주의적인 능동성을 갖고 새로운 세계를 개척해 나가려는 젊은 청춘들에게 선사한다!
3.1~5.18
항일과 혁명의 한 길에서
박정희와 유신체제 반대운동
유신의 추억
김운선 지음/정가 28,000원
이상우 지음/정가 38,000원